غالب کی اردو نثر

(تحقیق و تنقید)

ڈاکٹر مریم فاطمہ

© Taemeer Publications

Ghalib ki Urdu nasar
by: Dr. Maryam Fatima
Edition: March '2023
Publisher & Printer:
Taemeer Publications, Hyderabad.

ISBN 978-81-19-02248-9

مصنف یا ناشر کی پیشگی اجازت کے بغیر اس کتاب کا کوئی بھی حصہ کسی بھی شکل میں بشمول ویب سائٹ پر اَپ لوڈنگ کے لیے استعمال نہ کیا جائے۔ نیز اس کتاب پر کسی بھی قسم کے تنازع کو نمٹانے کا اختیار صرف حیدرآباد (تلنگانہ) کی عدلیہ کو ہو گا۔

© تعمیر پبلی کیشنز

کتاب	:	**غالب کی اردو نثر**
مصنف	:	**ڈاکٹر مریم فاطمہ**
صنف	:	تحقیق و تنقید
ناشر	:	تعمیر پبلی کیشنز (حیدرآباد، انڈیا)
زیر اہتمام	:	تعمیر ویب ڈیولپمنٹ، حیدرآباد
سالِ اشاعت	:	۲۰۲۳ء
تعداد	:	(پرنٹ آن ڈیمانڈ)
صفحات	:	۲۶۰
کمپوزنگ و سرورق	:	عقیل گرافکس
ملنے کے پتے	:	نیشنل بک ڈپو، نظام آباد ھدیٰ بک ڈپو، پرانی حویلی، حیدرآباد

فہرست ابواب

☆ پیش لفظ   ڈاکٹر محمد اسلم فاروقی

☆ باب اول: غالب کے حالاتِ زندگی، شخصیت اور فن

☆ باب دوم: غالب سے قبل اُردو نثر

☆ باب سوم: غالب اور اُردو نثر

☆ باب چہارم: غالب کی متفرق اُردو نثری تحریروں کا جائزہ

☆ باب پنجم: اُردو نثر پر غالب کے اثرات

☆ : مجموعی جائزہ

☆ : کتابیات

انتساب

میرے محترم والدین کے نام
جن کے فیض تربیت نے مجھے
زندگی کا ادب سکھایا اور علم کے زیور سے
آراستہ ہونے کا موقع فرہم کیا۔

پیش لفظ

ڈاکٹر مریم فاطمہ نظام آباد کے ایک دینی گھرانے سے تعلق رکھتی ہیں۔ ان کے والد محمد تاج الدین صاحب شہر کی ایک دین دار اور ذی حیثیت شخصیت ہیں۔ انہوں نے اپنی اولاد کو دین و دنیا کی تعلیم کے آراستہ کرایا۔ یہی وجہ ہے کہ ان کی صاحبزادی نے نظام آباد میں قائم تلنگانہ یونیورسٹی کے شعبہ اردو سے اردو میں پی ایچ ڈی کی ڈگری حاصل کی۔ پروفیسر اطہر سلطانہ صدر شعبہ اردو کے زیر نگرانی تحقیقی کام کرتے ہوئے وہ شعبہ اردو کی پہلی ڈاکٹریٹ بن گئیں۔ ڈاکٹر مریم فاطمہ کو اردو ادب سے بے انتہا لگاؤ ہے۔ وہ پیشہ تدریس سے وابستہ ہیں۔ مقامی گرلز جونیر کالج میں اردو لیکچرر کی حیثیت سے خدمات کی انجام دہی کے بعد ان دنوں نظام آباد کے تلنگانہ اقلیتی اقامتی کالج میں بہ حیثیت لیکچرر اردو تدریس کے فرائض انجام دے رہی ہیں۔ اردو میں تحقیقی و تنقیدی مضامین لکھتی ہیں۔ ان کے مضامین موخر اردو رسائل میں شائع ہو کر داد تحسین حاصل کر رہے ہیں۔ ادب سے ذوق کے پیش نظر وہ ''غالب کی اُردو نثر'' کے عنوان سے ایک تحقیقی تنقیدی تصنیف کے ساتھ پیش ہو رہی ہیں۔ مکاتیب غالب کا مختلف جہات کا انہوں نے اس تصنیف میں تحقیقی تنقیدی انداز میں جائزہ لیا ہے۔ غالب کے خطوط کا تہذیبی و سماجی مطالعہ اور غالب کی دیگر نثری تحریروں پر مشتمل یہ تحقیقی کتاب اردو تحقیق میں ایک اہم اضافہ ہے۔ اور غالبیات کے موضوع پر دکن جنوبی ہند سے اہم پیشرفت ہے۔ اس ضمن میں فاضل مصنف کو ان کی تازہ تصنیف کی اشاعت پر پیشگی مبارکباد پیش ہے۔ اور امید کی جاتی ہے کہ ڈاکٹر مریم فاطمہ کی پہلی تحقیقی و تنقیدی تصنیف کی ادبی حلقوں میں خوب پذیرائی ہو گی۔

ڈاکٹر محمد اسلم فاروقی

بسم اللہ الرحمٰن الرحیم

☆ باب اول

غالب کے حالات زندگی، شخصیت اور فن

مرزا اسد اللہ خاں غالب انیسویں صدی کی ایک عہد ساز ادبی شخصیت تھے۔ ان کی شاعری اور مکتوب نگاری نے نہ صرف ان کی حیات میں شہرت حاصل کی بلکہ آنے والے زمانے میں بھی ان کے مختصر اردو دیوان اور مکاتیب نے مختلف ادوار میں اپنی شناخت چھوڑی۔

غالب بالکل غیر سیاسی شخص تھے لیکن وہ جس دور میں پیدا ہوئے اور ان کی زندگی میں جو کچھ حالات رہے اس کے سیاسی اثرات بھی اہم رہے۔ غالب کے خطوط میں ان کے دور کے سیاسی حالات کا ذکر ملتا ہے اور ان خطوط سے غالب کے دور کی مختصر سیاسی سماجی، ادبی و تہذیبی تاریخ بھی مرتب کی جاسکتی ہے۔ غالب ۱۷۹۷ء میں پیدا ہوئے تھے لیکن ان کی پیدائش سے قبل ہی ہندوستان میں بابر کی قائم کردہ عظیم الشان مغلیہ سلطنت رو بہ زوال ہو چکی تھی۔ اٹھارویں صدی کے دوران اورنگ زیب کی وسیع و عریض مملکت دہلی اور اس کے اطراف چند مربع میل کے علاقے تک محدود ہو چکی تھی۔ ۱۷۸۸ء میں مغل بادشاہ شاہ عالم کو غلام قادر روہیلہ نے اندھا کر کے قید کر لیا اور سلطنت دہلی پر عارضی طور پر قبضہ کر لیا تھا۔ مرہٹوں نے غلام قادر کو پسپا کیا۔ شہر دہلی کو اپنے قبضہ میں لے لیا اور شاہی خاندان کی خودداری کو برسر عام رسوا کیا۔ مغل بادشاہ کو بعد میں انگریزوں کا وظیفہ خوار بنا دیا گیا اور ان کے گزارے کیلئے رقم مخصوص کی گئی۔ رفتہ رفتہ انگریز ہندوستان پر قابض ہونے لگے۔ دہلی کے جو بھی بادشاہ تھے وہ کمزور تھے اور عنانِ حکومت انگریزوں کے ہاتھ میں ہی تھا۔ انیسویں صدی کے ابتدائی نصف میں یہی حالات

رہے۔غالب کی زندگی کے ابتدائی ایام مغلیہ سلطنت کے زاول کا دور تھا۔غالب کا قلعہ سے تعلق تھا اور انہیں وظیفہ اور جا گیر دی گئی تھی لیکن ہندوستان میں شاہی حکومت کا جود بد بہ تھا وہ غدر سے قبل بالکل ہی جا تا رہا۔

جہاں تک غالب سے قبل کے سماجی وتہذیبی حالات کا معاملہ ہے۔انگریزوں کے لائے ہوئے صنعتی انقلاب کے بعد ہندوستان میں جہالت اور توہم پرستی رفتہ رفتہ کم ہونے لگی تھی اور لوگ تعلیم کے زیور سے اپنے آپ کو آراستہ کرنے لگتے تھے۔عقائد کو نئی روشنی میں دیکھا جانے لگا تھا۔جا گیرداری نظام کے خاتمے کے بعد لوگ معاشی طور پر خود مکتفی ہونے کی کوشش میں لگے تھے۔رسوم وروایات میں تبدیلی آنے لگی اور لوگ خوابِ غفلت سے بیدار ہونے لگے تھے۔یہ تبدیلی یکساں تھی اور اس تبدیلی میں مذہبی رہنماؤں کے علاوہ سماجی مصلحین کی تعلیمات نے بھی اثر کیا۔اس ضمن میں شاہد ماہلی نے اٹھارویں اور انیسویں صدی کے سماجی حالات میں تبدیلی کے ضمن میں لکھا کہ:

> ''مغربی علوم نے مادی فلسفہ کی تعلیم سے ہندوستانی ذہن کو زندگی و مذہب سے ہم آہنگ ہونے کیلئے نئے نظریے بھی دیئے۔ ذہن میں خیال انگیز سوالات پیدا کر کے وسیع النظری کو منطق انداز کے ساتھ سوچنے کا طریقہ بتایا۔یورپ نے صرف ذہنی طور پر نہیں بلکہ عملی اقدام کے نمونے بھی ہندوستان کو دیئے۔اس تصورِ حیات سے متاثر ہو کر ہندوستان کے بعض دانشوروں اور مفکروں نے متعدد ادارے مذہب و معاشرے کی اصلاح وطریقہ کار کے لئے قائم کئے'' [1]

ہندوستان میں جو سماجی مصلحین لوگوں میں تبدیلی لانے کا باعث ہوئے۔ان میں راجہ رام موہن رائے،دیانند سرسوتی،رام کرشنا پرماہنس اور دیگر شامل ہیں۔راجہ رام موہن رائے کا بڑا کارنامہ ستی کی رسم کا خاتمہ تھا۔اس دور میں مسلمانوں میں بھی ذہنی تبدیلی پیدا ہوئی اس کے لئے اس وقت کے علمائے کرام اور بزرگانِ دین جیسے سید احمد شہید اور سید اسمٰعیل شہید وغیرہ نے محسوس کیا کہ مسلمان

روحانیت کے ساتھ مادی دنیا میں بھی ترقی کریں۔ بعد میں ان ہی اثرات کو لے کر سر سید احمد خاں نے ''علی گڑھ تحریک'' کے نام سے سماجی اصلاح کا بہت بڑا کام کیا۔ غالب نے ایک ایسے ہندوستان میں آنکھ کھولی تھی جو سیاسی وتہذیبی تبدیلی کے دور سے گزر رہا تھا اور انگریزوں کی لائی ہوئی ترقی سے ہندوستان بدل رہا تھا۔

ہندوستان میں اردو زبان کا فروغ ہند ایرانی تہذیب کے ملے جلے اثرات کا مرہونِ منت رہا۔ اردو ہند آریائی زبان ہے جو دہلی کے نواح میں کھڑی بولی سے شروع ہوئی لیکن اس زبان کو فروغ دینے میں اولیائے کرام اور پنجاب اور سندھ کے علاقے سے بڑی تعداد میں ہندوستان میں داخل ہونے والے عربوں نے اہم کردار ادا کیا۔ ان کی تخلیقات کی وجہ سے اردو کا دامن وسیع ہوتا گیا۔ امیر خسرو۔ ولؔی اور قلی قطب شاہ نے اردو شاعری کے ابتدائی دور میں ہی کئی شاہکار نمونے پیش کئے۔ اردو نثر کے ابتدائی نمونے صوفیائے کرام کی نصیحت آمیز تحریروں میں ملتے ہیں۔ ملا وجہی نے اردو کی پہلی نثری داستان ''سب رس'' لکھی۔ اٹھارویں صدی کے نصف آخر میں شمال میں ''رانی کیتکی کی کہانی'' اور دیگر نثری فن پاروں سے اردو نثر کا فروغ ہوتا گیا۔

۱۸۰۰ء میں فورٹ ولیم کالج کا کلکتہ میں قیام اردو نثر کے فروغ کی جانب اہم قدم ہے۔ اس کالج کے قیام کا مقصد ہندوستان میں کام کر رہے انگریزوں کو آسان زبان میں اردو سکھانا تھا لیکن اس کا بالواسطہ فائدہ اردو نثر کو سادگی کی شکل میں ملا جبکہ اس کالج میں آسان اردو میں جن داستانوں اور کتابوں کا ترجمہ کرایا گیا اس سے اردو نثر کو سادگی ملی۔ اسی طرح اردو نثر کی نشونما میں دہلی کالج کا اہم رول رہا اس کالج میں ماسٹر رام چندر اور دیگر نے اردو مضمون نگاری کو فروغ دیا اور اردو زبان کو عبارت آرائی سے پاک کیا جس کے سبب علمی موضوعات پر معلوماتی مضامین لکھے جانے لگے۔ یہی وہ حالات ہیں جس کے دوران غالب نے اپنی بے مثال مکتوب نگاری کے ذریعہ اردو نثر میں ایک نئے طرزِ نگارش کی ابتداء کی۔ غالب سے قبل ہندوستان کے سیاسی حالات عدم توازن کا شکار تھے لیکن تہذیبی و ادبی میدانوں میں نئی تبدیلی واقع ہوئی اور غالب نے اپنے قلم کے ذریعہ اردو شاعری اور مکتوب نگاری میں مستحکم

روایات کی بنیاد ڈالی۔

غالب نے (۱۸۶۹ء۔۱۷۹۷ء) تک ۷۲ بہتر سال زندگی گزاری۔ وہ اردو کے اس دور کے ایسے شاعر رہے ہیں جن کے مفصل حالات زندگی ان کی تحریروں سے اخذ کیے گئے ہیں۔ غالب نے اپنی مختصر سوانح لکھی اور خطوط میں جا بجا اپنے حالات زندگی لکھے جن سے استفادہ کرتے ہوئے اردو کے محققین نے غالب کی حیات پر کتابیں لکھیں۔ ان میں سب سے مشہور غالب کے شاگرد مولانا الطاف حسین حالؔی ہیں جنہوں نے ''یادگارِ غالب'' کے نام سے غالب کی مفصل سوانح لکھی۔ اس کے علاوہ غالب کے حالاتِ زندگی پر دیگر کتابیں جیسے ''غالب کی آپ بیتی''، مرتبہ پروفیسر نثار احمد فاروقی۔ غالب کی سوانح عمری۔ مصنف تنویر احمد علوی' غلام رسول مہر کی کتاب ''غالب''۔ ڈاکٹر عبداللطیف کی کتاب ''غالب'' اور محمد اکرام کی کتاب ''غالب نامہ'' مشہور ہیں۔ ان کتابوں سے غالب کے مختصر حالاتِ زندگی ذیل میں پیش ہیں۔

غالب کے آبا و اجداد ترکی کے ایک خاندان سے تعلق رکھتے تھے اور ان کا سلسلہء نسب تور ابن فریدون تک پہنچتا ہے۔ غالب نے اپنی مختصر آپ بیتی میں اپنے آبا و اجداد کا ذکر اس طرح کیا ہے:

> ''اسد اللہ خاں، غالب تخلص، عرف مرزا نوشہ، قوم کا ترک
> سلجوقی، سلطان برکیارق سلجوقی کی اولاد میں سے، اس کے دادا
> قوقان بیگ خان شاہ عالم کے عہد میں سمرقند سے دلی میں آیا۔
> ۵۰ گھوڑے اور نقارہ نشان سے بادشاہ کا نوکر رہا۔ پہاسو کا پرگنہ جو
> اب سمرو کی بیگم کو سرکار سے ملا تھا وہ اس کی جائیداد میں مقرر تھا۔
> باپ اسد اللہ خان مذکور کا عبداللہ بیگ خاں دلی کی ریاست چھوڑ
> کر اکبرآباد میں جا رہا'' ۔[۲]

غالب نے اپنے آبا و اجدا کے بارے میں کہا تھا کہ ان کا پیشہ سپہ گری تھا اور ان کی تلوار ٹوٹ کر میرا قلم بن گئی تھی۔ حالی اس ضمن میں ''یادگارِ غالب'' میں لکھتے ہیں:

''جب کیانی تمام ایران وتوران پر مسلط ہو گئے اور تورانیوں
کا جاہ وجلال دنیا سے رخصت ہو گیا تو ایک مدت دراز تک تورکی
نسل ملک و دولت سے بے نصیب رہی۔ مگر تلوار کبھی ہاتھ سے نہ
چھوٹی کیونکہ ترکوں میں دورِ قدیم سے یہ قاعدہ چلا آتا تھا کہ باپ
کے متروکہ میں سے بیٹے کو تلوار کے سوا اور کچھ نہ ملتا تھا اور کل مال
واسباب اور گھر بار بیٹی کے حصے میں آتا تھا۔۔۔آخر ایک مدت
کے بعد سلجوقیوں کی سلطنت کا خاتمہ ہوا اور سلجوق کی اولاد جا بجا
منتشر و پراگندہ ہوگئی۔ انہیں میں سے ایک ترسم خاں نام کے
ایک امیر زادے نے سمرقند میں بُود و باش اختیار کر لی۔ مرزا کے
دادا جو شاہ عالم کے زمانے میں سمرقند سے ہندوستان میں آئے۔
وہ اسی ترسم خاں کی اولاد میں تھے۔''[۳]

غالب کو اپنے نسب پر بڑا فخر تھا۔ چنانچہ وہ اپنے اجداد کی تعریف میں کہتے ہیں:

''غالب ام خاکِ پاکِ تورانیم
لاجرم در نسب فرہ مندیم
ایکبیم از جماعۂ اتراک
در تمامی زماں دہ چندیم''[۴]

غالب کے دادا دہلی کے شاہ عالم بادشاہ کے دور میں سمرقند سے ہندوستان آئے۔ ان کی زبان ترکی تھی اور وہ ہندوستانی بہت کم جانتے تھے۔ اس زمانے میں ذوالفقار الدولہ مرزا نجف خاں شاہ عالم کے دربار میں اثر رکھتے تھے۔ نجف خاں نے مرزا کے دادا کو سلطنت کی حیثیت کے مطابق اعلیٰ منصب دلایا اور انہیں پہاسو کا پرگنہ ذات اور رسالے کی تنخواہ دلائی۔ غالب کے دادا کی کئی اولادیں تھیں ان میں دو مشہور ہوئے۔ ایک غالب کے والد عبداللہ بیگ خان جن کا عرف مرزا دولھا تھا اور دوسرے

غالب کے چچا نصر اللہ بیگ خاں۔ غالب کے والد عبداللہ بیگ خاں کی شادی آگرے کے ایک رئیس خواجہ غلام حسین کمیدان کی بیٹی سے ہوئی۔ غالب کے خسر میرٹھ میں فوج کے نائب کپتان تھے۔ عبداللہ بیگ خاں نے بطور گھر داماد اپنی تمام عمر سسرال میں بسر کی اور ان کی اولادیں بھی وہیں تربیت پائی۔ عبداللہ بیگ خاں کے دو بیٹے ہوئے۔ ایک مرزا اسد اللہ خاں اور دوسرے مرزا یوسف خاں جو ایام شباب میں مجنون ہو گئے تھے اور اسی حالت میں ۱۸۵۷ء میں ان کا انتقال ہو گیا۔

غالب کے چچا نصر اللہ بیگم خاں تھے ان کی شادی نواب فخر الدولہ والی لوہارو کے خاندان میں ہوئی۔ نصر اللہ بیگ خاں پہلے مرہٹوں کی طرف سے آگرے کے صوبیدار رہے۔ پھر انگریزی فوج میں ۴۰۰ سواروں کے رسالدار ہو گئے اور جنرل لارڈ لیک کے ساتھ بڑی فوجی خدمات ادا کیں۔ جس کے صلہ میں انہیں آگرہ کے نواحی علاقے کا پرگنہ جاگیر میں ملا۔ ۱۸۰۶ء میں نصر اللہ بیگ خاں کا انتقال ہو گیا۔ سرکار نے جاگیر واپس لے لی اور وارثوں میں ۷۰۰ روپئے سالانہ پنشن مقرر کر دیا۔ یہ پنشن ۱۸۵۷ء تک ان کے وارثوں کو ملتی رہی۔

غالب ۸ رجب ۱۲۱۲ھ مطابق ۱۷۹۷ء کو آگرہ میں پیدا ہوئے۔[۵] ''یادگارِ غالب'' کے آغاز میں حالی غالب کے سنہ پیدائش کے بارے میں یوں لکھتے ہیں:

> ''مرزا اسد اللہ خاں غالب المعروف بہ مرزا نوشہ المخاطب بہ نجم الدولہ دبیر الملک اسد اللہ خاں بہادر نظام جنگ المتخلص بہ غالب در فارسی و اسد در ریختہ شب ہشتم ماہ رجب ۱۲۱۲ھ کو شہر آگرہ میں پیدا ہوئے۔''[۶]

غالب اپنی آپ بیتی میں اپنی تاریخ پیدائش کے سلسلہ میں لکھتے ہیں کہ:

> ''ہر چند قاعدہ عام یہ ہے کہ عالم آب و گل کے مجرم عالم ارواح میں سزا پاتے ہیں لیکن یوں بھی ہوا ہے کہ عالمِ ارواح کے گنہگار کو دنیا میں بھیج کر سزا دیتے ہیں چنانچہ میں آٹھویں رجب

۱۲۱۲ھ مطابق ۲۷ دسمبر ۱۷۹۷ء یکشنبہ میں روبکاری کے واسطے یہاں بھیجا گیا۔''۷

چونکہ غالب نے خود اپنی آپ بیتی میں اپنی تاریخ پیدائش کا ذکر کیا ہے اس لئے ۲۷ دسمبر ۱۷۹۷ کو ہی غالب کا تاریخ پیدائش قرار دیا گیا۔ا۔ چونکہ غالب کی پیدائش اور بچپن ننھیال میں ہی گزرا۔ آگرے میں ان کا مکان اس جگہ واقع ہے جہاں پیپل کی منڈی سڑک پر کالا محل واقع ہے۔ غالب کے نانا کے پاس خاصی دولت تھی۔ اس لئے ان کا بچپن نہایت عسرت میں گزرا۔ غالب پانچ برس کے تھے جب ان کے والد کا انتقال ہوگیا۔ کچھ عرصہ کیلئے نصر اللہ بیگ خاں نے غالب کی پرورش کی۔ غالب کی عمر جب آٹھ برس تھی تب ان کے چچا نصر اللہ بیگ خاں کا بھی انتقال ہوگیا تھا۔ اس کے بعد غالب کی تربیت اور ان کا بچپن ننھیال میں گزرا۔ بچپن میں ایک استاد شیخ معظم سے تعلیم حاصل کی اور اس کے بعد ایک پارسی نژاد شخص ہُرمُز سے تعلیم حاصل کی جو مسلمان ہونے کے بعد عبد الصمد کہلائے۔ اس کے بارے میں حالی لکھتے ہیں:

> ''دو برس تک مرزا کے پاس اول آگرے میں پھر دلی میں مقیم رہا۔ مرزا نے اس سے فارسی زبان میں کسی قدر بصیرت پیدا کی۔ اگرچہ کبھی کبھی مرزا کی زبان سے یہ بھی سنا گیا ہے کہ مجھ کو مبدء فیاض کے سوا کسی سے تلمذ نہیں ہے اور عبد الصمد محض ایک فرضی نام ہے چونکہ مجھ کو لوگ بے استاد کہتے تھے ان کا منہ بند کرنے کو میں نے ایک فرضی استاد گھڑ لیا ہے مگر اس میں شک نہیں کہ عبد الصمد فی الواقع ایک پارسی نژاد آدمی تھا اور مرزا نے اس سے کم وبیش فارسی زبان سیکھی تھی۔ چنانچہ مرزا نے جا بجا اس کے تلمذ پر اپنی تحریروں میں فخر کیا ہے۔''۸

غالب کا بچپن اور لڑکپن آگرہ میں گزرا اور جب ان کی عمر ۱۳ برس کی ہوئی تو ۷ رجب ۱۲۲۵

ھ مطابق ۱۸۱۰ء کو ان کی شادی نواب الٰہی بخش خاں معروف کی بیٹی امراؤ بیگم سے ہوئی۔ الٰہی بخش خاں نواب فخر الدولہ کے چھوٹے بھائی تھے اور نواب احمد بخش خاں والئی فیروز پور جھرکہ و جاگیر دار لوہارو کے حقیقی بھائی تھے۔ غالب کے چچا کی شادی بھی اسی خاندان میں ہوئی تھی۔ نواب احمد بخش خاں نے اپنی زندگی میں اپنے بیٹے نواب شمس الدین احمد خاں کو والئی فیروز پور بنایا تھا اور خود گوشہ نشین ہو گئے تھے۔ نواب شمس الدین احمد خاں داغ دہلوی کے والد تھے۔ اس حساب سے غالب کا داغ سے سسرالی رشتہ تھا۔ نواب الٰہی بخش خاں دہلی میں رہتے تھے اس لئے شادی کے بعد غالب کا دہلی آنا جانا بہت ہو گیا تھا اور بالآخر انہوں نے دہلی میں ہی سکونت اختیار کر لی تھی۔ غالب اپنے بچپن اور شادی کے واقعہ کو دلچسپ انداز میں بیان کرتے ہوئے لکھتے ہیں کہ:

> ''۱۳ برس حوالات میں رہا۔ ۷ رجب ۱۲۲۵ ھ کو میرے واسطے حکم دوامِ حبس صادر ہوا۔ ایک بیڑی میرے پاؤں میں ڈال دی اور دلی شہر کو زندان مقرر کیا اور مجھے اس زندان میں ڈال دیا۔ فکرِ نظم و نثر کو مشقت ٹھہرایا۔''۹

غالب کی بیوی امراؤ بیگم نیک صفت خاتون تھیں اور وہ غالب کی اچھی خدمت کرتی تھیں۔ غالب دوست احباب میں ظرافت کی باتیں کرتے تھے اور دیگر لوگوں کی بیویوں کا اپنی بیوی سے تقابل کرتے ہوئے از راہ مذاق کہتے تھے کہ دوسروں کی دو دو تین تین بیڑیاں ٹوٹ چکی ہیں لیکن میری پہلی بیڑی ہے کہ ٹوٹتی ہی نہیں۔ غالب کی اپنی کوئی اولاد نہیں تھی۔ ابتداء میں پے در پے سات بچے ہوئے مگر کوئی زندہ نہیں رہا۔ ایک مدت تک غالب بے اولاد ہی رہے۔ بعد میں اپنی بیوی کے بھانجے زین العابدین خان عارف کو بیٹا بنا لیا تھا۔ عارف اور ان کے بچوں کو اولاد سے بڑھ کر سمجھتے تھے۔ غالب کے چھوٹے بھائی بھی تھے۔ جن کا نام مرزا یوسف خاں تھا۔ غالب ان سے بھی بڑی محبت سے پیش آتے تھے۔ بھائی کا انتقال 20 برس کی عمر میں ہو گیا تھا۔ اس سے پہلے زین العابدین بھی گزر چکے تھے۔

شادی کے بعد ۱۸۱۳ء یا ۱۸۱۴ء میں غالب آگرہ چھوڑ کر مستقل طور پر دہلی میں مقیم ہو گئے مختلف کرایے

کے مکانات میں رہے۔کوئی ذاتی مکان نہ بنایا۔ایک مدت تک میاں کالے صاحب کے مکان میں بغیر کرایے کے رہے۔ جب اس مکان سے ان کا جی اکتا گیا تو اسے چھوڑ کر دوسرا مکان لے لیا۔تاہم گلی قاسم جاں یا حبش خان کے پھاٹک علاقے کے علاوہ کہیں اور نہیں گئے۔سب سے آخر میں حکیم محمود خاں مرحوم کے مکان میں رہے۔یہ مکان مسجد کے پیچھے تھا۔اس مکان سے متعلق غالب نے یہ شعر کہا تھا۔

مسجد کے زیر سایہ اک گھر بنالیا ہے　　　　یہ بندہ کمینہ ہمسایہ ءخدا ہے

غالب کا بچپن عسرت اورنوابی میں گزرا تھا اور چچا کے انتقال کے بعد انہیں جاگیر سے ۷۰۰ روپئے سالانہ بحساب ۶۲ روپئے ۸ آنے ماہانہ ملتے تھے لیکن اس قدر آمدنی ان کیلئے کافی نہ تھی۔وہ اس کو اپنے حق میں کم سمجھتے تھے اس لئے اس میں اضافہ کرانے کی غرض سے انگریزی حکومت کو درخواست دینے کا ارادہ کیا۔غالب نے زندگی بھر کوئی ملازمت نہیں کی۔

غالب کو مطالعہ کا بہت شوق تھا جس طرح غالب نے تمام عمر رہنے کے لئے کوئی مکان نہیں خریدا اسی طرح انہوں نے پڑھنے کے لئے کوئی کتاب بھی نہیں خریدی۔دہلی میں کتب فروشوں کی دکانیں تھیں۔ایک صاحب انہیں کرایے پر کتابیں لاکر دیتے تھے۔وہ کتاب پڑھ کر واپس کردیتے تھے غالب کو فرصت اور بے کاری کے سبب چوسر کھیلنے کا بہت شوق ہوگیا تھا۔اس زمانے میں بڑے بڑے نواب شطرنج اور چوسر کھیل کر برباد ہوگئے تھے اور بدنام بھی۔۱۸۴۷ء میں غالب سے دشمنی کے سبب کوتوال شہر نے قمار بازی کے الزام میں غالب کو گرفتار کرلیا تھا اور چھ مہینے کی قید کرادی اس ضمن میں حامد حسن قادری لکھتے ہیں:

> ”کوتوال کا عناد درست سہی ،لیکن واقعہ یہ ہے کہ غالب کا مکان جوئے کا اڈہ بن گیا تھا۔جواری جہاں رہتے تھے۔بہر حال تین مہینے کے بعد خود مجسٹریٹ ہی کی رپورٹ پر رہا کردیئے گئے ۔قید خانے میں غالب کے ساتھ ہر طرح کی عزت کا سلوک ہوتا تھا۔گویا صرف نظر بندی تھی لیکن غالب کے غیور حساس قلب پر

اس بے عزتی کی ایسی چوٹ لگی کہ وہ خود اپنی نظر سے گر گئے اور
اپنے نزدیک روسا و معززین سے ملنے جلنے کے قابل نہ رہے۔[10]

جس وقت غالب قید سے چھوٹ کر آئے تھے تو اس وقت وہ میاں کالے صاحب کے مکان میں آ کر رہنے لگے تھے۔ جب وہ میاں صاحب کے پاس بیٹھے تھے کسی نے آ کر قید سے چھوٹنے کی مبارکبادی۔ مرزا نے کہا۔ کون بھڑوا قید سے چھوٹا ہے پہلے گورے کی قید میں تھا اب کالے کی قید میں ہوں'' مرزا نے قید میں ایک فارسی ترکیب بند بھی لکھی تھی جس میں اپنے قید کے حالات بیان کئے تھے۔

غالب کی پوری زندگی ان کی خاندانی پنشن کے گرد گھومتی رہی۔ غالب کے چچا نصر اللہ بیگ خاں برطانوی فوج میں چار سو سوار کے رسالدار تھے اور سترا سو روپے ماہانہ ان کی تنخواہ تھی۔ بھرت پور کے قریب دو پرگنے سونک اور سونسا مڑ ہٹے سردار ہلکر کے قبضے میں تھے۔ نصر اللہ بیگ خاں نے فوج کشی کر کے ان دونوں پرگنوں پر قبضہ کرلیا۔ یہ دونوں لاکھ سوا لاکھ روپے سالانہ آمدنی کے زرخیز اور سیر حاصل پرگنے تھے۔ لارڈ لیک نے نصر اللہ بیگ خاں کی بہادری سے خوش ہو کر انہیں یہ دونوں پرگنے عین حیات مقرری جاگیر میں دے دیئے۔ اتفاق سے نصر اللہ بیگ خاں ہاتھی سے گر گئے۔ اتنی چوٹیں آئیں کہ جانبر نہ ہو سکے۔ لارڈ لیک نے دونوں پرگنے واپس لے کر پسماندگان کیلئے پنشن مقرر کر دی اور نواب احمد بخش خاں سے برطانوی سرکار نے یہ طئے کیا کہ فیروز پور جھرکا ان کی جاگیر رہے گی اور وہ پچیس ہزار سالانہ حکومت کو ادا کرتے رہیں گے۔ ۴ مئی ۱۸۰۶ء کو لارڈ لیک نے طئے کیا کہ نواب احمد بخش خاں پچاس سواروں کا ایک دستہ رکھیں گے جس پر سالانہ پندرہ ہزار روپے خرچ کریں گے اور دس ہزار روپے سالانہ وظیفے کی رقم گھٹا کر پانچ ہزار روپے سالانہ کر دی۔ مزید ستم یہ کیا کہ نصر اللہ بیگ کے پسماندگان میں اپنے ایک ملازم خواجہ حاجی کو بھی شامل کر دیا۔ پنشن کی تقسیم اس طرح کی گئی۔

۱۔ خواجہ حاجی دو ہزار روپے سالانہ

۲۔ مرزا نصر اللہ بیگ خاں کی والدہ اور تین بہنیں ڈیڑھ ہزار روپے سالانہ

۳۔ غالب اور ان کے بھائی مرزا یوسف ڈیڑھ ہزار روپے سالانہ

اس وقت غالب کی عمر نو سال اور مرزا یوسف کی سات سال تھی جب غالب نے ہوش سنبھالا تو انہیں اس بے ایمانی کا علم ہوا۔ان کا کہنا تھا کہ وظیفے کی رقم پانچ ہزار روپے سالانہ نہیں دس ہزار روپے سالانہ تھی نیز خواجہ حاجی کا ان سے کوئی رشتہ نہیں تھا۔نواب احمد بخش خاں کی اس ناانصافی کی وجہ سے زندگی بھر غالب کو جو ذہنی اور جسمانی تکالیفیں برداشت کرنی پڑی تھیں ان کا تصور کرنا بھی مشکل ہے۔

غالب نواب احمد بخش خاں کو خط لکھا کر انصاف کا مطالبہ کرتے تھے۔نواب صاحب وعدے تو کرتے رہتے تھے لیکن عملی طور پر انہوں نے کبھی کچھ نہیں کیا۔نواب احمد بخش خاں نے غالب سے کہا تھا کہ خواجہ حاجی کو جو دو ہزار روپے سالانہ وظیفہ ملتا ہے۔ان کے انتقال کے بعد یہ روپئے تم کو ملا کریں گے۔خواجہ حاجی کا انتقال ہونے کے بعد دو ہزار روپے سالانہ ان کی اولاد کو ملنے شروع ہو گئے۔غالب غصے میں نواب احمد بخش کے پاس الور پہنچے۔نواب صاحب جب فیروز پور گئے ہوئے تھے۔غالب دادرسی کیلئے فیروز پور گئے تو نواب احمد بخش الور گئے ہوئے تھے اور وہاں کے معاملات میں الجھے ہوئے تھے۔فیروز پور میں غالب ان کا بے چینی سے انتظار کر رہے تھے۔غالب کو سخت ذہنی تکلیف اور جسمانی کرب سے گزرنا پڑا اس کی بھرپور عکاسی اس خط سے ہوتی ہے۔جو غالب نے دلی میں مقیم اپنے دوست رائے چھج مل کو لکھا۔

غالب لکھتے ہیں:

''صاحب من۔ ہر چند جانتا ہوں کہ اپنی آہ وزاری سے احباب کے لئے پریشانی کا سبب نہ بنوں۔لیکن درددل جوش مارتا ہے۔جس قدر آشفتہ سری بڑھتی ہے۔اتنا ہی یہ تمنا بڑھتی جاتی ہے کہ میں بھاگ دوڑ ختم کروں اور ایک جگہ بیٹھ جاؤں۔دست قدرت پتھر کے نیچے دب گیا ہے۔اس پرندے کی حالت اور ہو بھی کیا سکتی ہے جو پنجرے سے نکل کر پھر جال میں پھنس گیا ہو۔مختصر یہ کہ کہیں سے یہ نہیں معلوم ہوتا کہ نواب صاحب کب

فیروز پور آئیں گے اس لئے دل کو سکون نہیں ملتا''۔۔۔۔(فارسی
سے ترجمہ) ۱۱؎

نواب احمد بخش خان کا الور میں قیام اتنا طول پکڑ گیا کہ غالب کو دہلی واپس آنا پڑا۔غالب نے انگریزی حکومت کی جانب سے انہیں ملنے والی پنشن میں اضافے کی عرضی لئے ۱۸۳۰ء کلکتہ کا سفر کیا۔ یہ واحد سفر ہے جو انہوں نے دور کے فاصلے اور طویل عرصے کے لئے کیا۔اس ضمن میں خلیق انجم اپنی کتاب ''غالب کا سفر کلکتہ اور کلکتہ کا ادبی معرکہ میں لکھتے ہیں:

''غالب کی پنشن کا قضیہ ۱۸۰۶ء میں اس وقت شروع ہوا تھا۔ جب غالب ابھی نو سال کے تھے۔اس وقت ان کے والد اور چچا کا چھوڑا ہوا اثاثہ اتنا تھا کہ ان کی اور اہل خاندان کی زندگی عیش و آرام سے گزر رہی تھی اور پھر چونکہ خاندان میں غالب اور انکے چھوٹے بھائی مرزا یوسف بیگ کے علاوہ کوئی اور مرد نہیں تھا اور یہ دونوں کم عمر تھے۔اس لیے پنشن کے سلسلہ میں نواب احمد بخش خاں نے ان کے ساتھ جو ناانصافی کی تھی۔اس کا انہیں پتہ بھی نہ چلا۔لیکن جب وہ سنِ بلوغت کو پہنچے تو انہیں اس ناانصافی کا پتا ہوا۔ غالب نے بارہا نواب احمد بخش خاں کی توجہ اس ناانصافی کی طرف مبذول کروا کے اپنا جائز حق مانگا لیکن نواب احمد بخش خاں نے غالب کے مطالبات کو کوئی اہمیت نہیں دی۔ مجبور ہو کر ۲۶ اپریل ۱۸۲۸ء کو غالب نے ایک عرضداشت کے ذریعہ کلکتہ میں حکومت کی توجہ اس ناانصافی کی طرف مبذول کرائی۔ خط کے متن سے اندازہ ہوتا ہے کہ حکومت کے نام پنشن کے سلسلے میں غالب کی یہ پہلی عرضداشت تھی''۔۱۲؎

شادی کے بعد غالب کے اخراجات بڑھ گئے تھے۔ گھر میں جو کچھ اثاثہ تھا وہ ختم ہو گیا تھا۔ جن لوگوں نے قرض دیا تھا واپسی کے تقاضوں سے ان کی ناک میں دم آ گیا تھا۔ چھوٹے بھائی جنون کا شکار ہو گئے تھے اور چاروں طرف سے غالب معاشی پریشانی میں گھر گئے تھے۔ مرزا کو یہ خیال پیدا ہوا کہ ریاست فیروز پور سے جس قدر پنشن ہمارے خاندان کیلئے گورنمنٹ نے مقرر کرائی تھی اس قدر ہم کو نہیں ملتی۔ مرزا جیسے آزاد منش کیلئے یہ وقت نہایت سخت تھا۔ اس کشمکش میں ان کو اس کے سوا اور کچھ نہ سوجھا کہ کلکتے پہنچ کر سپریم گورنمنٹ میں پنشن کی بابت استغاثہ پیش کریں۔ چنانچہ انہوں نے دہلی سے ۱۸۲۶ء میں رختِ سفر باندھا۔ کانپور ہوتے ہوئے وہ لکھنو پہنچے۔ جہاں ان کا استقبال کیا گیا اور ان کے اعزاز میں ایک مشاعرے کا بھی انعقاد کیا گیا۔ لکھنو میں وہ تقریباً ایک سال تک رکے اور پھر بنارس اور پٹنہ ہوتے ہوئے ۱۸۲۸ میں کلکتہ پہنچے۔ انہوں نے اس وقت حکومت سے پانچ درخواستیں کی تھی۔

۱۔ ایک یہ کہ انہیں جو پنشن مقرر تھی وہ آئندہ بھی پوری ملا کرے

۲۔ دوسرے یہ کہ جس قدر کم پنشن ملی اس کے بقایا جات ابتداء سے آج تک ریاست فیروز پور سے دلائی جائے۔

پہلی اور دوسری درخواست نامنظور ہوئی۔

۳۔ تیسری درخواست یہ تھی کہ ان کے حصے کی پنشن دیگر شرکاء سے الگ کر کے دی جائے۔

۴۔ چوتھی یہ کہ پنشن فیروز پور سے خزانہ سرکار میں منتقل کی جائے تا کہ رئیس فیروز پور سے مانگنا نہ پڑے۔

ان کی یہ دونوں درخواستیں منظور ہوئیں اور ان پر آخر تک عمل درآمد رہا۔

۵۔ ان کی پانچویں درخواست خطاب اور خلعت کی تھی۔ انہیں حکومت ہند سے کوئی خطاب نہیں ملا تھا صرف ان کے نام کے ساتھ خانصاحب بسیار مہربان دوستان لکھا جاتا تھا اور جب کبھی دلی میں وائسرائے لیفٹننٹ گورنر کا دربار ہوتا تھا ان کو بھی دیگر روسا و عمائد شہر کے ساتھ بلایا جاتا تھا اور سات پارچے کا خلعت معہ چیغہ وسرپیچ و مالائے مروارید انہیں بھی برابر ملتا رہا اور تمام لوگ

ان سے رئیس زادوں کی طرح پیش آتے تھے۔

غالب کی عمر چالیس سال تھی جب انہوں نے کلکتہ کا سفر کیا تھا وہاں انہوں نے ملکہ انگلستان اور انگریز حکام کی شان میں زوردار قصیدے کہے تھے۔ ایک قصیدہ سیکریٹری گورنمنٹ ہند اسٹرلنگ صاحب کی تعریف میں بھی لکھا۔ انہوں نے غالب سے وعدہ کیا تھا کہ ان کا حق دلائیں گے۔ دلی کے ریزیڈنٹ کول برگ صاحب نے بھی ان سے وعدہ کیا تھا کہ دلی میں ان سے اچھا برتاؤ کریں گے۔ ان ہی امیدوں کے سہارے غالب کلکتہ میں تقریباً دو سال رہے لیکن ناکام و نامراد واپس لوٹنا پڑا۔ آخرکار نومبر ۱۸۲۹ میں وہ پھر دلی آ گئے۔ گورنمنٹ نے سرجان میلکم گورنر ممبئی سے جو لارڈ لالیک کے سکریٹری رہ چکے تھے اور انہیں کے روبرو جاگیروں اور پنشنوں کی سندیں لوگوں کو ملی تھیں۔ مرزا کے معاملے کی بابت استفسار کیا انہوں نے مرزا کے دعوے کو غلط بتایا اور جس قدر پنشن فیروز پور سے ملنی قرار پائی تھی اس کی مفصل کیفیت جو مرزا کے دعوے کے برخلاف تھی۔ گورنمنٹ میں بھیج دی۔ جس کا فیصلہ ۱۸۳۶ء میں یہ آیا کہ انہیں سالانہ پنشن کے طور پر جو سات سو پچاس روپئے ملتے ہیں وہی ملیں گے اضافہ کی کوئی گنجائش نہیں۔ جب یہاں سے مرزا کو مایوسی ہوئی تو انہوں نے اپنے مقدمے کی اپیل ملکہ انگلستان کے حضور بھی پیش کی لیکن یہاں بھی وہ ناکام رہے۔ اس طرح وہ کم وبیش سولہ برسوں تک اپنے پنشن میں اضافہ کیلئے حکومت سے لڑتے رہے لیکن کامیابی نہیں ملی۔ مقدمہ لڑنے کے لئے دوسروں سے پیسے لے کر اور بھی مقروض ہو گئے لیکن انہوں نے امید کا دامن کبھی نہیں چھوڑا۔

کلکتہ قیام کے دوران غالب کی شعروشاعری کے چرچے بھی ہوئے۔ وہاں ان کے چاہنے والوں کے علاوہ کچھ مخالفین بھی پیدا ہو گئے۔ اعتراض کرنے والوں کے خلاف غالب نے ''بادِ مخالف'' کے نام سے ایک مثنوی لکھی تھی۔ کلکتہ سفر کے دوران کچھ وقت کے لئے غالب نے لکھنو میں بھی قیام کیا اور وہاں دہلی اور لکھنو کی زبان کی باریکیوں سے متعلق بحث ومباحث بھی ہوئے۔ حالی تذکیر و تانیث سے متعلق غالب کے ایک لطیفہ کا ذکر یوں کرتے ہیں۔

''زبان کے متعلق مرزا کا اسی قسم کا ایک اور لطیفہ مشہور ہے۔

دلی میں رتھ کو بعض مونث اور بعض مذکر بولتے ہیں۔ کسی نے مرزا صاحب سے پوچھا کہ ''حضرت! رتھ مونث ہے یا مذکر'' آپ ے کہا ''بھیا! جب رتھ میں عورتیں بیٹھی ہوں تو مونث کہو اور جب مرد بیٹھیں تو مذکر سمجھو۔'' ۱۳

کلکتہ کے دورانِ قیام غالب نے وہاں ایک ادبی انجمن میں شرکت کی اور ان کے اعزاز میں مشاعرے کا اہتمام بھی کیا گیا۔ انجمن اسی زمانے میں قائم ہوئی تھی۔ مشاعرے میں غالب سے اردو اور فارسی میں غزلیں سنی گئی اور مصرعِ طرح دے کر ان سے تازہ غزلیں بھی لکھائی گئیں۔ کلکتہ میں جو لوگ ایران سے آ کر جمع ہوئے تھے انہوں نے غالب کے کلام کی پذیرائی کی۔ بہر حال غالب کا کلکتہ میں قیام مقدمے کی پیروی اور لوگوں کی فرمائش پر کچھ سننے سنانے میں گزرا۔ شہر کلکتہ کی غالب نے بہت تعریف کی ہے۔ یہاں کی آب وہوا انہیں پسند آئی۔ ایسٹ انڈیا کمپنی کی صنعتی وجدید زرعی ترقی کی سعی انہیں پسند آئی۔

سالانہ پنشن میں اضافہ کی غرض سے غالب نے کلکتہ میں جو مقدمہ دائر کیا تھا۔ اس میں ناکام ہو گئے۔ مقدمے کی ناکامی کے بعد غالب نامراد دہلی واپس آ گئے اور وہ اس ذہنی کشمکش میں مبتلا ہو گئے کہ کیا ہو اور کیسے ہو؟ جائیں تو کہاں جائیں؟ غالب اس وقت کی حالت کو اپنے خط میں اس طرح بیان کرتے ہیں۔

''کچھ وقت کیلئے میں نے سعی آورگی کو چھوڑ اور دہلی کے ایک گوشہ میں پاؤں دامن میں سمیٹ کر بیٹھ گیا۔ میں ان نیک لوگوں کی طرف سے اپنے ساتھ بہتر سلوک اور آئینہ غم خواری کی پیروی پر کس قدر مسرت محسوس کرتا ہوں کہ اس سفر میں میری آنکھیں ان کی خاک پا سے روشناس ہوئیں اور اسی نے وطن میں قیام کو مجھ آشفتہ سر آوارگی مشرف کیلئے غربت سے زیادہ تلخ بنا دیا۔'' ۱۴

غالب کے ان خیالات سے اندازہ ہوتا ہے کہ وہ کس قدر کوفت اور اذیت کا شکار تھے۔ کلکتہ سے واپسی کے بعد غالب کو جو کچھ پنشن ملتی تھی۔ اسی میں گزارا کرتے اور دوست احباب کو خط لکھ کر اپنے حال چال سناتے۔ غالب دہلی میں معاشی تنگی کا شکار تھے کہ اس وقت ریزیڈنٹ دہلی فریزر کے قتل کا واقعہ پیش آیا۔ واقعہ یہ تھا کہ رئیس فیروز پور جھرکہ ولوہارونواب شمس الدین احمد خاں کا ولیم فریزر سے کسی ذاتی معاملے میں اختلاف ہوا اور انہوں نے فریزر کو قتل کروا دیا۔ ولیم فریزر غالب کے ہمدرد اور مربی تھے اس کے قتل سے غالب بہت متاثر ہوئے۔ غالب سے لوگوں نے یہ شکوہ کیا کہ شاید ولیم فریزر کے خلاف انہوں نے نواب شمس الدین سے مخبری کی ہوگی لیکن غالب کا اس معاملے میں کوئی ہاتھ نہیں تھا لیکن سارے شہر میں ان کے خلاف بدگمانی کا بازار گرم تھا۔ غالب کو یہ بھی ڈر تھا کہ کہیں ان کی پنشن بند نہ ہو جائے جو انہیں انگریز سرکار سے ملتی تھی۔ یہ واقعہ اس وقت بہت مشہور ہوا۔ نواب شمس الدین احمد خاں، ولیم فریزر کے قتل میں خاطی پائے گئے اور انگریزوں نے انہیں پھانسی دے دی۔ یہ تمام باتیں غالب کی پریشانیوں کی داستان رہیں۔ اسی زمانے میں لال قلعہ میں مشاعرے ہونے لگے۔ غالب نے چند مشاعروں میں شرکت بھی کی۔

غالب کی شہرت پہلے ہی شہر دہلی اور دیگر شہروں میں تھی۔ قیام دہلی کے دوران جب حالات سازگار تھے تو دہلی کے لال قلعہ میں مشاعروں میں شرکت کی۔ مشاعروں میں شرکت سے غالب کا تعارف قلعہ میں ہوا۔ ایک خط میں غالب قلعہ کے مشاعرے کا حال بیان کرتے ہوئے لکھتے ہیں۔

> ”کل تیموری شہزادوں میں سے ایک نے اپنے یہاں بزم سخن آراستہ کی اور اہلِ سخن کو دعوت غزل خوانی دی۔ مجھے ریختہ گوئی سے کوئی واسطہ نہیں رہا۔ اس باب میں بہت تردد تھا کہ جاؤں یا نہ جاؤں۔ معذرت کیونکر کروں۔ جب اس بزم میں جا رہا تھا خاص طور پر اس وقت جب میں ہوادار میں سوار کر راستہ طئے کر رہا تھا چند شعر بے ارادہ اس غمزدہ اور خون شدہ دل سے

ٹپک پڑے۔ تمہیں بھیج رہا ہوں اور چاہتا ہوں کہ تم اس زمینِ سخن
میں خود غزل کہہ کر مجھے بھیج دو۔'' ۱۵

اسی زمانے میں غالب نے بعض شعراء کے دواوین کا مطالعہ بھی کیا اور ان پر تقریظیں بھی لکھیں۔ قلعہ میں ہونے والے ایک مشاعرے کے بارے میں غالب نے لکھا کہ مجمع بہت تھا۔ غالب اپنے دور کے وہ منفرد شاعر تھے جنہوں نے اس دور میں قلعہ کے علاوہ انگریز افسران کی تعریف میں قصیدے بھی لکھے اور ان کے یہ قصیدے مشہور بھی ہوئے۔ غالب کے بارے میں یہ بات مشہور ہے کہ وہ اور ان کے خاندان نے کہیں ملازمت نہیں کی۔ ان کے آبا و اجداد پیشہ سپہ گری سے وابستہ تھے اور خود غالب نے کہا تھا کہ ''میں نے اپنے آبا و اجداد کے تیر شکستہ کو اپنے لئے قلم بنالیا ہے''۔ ۱۸۴۲ء میں دہلی میں ''دہلی کالج'' کے نام سے ایک کالج قائم کیا گیا اس کالج میں ۱۰۰ روپے ماہوار پر عربی اور فارسی مدرسین کے تقرر کا فیصلہ کیا گیا۔ لوگوں نے ان عہدوں کیلئے غالب کے علاوہ مومن اور مولوی امام بخش کا ذکر کیا۔ انٹرویو کیلئے سب سے پہلے غالب کو بلایا گیا۔ ممتحن کے طور پر مسٹر ٹامسن سکریٹری گورنمنٹ ہند آئے ہوئے تھے۔ غالب پالکی میں سوار ہو کر سکریٹری کے ڈیرے پر پہنچے۔ اندر اطلاع دی گئی تو انہیں اندر آنے کیلئے کہا گیا۔ غالب اس انتظار میں تھے کہ سکریٹری خود ان کے استقبال کے لئے آئے گا۔ بہت دیر کے بعد جب غالب اندر نہیں پہنچے تو سکریٹری باہر آئے اور انہوں نے کہا کہ جب آپ دربارِ گورنر میں تشریف لائیں گے تو آپ کا اسی طرح استقبال کیا جائے گا۔ اس وقت چونکہ آپ ملازمت کے ارادے سے آئے ہیں۔ اس لئے آپ کا زیادہ اعزاز نہیں ہوسکتا۔ غالب نے اس برتاؤ پر شرمندگی محسوس کی اور یہ کہہ کر واپس چلے آئے کہ مجھے اس خدمت سے معاف رکھا جائے۔ تنویر احمد علوی نے اس واقعہ کی سچائی پر شک کیا اور حالی کی جانب سے بیان کئے گئے اس واقعہ کی تفصیلات کو مبالغہ آمیز قرار دیا۔ اس ضمن میں وہ لکھتے ہیں:

''قدیم دہلی کالج ۱۸۴۲ء میں نہیں ۱۸۲۵ء میں قائم کیا گیا تھا
۔ اس کی بعض توسیعات ۱۸۴۲ء اس کے قریبی زمانے سے متعلق

ہیں۔اس میں فارسی مدرس کے تقرر کیئے جانے کی بات ۱۸۳۵ءیا اس کے قریبی زمانے کی ہے۔غالب انگریزوں سے پہلے بھی ملتے تھے اوران کی محفلوں میں شریک بھی ہوتے تھے لیکن کہیں انہوں نے اپنی انانیت کا اشارہ نہیں دیا۔مولانا غلام رسول مہر اور مالک رام نے اس واقعہ کی طرف غالب کی سوانح عمریوں میں کوئی اشارہ نہیں دیا۔مسٹر ٹامسن سے غالب کے دوستانہ تعلقات تھے جب وہ لیفٹننٹ گورنر ہوگئے تو غالب نے ان کیلئے مدحیہ اشعار بھی لکھ کر بھیجے تھے اوران سے اپنی پنشن کے معاملے میں مدد بھی چاہی تھی۔اسی صورت میں کسی ایسے شخص یا کرم فرما دوست کواس طرح جواب دینا اوراس کے احترام کو بھی ملحوظِ خاطر نہ رکھنا سمجھ میں نہیں آتا۔یہ بات اپنی جگہ ہے کہ غالب کواپنے سرکاری اعزاز کا بہت خیال رہتا تھا لیکن اس کی وجہ سے سرکار اور دربار کے الگ الگ دائروں میں رہتے ہوئے رسوم وآداب کوملحوظ رکھا گیا ہوگا''۔۱۶؎

غالب کے قلعہ معلیٰ سے روابط رہے اوراستاد ذوق کے بعد غالب بادشاہ بہادر شاہ ظفر کے کلام کی اصلاح بھی کرنے لگے۔۱۲۶۶ھ۔م۔۱۸۵۰ء میں بہادر شاہ ظفر نے غالب کو دربارِ عام میں نجم الدولہ دبیر الملک اورنظام جنگ کے خطابات دیئے اورانہیں چھ پارچے کا خلعت معہ تین رقوم جواہر یعنی جیغہ وسر پیچ وحمائل مروارید عطا کئے۔اورانہیں تیمور خاندان کی تاریخ نویسی کیلئے مقرر کیا جس کیلئے انہیں ۵۰ روپئے ماہانہ وظیفہ مقرر کیا گیا۔یہ بات طئے کی گئی کہ احترام الدولہ حکیم احسن اللہ خاں مختلف تاریخوں سے مضامین اکھٹے کرکے غالب کے حوالے کریں گے اورغالب انہیں ترتیب وار اپنے خاص انداز میں فارسی میں بیان کریں گے۔کتاب کا دو حصوں پر مشتمل ہونا طئے پایا۔ابتدائی حصے میں تیمور

خاندان کے حالات سے لے کر ہمایوں تک کے حالات بیان کئے جائیں اور دوسرے حصے میں اکبر سے لیکر بہادر شاہ کے زمانے تک حالات تفصیلی بیان کئے جائیں۔ غالب نے تاریخ تیموری پر مشتمل اس مکمل فارسی کتاب کا نام ''پرتوستان'' رکھا۔ پہلے حصہ کا نام ''مہر نیمروز'' اور دوسرے حصے کا نام ''ماہ نیم ماہ'' تجویز کیا۔ غالب کی جانب سے اس طرح کے نام تجویز کئے جانے کی وضاحت کرتے ہوئے یادگار غالب'' میں حالی لکھتے ہیں:

> ''ان کو اپنی دو ترکیبوں پر ناز تھا۔ ایک ''ماہ نیم ماہ'' اور دوسرے ''رستخیز''۔ مرزا کہتے تھے چودھویں رات کے چندکو ''ماہِ چہاردہ'' اور ''ماہ دو ہفتہ'' تو پہلے لوگوں نے اکثر باندھا ہے۔ مگر جہاں تک مجھے معلوم ہے ''ماہ نیم ماہ'' کسی نے نہیں باندھا۔ یہ ترکیب خاص میری تراشی ہوئی ہے مگر افسوس ہے کہ دوسرا حصہ یعنی ''ماہ نیم ماہ'' بالکل نہیں لکھا گیا۔ ''مہر نیم روز'' ختم ہونے کے بعد مرزا نے ذرا آرام لینے کیلئے چندروز توقف کیا تھا اور ارادہ تھا کہ جلد دوسرا حصہ شروع کریں کہ اتنے میں غدر ہوگیا اور اس حصے کا صرف نام ہی نام رہ گیا'' ۱۷

استاد ابراہیم ذوق کا ۱۲۷۱ھ مطابق ۱۸۵۴ء میں انتقال ہوگیا تو غالب بادشاہ کے استاد مقرر ہوئے اور ان کے کلام کی اصلاح کرنے لگے۔ لیکن غالب اس کام سے کچھ خوش نہیں تھے۔ جب بھی ان کے سامنے کلام پیش ہوتا تھا تو وہ سرسری نظر ڈال کر کلام کی اصلاح کر دیتے تھے۔ غدر کے ہنگاموں کے ساتھ غالب کی پریشانیوں میں مزید اضافہ ہوا۔ جو کئی اعتبار سے تکلیف دہ دور تھا۔ پنشن بند ہوگئی تھی۔ خطاب وخلعت موقوف ہوگیا تھا۔ غنیمت یہ رہی کہ غالب باغیوں کی مدد کے الزام سے بچ گئے اور جو کچھ الزام ان پر عائد ہوا۔ وہ بھی رفتہ رفتہ قصور معاف ہوا۔ اس میں سرسید اور رامپور کے نواب کی سفارش اور معاونت کام آئی۔ انہوں نے خود انگریزوں سے تعلقات کو دوبارہ ہموار کرنے کی کوشش کی۔ اس کے

لئے قصیدے لکھے۔ درخواستیں دیں اور حالات غدر پر ''دستنبو'' جیسی کتاب لکھی۔ اس کی اشاعت کا بڑا اہتمام کیا اور اس کی کاپیاں انگریز افسروں کی خدمت میں پیش کی۔ ۱۸۶۵ء میں جب نواب یوسف علی خاں رامپور کے نواب بنے تو انہوں نے غالب کیلئے ۱۰۰ روپے مہینہ وظیفہ مقرر کیا۔ ۱۸۴۰ء میں نواب صاحب نے زمانہ طالب علمی میں غالب سے فارسی پڑھی تھی۔ مسند نشینی کے بعد جب انہوں نے شاعری شروع کی تو غالب کو اپنا استادِ سخن بنایا اور غالب کے مشورے سے ''ناظم'' تخلص اختیار کیا۔ غدر کے بعد غالب کی جو پنشن بند ہوگئی تھی وہ نواب صاحب کی سعی اور سفارش سے ۱۸۶۰ء میں جاری ہوگئی۔ پنشن کی اجرائی پر غالب خوش ہوئے اور اپنے ایک دوست ''سرور'' کے نام لکھے گئے خط میں اپنے جذبات کا اظہار ان الفاظ میں کیا:

> ''پنشن جاری ہوگئی۔ تین برس کا چڑھا وا روپیہ مل گیا۔ بعد ادائے قرض کے (کذا) بچے اب ماہ بہ ماہ روپیہ ملتا ہے۔ مگر جو تین مہینے ستمبر اکتوبر نومبر ملیں گے۔ دسمبر سے تنخواہ چھ ماہی ہوجائے گی۔ اس حساب سے میرے حصہ میں ڈھائی روپے مہینہ آیا۔ ساڑھے باسٹھ کے ساتھ روپے رہیں گے۔ کچھ رامپور سے ماہانہ آتا ہے۔ یہ دونوں آمدنیاں مل کر خوش و ناخوش گزارا ہوجاتا ہے۔''[۱۸]

رامپور کے رئیس نواب کلب علی خاں جو ۱۸۸۷ء تا ۱۸۶۵ء مسند نشین رہے۔ انہوں نے بھی غالب کے لیے ۱۰۰ روپے ماہانہ وظیفہ مقرر کردیا اس طرح انگریزی سرکار کی پنشن اور دونوں دربار سے ملنے والے وظائف سے غالب کا گزارا ہوتا رہا۔

جب غالب ''دستنبو'' ختم کرچکے تھے تو خط و کتابت اور شاعری کے علاوہ ان کے سامنے کوئی مشغلہ نہ تھا۔ اس وقت غالب کے سامنے ''برہان قاطع کے نام سے ایک کتاب آئی۔ اس کتاب کے مصنف محمد حسین بن خلف تبریزی تھے۔ غالب نے جب اس کتاب کا مطالعہ کیا تو اس میں زبان و بیان

کی بہت سی غلطیاں دیکھیں۔طریقہ بیان بھونڈا اور اصولِ لغت نگاری کے خلاف تھا۔غالب زبان دانی میں ماہر تھے۔انہوں نے ''برہان قاطع'' کتاب میں جو کچھ غلیاں دیکھیں اس کے جوابات لکھنا شروع کیئے تو ایک کتاب کے قابل مواد جمع ہوگیا۔چنانچہ غالب نے جواب میں ''قاطع برہان'' نامی یہ کتاب ۱۲۷۶ھ میں شائع کی اور پھر مزید اضافوں کے ساتھ اگلے سال یہی کتاب کا نام ''درفش کاویانی'' رکھا۔ ''قاطع برہان'' کی اشاعت کے بعد دہلی میں علمی حلقوں میں کافی ہلچل مچ گئی اور غالب کی مختلف گوشوں سے مخالفت کی گئی۔اور مخالفت میں ''محرق قاطع'' قاطع قاطع'' مؤید برہان اور ''ساطع برہان'' نام سے رسالے لکھے گئے غالب نے اپنی علمی حیثیت کے مطابق کتاب پر واجبی اعتراضات کئے تھے لیکن لوگوں نے اسے شخصی حملہ سمجھا۔ایک صاحب مولوی امین الدین نے اپنی کتاب ''قاطع قاطع'' میں غالب کیلئے فحش اور ناشائستہ الفاظ استعمال کئے تھے۔غالب نے یہ کہہ کر اس کتاب کا جواب نہیں لکھا کہ ''اگر کوئی گدھا تمہیں لات مارے تو کیا تم بھی اسے لات ماروگے''۔

لیکن امین الدین کے رویہ سے غالب نے محسوس کیا کہ اس معاملے میں چُپ نہیں رہنا چاہئے بلکہ امین الدین کے خلاف مقدمہ دائر کردینا چاہئے۔غالب نے امین الدین کے خلاف ازالہ حیثیت عرفی کا مقدمہ دائر کردیا۔لیکن لوگوں نے صلح صفائی کرائی تو غالب نے مقدمہ واپس لے لیا۔مقدمے کے دوران کچھ لوگوں نے غالب کو گمنام خط لکھے جس میں ان کی شراب نوشی اور مذہب بیزاری پر لعنت و ملامت ہوتی تھی۔اس طرح کے خطوط پڑھ کر غالب مکدر اور بے لطف رہتے تھے۔اس زمانے میں دہلی میں مذہبی کٹر پسندی عام تھی اور لوگ غالب جیسے لوگوں کا مذاق اڑاتے تھے لیکن غالب کو اطمینان تھا کہ وہ ایک مسلمان کلمہ گو ہیں۔غالب کی زندگی کے ایام اس طرح کے ہنگاموں میں گزرتے رہے۔

مرزا اسد اللہ خاں غالب ایک ہمہ جہت شخصیت کے مالک تھے۔ان کی شخصی زندگی اور تحریروں کے ذریعہ ان کی شخصیت کے بارے میں جو عام تاثر لوگوں میں قائم ہوا۔وہ یہی تھا کہ وہ ایک زندہ دل شخصیت کے حامل انسان تھے۔ان کا حلقہ احباب کافی وسیع تھا۔وہ انسان دوست،مربی اور بے نظیر شخص تھے۔ان کے اخلاق نہایت وسیع تھے۔ایک مرتبہ کوئی شخص ان سے ملتا تو ان کی شخصیت سے

ضرور متاثر ہوتا اور بعد میں ان سے ملنے کا مشتاق رہتا تھا۔ دوستوں کو دیکھ کر وہ باغ باغ ہو جاتے۔ ان کے گرد ہمیشہ دوست احباب کی محفلیں جمی رہتی۔ غالب بھی لوگوں کی خوشی اور غم میں برابر شریک ہوتے۔ ان کے حلقہ احباب میں ہر مذہب کے لوگ تھے اور دہلی کے علاوہ سارے ہندوستان سے لوگ ان سے خط و کتابت کرتے اور غالب ان کے خطوں کا پابندی سے جواب دیتے۔ جو لوگ ان سے کلام کے اصلاح کی خواہش کرتے۔ غالب ان کے کلام کی اصلاح کر دیتے۔ آخر عمر میں بیماری اور ضعیفی کے سبب انہوں نے خط لکھ کر لوگوں سے کہہ دیا تھا کہ اب ان سے کلام کی اصلاح نہ لی جائے تاہم انتقال سے کچھ عرصہ قبل بھی انہوں نے لوگوں کو خط کے جواب دیئے تھے۔ لوگوں کے کلام کی اصلاح سے معذوری ظاہر کرنے کے ضمن میں حالؔی غالب کا ایک لطیفہ بیان کرتے ہوئے لکھتے ہیں:

> ''جہاں تک ہو سکا احباب کی خدمت بجالایا اوراقِ شعر لیٹے لیٹے دیکھتا تھا اور اصلاح دیتا تھا۔ اب نہ آنکھ سے اچھی طرح سوجھے اور نہ ہاتھ سے اچھی طرح لکھا جائے۔ کہتے ہیں کہ شاہ شرف بوعلی قلندر کو بسبب کبرسن کے خدا نے فرض اور پیمبر نے سنت معاف کر دی تھی۔ میں متوقع ہوں کہ میرے دوست بھی خدمت اصلاح اشعار سے مجھے معاف کریں۔ خطوطِ شوقیہ کا جواب اس صورت سے ہو سکے گا لکھ دیا کروں گا'' [19]

غالب ان لوگوں سے سخت ناراض ہوتے تھے۔ جو خط لکھتے وقت خط کے ساتھ بے رنگ خط بھجواتے تھے۔ غالب نے مکتوب نگاری کے ذریعہ ایک ایسا طریقہ نکالا کہ لگتا تھا کہ دو لوگ آپس میں بیٹھے مذاکرہ کر رہے ہوں۔ غالب کی مکتوب نگاری کی یہ خصوصیت بہت مقبول ہوئی۔ جس کے بناء پر حالی نے لکھا ''غالب نے مراسلہ کو مکالمہ بنا دیا۔'' غالب کہتے تھے کہ خط ایسا لکھو کہ اس سے آپس میں گفتگو کا مزہ ملے۔ غالب کی شخصیت کی خوبیاں ان کے خطوط میں جابجا جھلکتی ہیں۔

غالب کی شخصیت اور ان کے اخلاق و عادات کا ایک روشن پہلو یہ ہے کہ وہ غریبوں

ضرورتمندوں اور دوست احباب کی حیثیت سے زیادہ مدد کرتے تھے۔ حالی نے لکھا ہے کہ غالب کی آمدنی قلیل تھی لیکن وہ فراخ دل تھے۔کوئی سائل ان کے گھر سے خالی ہاتھ نہیں جاتا تھااوران کے مکان کے آگےضرورتمند پڑے رہتے تھے۔غدر کے بعدان کی آمدنی ڈیڑھ سوروپئے ماہانہ تھی۔اس میں سے بہت سی رقم غریبوں اورمحتاجوں کی مدد میں خرچ کردیتے اورخوداکثر تنگ رہتے۔ایک مرتبہ جب انہیں قلعہ سے سات پارچہ کاخلعت اوررقوم جواہرانعام میں ملا تھاتو انگریز افسر کے چپراسی انعام لینے کے لئے آئے۔غالب کے پاس انعام دینے کے لئے علٰحدہ رقم نہیں تھی۔انہوں نے اسی وقت انعام میں ملے جواہر بیچ کرگھر آئے چپراسیوں کوانعام دیا۔غدر کے بعد دہلی کے جوعمائدین معاشی تنگی کا شکار ہوگئے تھے۔غالب نے غیرمحسوس طریقے سےان کی مدد کی۔

غالب کی نظم ونثراوران کی بات چیت کے انداز میں ظرافت بہت زیادہ تھی۔وہ اکثرپُرمزاح گفتگوکرتے تھے۔غالب حاضر جواب تھےاور باتوں باتوں میں ظرافت کاپہلونکال لیتے تھے۔غالب کے لطیفے بہت مشہور ہوئے۔حالی نے اپنی کتاب ’’یادگارِغالب‘‘میں ان کے بہت سے لطیفے پیش کرتے ہوئے لکھا کہ انہیں:

> ’’حیوانِ ناطق کے بجائے حیوانِ ظریف کہا جائے تو بجاہے۔‘‘ ۲۰

غالب کاایک لطیفہ بیان کرتے ہوئے حالی لکھتے ہیں کہ

> ’’حکیم رضی الدین خاں جومرزا کے نہایت دوست تھے۔ ان کو آم نہیں بھاتے تھے۔ ایک دن وہ مرزا کے مکان پر برآمدے میں بیٹھے تھے اور مرزا بھی وہیں موجود تھے۔ ایک گدھے والا اپنے گدھے لیے ہوئے گلی سے گزرا۔آم کے چھلکے پڑے تھے۔گدھے نے سونگھ کرچھوڑ دیئے۔حکیم صاحب نے کہا دیکھئے آم ایسی چیز ہے جسے گدھا بھی نہیں کھاتا۔مرزا نے کہا بے شک گدھانہیں کھاتا۔‘‘ ۲۱

اس طرح کے دیگر لطیفوں سے غالب کے مزاج میں پائی جانے والی ظرافت اور حاضر جوابی کا اندازہ ہوتا ہے۔ غالب کے مزاج میں پائی جانے والی ظرافت کی مزید خصوصیات بیان کرتے ہوئے مولانا حامد حسن قادری لکھتے ہیں:

> ''غالب کی فطری ظرافت تھی ۔ غالب کو اپنی فطرت سے بعض فائدے بھی ہوئے ایک تو یہ کہ طبعی زندہ دلی کے سبب وہ غم و الم کو آسانی سے جھیل جاتے تھے اور مصیبت کو ہنسی میں ٹال دیتے تھے۔ دوسرے یہ کہ ان کی بعض نازیبا باتیں مذاق کے پردے میں چھپ جاتی تھیں ۔ تیسرے یہ کہ وہ ہنسی ہنسی میں بعض کام بنالیتے تھے ۔ایک دن غدر کے بعد تحقیقات کیلئے غالب کرنل براؤن کے سامنے پیش ہوئے۔اس نے ان کا حلیہ دیکھ کر پوچھا۔ تم مسلمان ہو؟ یہ بولے حضور آدھا۔کرنل نے کہا کیا مطلب؟ بولے''شراب پیتا ہوں، سور نہیں کھاتا۔ایک اور موقع پر کہا تھا کہ میں نے کسی دن نماز نہیں پڑھی اور کسی دن شراب نہیں چھوڑی پھر مجھے مسلمان کیوں سمجھتے ہو۔ یہ باتیں اصل میں غالب نے جان و آبرو بچانے کیلئے ڈر سے کہی تھیں لیکن شوخی و ظرافت کے رنگ میں کہیں اور واقعہ بھی یہی تھا۔اس لئے ان کا نازیبا ہونا مخفی وغیر محسوس رہا۔'' [۲۲]

غالب کی آمدنی محدود تھی ۔مگر انہوں نے خودداری اور وضعداری کو کبھی ہاتھ سے جانے نہیں دیا کبھی بازار میں بغیر پالکی یا ہوادارا کے نہیں نکلے۔شہر کے امراء اور عمائدین سے ان کی ملاقات تھی۔ جو لوگ ان کے مکان کو نہیں آتے تھے۔ وہ بھی ان کے مکان کو نہیں جاتے تھے۔ غالب کی وضعداری کی وہ مثال بھی مشہور ہوئی کہ دہلی کالج میں مدرس کی جائیداد کے سلسلہ میں جب وہ انگریز افسر سے ملنے کیلئے

گئے تھے۔ افسر انہیں لینے کے لئے باہر نہ آیا تو غالب نے اپنی ہتک محسوس کی اور انہوں نے ملازمت سے ہی انکار کر دیا۔ قلعہ کی ملازمت میں بھی غالب اپنی خودداری اور وضعداری برقرار رکھتے تھے۔

غالب ذہین اور فطین شاعر تھے۔ ذہن میں ادراک اور باتوں کی جلدی سمجھنے کی غیر معمولی صلاحیت تھی۔ ان کا حافظہ قوی تھا۔ ان کے گھر میں کتابوں کا نام ونشان نہ تھا۔ ہمیشہ کرایے کی کتابیں منگاتے تھے اور انہیں پڑھ کر واپس بھیج دیتے تھے۔ کتاب میں اگر کوئی کام کی بات ہوتی تو اسے ذہن میں نقش کر لیتے تھے۔ انہوں نے اپنی شاعری میں کوئی لفظ یا محاورہ ایسا استعمال نہیں کیا نہیں کیا جس کی سند موجود نہ ہو۔

انہوں نے کلکتہ میں اپنے کلام پر ہونے والے اعتراضات کا جواب مثنوی ''بادِ مخالف'' لکھ کر دیا۔ ان کی شعر فہمی اور یادداشت بھی غیر معمولی تھی۔ اکثر رات میں کوئی شعر ہو جاتا تو غالب کمر بند میں ایک گرہ لگا لیتے تھے۔ اسی طرح آٹھ دس گرہیں لگا کر سو جاتے۔ دوسرے دن یادداشت کے سہارے رات میں کہے گئے اشعار قلمبند کر لیتے۔ غالب بہت اچھے سخن فہم بھی تھے۔ شعر میں کیسا ہی مشکل موضوع ہو۔ آسانی سے اس کی تہہ تک پہنچ جاتے تھے۔ انہوں نے اپنی تحریروں میں بعض فارسی اشعار کی آسان اور سلیس تشریح بھی کی ہے۔ غالب اکثر حقائق اور معرفت کی کتابیں پڑھتے تھے اور کبھی کبھی فلسفیانہ خیالات کو بیان کرنے لگتے تھے۔ رات کے وقت وہ آسمان میں پھیلے تاروں کو دیکھتے اور کہتے کہ تارے بکھرے ہوئے ہیں۔ بے ترتیب ہیں لیکن اس بے ترتیبی میں بھی کچھ ترکیب ہے جو خدا ہی جانتا ہے۔ حالی لکھتے ہیں کہ مرزا کی طبیعت نہایت سلیم واقع ہوئی تھی۔ ذہن کی تیزی اور سلامتی طبع بہت کم ایک جگہ جمع ہوتی ہے لیکن یہ دونوں غالب میں بدرجہ اتم موجود تھیں۔ غالب جدت پسند واقع ہوئے تھے۔ وہ نہیں چاہتے تھے کہ شاعری میں کسی کی اتباع کریں۔ اس لئے انہوں نے اپنے لئے ایک الگ راہ منتخب کی اور ایک عرصہ تک اسی پر چلتے رہے لیکن جب انہیں احساس ہوا کہ وہ لوگوں کی بھیڑ میں تنہا رہ گئے اور ان کے کلام پر جیسی داد ملنی چاہئے نہیں مل رہی تو انہوں نے بحالتِ مجبوری شاعری میں مشکل پسندی ترک کی اور فارسی کے بجائے اردو میں شعر کہنے لگے اور اسی اردو شاعری کی وجہ سے انہیں

اپنی زندگی میں اور بعد میں بھی غیر معمولی مقبولیت حاصل ہوئی۔ غالب راست باز تھے کوئی کام چھپا کر نہیں کرتے تھے۔ جو خلوت میں کرتے تھے وہی جلوت میں بھی کرتے تھے انہیں اپنی ناقدری کا ہمیشہ احساس رہا اور اس کا اظہار وہ اپنی تحریروں اور بات چیت سے کرتے تھے۔

غالب کا ذریعہ آمدنی محدود تھا لیکن وہ کھانے پینے اور خرچ کے معاملے میں بہت فراخ دل تھے اور اچھے کھانے پسند کرتے تھے۔ غالب کی غذائی عادتوں کے بارے میں حالی ''یادگارِ غالب'' میں لکھتے ہیں کہ:

> ''مرزا کی نہایت مرغوب غذا گوشت کے سوا اور کوئی چیز نہ تھی۔ وہ ایک وقت بھی بغیر گوشت کے نہیں رہ سکتے تھے۔ یہاں تک کہ مُسہل کے دن بھی انہوں نے کھچڑی یا شولہ کبھی نہیں کھایا۔ اخیر میں ان کی خوراک بہت کم ہوگئی تھی۔ صبح کو وہ اکثر شیرہ بادام پیتے تھے۔ دن کو جو کھانا اکثر ان کیلئے گھر میں سے آتا تھا۔ اس میں صرف پاؤ سیر گوشت کا قورمہ ہوتا تھا۔ ایک پیالے میں بوٹیاں، دوسرے میں لعاب یا شوربہ۔ ایک پیالہ میں پھلکے کا چھلکا شوربے میں ڈوبا ہوا۔ ایک پیالہ میں کبھی کبھی ایک انڈے کی زردی۔ ایک اور پیالہ میں دو تین پیسہ بھر دہی اور شام کو کسی قدر شامی کباب یا سیخ کے کباب۔ بس اس سے زیادہ ان کی خوراک اور کچھ نہ تھی۔۔۔ ایک روز دوپہر کا کھانا آیا اور دسترخوان بچھا۔ برتن تو بہت سے تھے مگر کھانا نہایت قلیل تھا۔ مرزا نے مسکرا کر کہا۔ اگر برتنوں کی کثرت پر خیال کیجئے تو میرا دسترخوان یزد کا دسترخوان معلوم ہوتا ہے اور جو کھانے کی مقدار کو دیکھئے تو بایزید کا۔'' ۲۳

غالب کو پھلوں میں آم بہت پسند تھے۔ آموں کی فصل میں دوست احباب دور دور سے ان

کیلئے آم بھیجتے اور یہ بھی تقاضا کر کے لوگوں سے آم منگاتے۔ایک محفل میں لوگ آم کے بارے میں اپنی اپنی رائے دے رہے تھے۔ غالب سے پوچھا گیا تو انہوں نے کہا کہ بھائی میرے نزدیک تو آم میں صرف دو باتیں ہونی چاہئے۔ میٹھا ہو اور بہت ہو۔آموں کے ضمن میں غالب کا وہ لطیفہ بھی بہت مشہور ہے کہ غالب بادشاہ کے ساتھ آموں کے باغ میں ٹہل رہے تھے اور درختوں پر لگے آموں کو غور سے دیکھ رہے تھے۔ بادشاہ نے پوچھا مرزا اس قدر غور سے کیا دیکھتے ہو۔غالب نے عرض کیا حضرت میں نے سنا ہے کہ دانے دانے پر کھانے والے کا نام لکھا ہوتا ہے میں دیکھ رہا ہوں کہ کسی دانے پر میرا یا میرے باپ دادا کا نام بھی لکھا ہے یا نہیں ۔ یہ جواب سن کر بادشاہ مسکرائے اور اسی دن عمدہ آموں کا ایک ٹوکرا مرزا کے گھر بھیج دیا۔غالب کی ان غذائی عادتوں سے اندازہ ہوتا ہے کہ وہ زندہ دل انسان کے ساتھ خوش خوراک بھی تھے۔

غالب کی شخصیت میں جہاں بے شمار خوبیاں تھیں وہیں ایک خامی یہ بھی تھی کہ انہیں رات میں سوتے وقت کسی قدر پینے کی عادت تھی اور اور اس عادت کا انہیں احساس بھی تھا۔انہوں نے اپنے لئے مقدار مقرر کر لی تھی اور اس سے زیادہ کبھی نہیں پیتے تھے اور ملازم سے کہہ دیا تھا کہ رات میں نشے کی حالت میں اگر میں زیادہ طلب کروں تو مجھے نہ دینا۔وہ داروغہ کو برا بھلا کہتے مگر وہ ان کا بڑا بہی خواہ تھا۔غالب جو شراب پیتے تھے اس میں گلاب کے کچھ حصے ملا لیتے تھے۔شراب نوشی کے بارے میں ان کا ایک لطیفہ یہ بھی مشہور ہے کہ کسی نے ان کے سامنے شراب نوشی کی مذمت کرتے ہوئے کہا کہ شراب نوش کی دعا قبول نہیں ہوتی ۔ غالب نے کہا جس کو شراب میسر ہو اسے اور کیا چاہئے جس کیلئے دعا مانگے ۔ شراب نوشی کے علاوہ غالب کو شطرنج اور چوسر کھینے کی عادت تھی ۔گرمی کے دنوں میں اپنے گھر کی ایک کوٹھری میں بیٹھے وہ شطرنج کھیلا کرتے تھے۔ غالب روزے نہیں رکھتے تھے۔ رمضان کے دن مولانا آزردہ ان سے ملنے پہنچے۔غالب اپنے دوست کے ساتھ کوٹھری میں بیٹھے شطرنج یا چوسر کھیل رہے تھے۔ مرزا کو دیکھ کر کہنے لگے۔ہم نے حدیث میں پڑھا تھا کہ رمضان کے مہینے میں شیطان مقید رہتا ہے۔مگر آج اس حدیث کی صحت میں تردد پیدا ہو گیا۔ غالب نے کہا کہ قبلہ حدیث بالکل صحیح ہے ۔مگر آپ کو

معلوم رہے کہ وہ جگہ جہاں شیطان مقید رہتا ہے وہ یہی کوٹھری ہے۔ شراب نوشی اور شطرنج کھیلنے کی منفی عادتوں سے قطع نظر غالب ایک زندہ دل۔ ہمدرد اور انسان دوست شخص تھے۔ یہی وجہ ہے کہ ان کے اخلاق و عادات کی باتیں اردو کی نصابی کتابوں کا حصہ بنی ہیں۔

غالب اپنے گھر میں الگ بیٹھتے تھے اور ان کے گھر میں زنانہ حصہ الگ تھا۔ غالب اپنی بیوی، ان کے تمام رشتہ داروں اور زین العابدین عارف کے بچوں باقر علی خان اور حسین علی خان سے بھی اچھا برتاؤ کرتے تھے اور اپنی جان سے بڑھ کر ان کی ضروریات اور اخراجات کا خیال رکھتے تھے۔ غالب کی بیوی نہایت متقی، پرہیزگار اور نماز روزے کی پابند تھیں۔ مذہبی معاملات میں غالب جس قدر آزاد خیال تھے اسی قدر ان کی بیوی سخت پابند تھیں۔ یہی وجہ ہے کہ دونوں کے کھانے کے برتن الگ الگ تھے لیکن ان کی بیوی شوہر کی خدمت میں کمی نہیں کرتی تھیں اور وقت پر غالب کا کھانا' دوائی اور دیگر ضرورت کی چیزیں مردانہ حصہ میں بھیج دیتی تھیں جہاں غالب بیٹھا کرتے تھے۔ غالب کے ایک چھوٹے بھائی بھی تھے جن کا نام مرزا یوسف خاں تھا۔ غالب ان سے بھی بڑی محبت کرتے تھے۔ ایک مرتبہ مرزا یوسف نے کسی مرض سے صحت پائی تو غالب نے کہا تھا۔

دی مرے بھائی کو حق نے از سرِ نو زندگی　　　میرزا یوسف ہے غالب یوسفِ ثانی مجھے

غالب کی بیوی نیک پرہیزگار اور عبادت گزار تھیں۔ شوہر کی خدمت جی جان سے کرتی تھیں۔ لیکن غالب ان کے بارے میں بھی مزاحیہ اندازِ گفتگو نکال لیتے تھے۔ ایک دفعہ ان کے شاگرد امراؤ سین نے اپنی دوسری بیوی کے انتقال اور تیسری شادی کے ارادے کا ذکر کیا۔ اس کے جواب میں غالب لکھتے ہیں کہ امراؤ سین کے حال پر اس کے واسطے رحم اور اپنے واسطے رشک آتا ہے۔ اللہ اللہ ایک وہ ہیں کہ دو دوبار ان کی بیڑیاں کٹ چکی ہیں اور ایک ہم ہیں کہ ایک اوپر پچاس برس سے جو پھانسی کا پھندہ گلے میں پڑا ہے تو نہ پھندہ ہی ٹوٹتا ہے نہ دم ہی نکلتا ہے۔ اس گفتگو سے اندازہ ہوتا ہے کہ غالب کبھی کبھی اپنی بیوی سے اظہارِ بے زارگی کرتے تھے لیکن مجموعی طور پر انہوں نے جیسے تیسے زندگی کی گاڑی کھینچی جس میں ان کی بیوی نے بھی بڑا ساتھ دیا۔

غالب کے مذہب کو لے کر ان کے زمانے میں اور بعد میں بہت سی بحث وتکرار ہوئی ہے اول تو یہ کہ غالب مسلمان تھے لیکن مذہبی عبادات اور رسوم کے قائل نہیں تھے۔ اپنی شاعری میں انھو ں نے توحید اور معرفت کے مضامین بیان کئے ہیں۔ غالب کا یہ شعر بہت مشہور ہوا۔

نہ تھا کچھ تو خدا تھا، کچھ نہ ہوتا تو خدا ہوتا　　　　ڈبویا مجھ کو ہونے نے نہ ہوتا میں تو کیا ہوتا

غالب کے مذہب کے بارے میں کہا گیا کہ وہ اثنائے عشری مذہب سے تعلق رکھتے ہیں اس بات کا ثبوت ان کے بعض مکتوبات سے ملتا ہے۔ ایک خط میں اپنے مذہبی عقیدے کے بارے میں غالب لکھتے ہیں کہ:

''میں موحدِ خالص اور مومنِ کامل ہوں۔ زبان سے لا الہ الا اللہ کہتا ہوں اور دل میں لا موجود الا اللہ، لا موثر فی الوجود الا اللہ سمجھے ہوئے ہوں۔ انبیاء سب واجب تعظیم اور اپنے اپنے وقت میں مفترض الطاعۃ تھے محمد علیہ السلام پر نبوت ختم ہوئی۔ یہ خاتم المرسلین اور رحمت للعالمین ہیں۔ مقطع نبوت کا، مطلع امامت کا اور امت نا اجماعی بلکہ من اللہ ہے اور امام من اللہ علی علیہ السلام ہیں۔ ثم حسن ثمہ حسین اسی طرح تا مہدی موعود علیہ السلام۔ ہاں اتنی بات اور ہے کہ اباحت اور زندقے کو مردود شراب کو حرام اور اپنے کو عاصی سمجھتا ہوں۔ اگر مجھ کو دوزخ میں ڈالیں گے تو میرا جلانا مقصود نہ ہوگا بلکہ دوزخ کا ایندھن ہوں گا اور دوزخ کی آنچ کو تیز کروں گا تا کہ مشرکین و منکرین نبوت مصطفوی اور امامت مرتضوی اس میں جلیں۔ نہ مجھے خوفِ مرگ نہ دعویٰ صبر ہے۔ میرا مذہب بخلافِ عقیدہ قدریہ جبر ہے۔ صاحب بندہ اثنائے عشری ہوں۔ ہر مسلک کے خاتمے پر بارہ کا ہندسہ کرتا ہوں۔ خدا

کرے میرا بھی خاتمہ اسی عقیدے پر ہو۔ میر نصیر الدین اولاد
میں سے ہیں شاہ محمد اعظم کی ۔ وہ خلیفہ تھے مولوی فخر الدین
صاحب کے اور میں مرید ہوں اس خاندان کا صوفی صافی ہوں
اور حضراتِ صوفیاء حفظِ مراتب ملحوظ رکھتے ہیں۔'' ۲۴

غالب کے اس خط سے اندازہ ہوتا ہے کہ وہ عقیدے کے اعتبار سے شیعہ مسلک کو ماننے والے تھے لیکن وہ صلحِ کُل کے قائل تھے۔ اس لئے انہوں نے عملی طور پر کبھی شدت کا اظہار نہیں کیا اور حق تو یہ ہے کہ ان کے نزدیک انسانیت کی عظمت ہی سب سے بڑا مذہب تھا جس کے وہ پیروکار رہے۔

غالب کو مطالعہ کی عادت تھی اور نئی نئی کتابیں پڑھنے کا شوق تھا۔ وہ کتاب خریدتے نہیں تھے بلکہ کرایے پر منگا کر پڑھتے تھے۔ شعر وادب، اخلاق، تصوف، طب، حکمت۔ قافیہ۔ نجوم اور تاریخ گوئی۔ فلسفہ سے انہیں بہت دلچسپی تھی۔ ان موضوعات سے متعلق کتابیں منگا کر پڑھتے تھے۔ اور ان علوم پر مہارت رکھتے تھے۔ انوں نے رسمی طور پر کہیں مدرسہ میں تعلیم حاصل نہیں کی۔ لیکن مطالعہ سے اپنے فہم و ادراک کو وسعت دی۔ وہ شعرائے عجم کے کلام پر عبور رکھتے تھے اور ان کے کلام سے سند دیتے تھے۔ اپنے عہد میں وہ کسی کو اپنا ہم پلہ نہیں سمجھتے تھے۔ فارسی اور اردو میں اپنی برتری کے قائل تھے۔ مومنؔ سے اکثر جھڑپیں ہوتی تھیں وہ مومنؔ اور ذوقؔ کو پسند بھی کرتے تھے۔ مومن کے اس شعر پر:

تم مرے پاس ہوتے ہو گویا جب کوئی دوسرا نہیں ہوتا

غالب نے کہا تھا کہ کاش مومن میرا سارا دیوان لے لیتا اور یہ شعر مجھے دے دیتا۔ مومنؔ اور غالبؔ میں ایسی چشمک تھی کہ دونوں ایک مشاعرے میں شریک نہیں ہوتے تھے۔ غالب کو ذوقؔ کا یہ شعر بھی بہت پسند آیا۔

اب تو گھبرا کے یہ کہتے ہیں مر جائیں گے مر کے بھی چین نہ پایا تو کدھر جائیں گے

مولوی امام بخش صہبائی غالب کے ہمعصر اور دوست فارسی کے بڑے مشہور اور مستند فاضل تھے غالب ان کو بھی کچھ نہ سمجھتے تھے اور'' قاطع برہان'' کے معاملے میں انہوں نے امام بخش صہبائی کو بھی

خاطر میں نہ لایا۔ چنانچہ ایک بار انہوں نے کہا کہ امام بخش سب محققوں کے امام تو نہیں ہو سکتے دو محققوں کے امام ہو سکتے ہیں ایک رحیم بیگ کے دوسرے نارائن داس تنبولی کے۔

مجموعی طور پر غالب مجموعہ صفات انسان تھے اردو شاعری اور اردو ادب میں ان کا نام ان کے عہد میں بھی روشن رہا اور آنے والے زمانے میں بھی۔ اردو ادب کو واقعی اس بات پر فخر رہا کہ اس میں غالب جیسا قد آور شاعر پیدا ہوا۔ ضرورت اس بات کی ہے کہ غالب کی شخصیت ان کی شاعری اور ان کے کارناموں کو اردو اور دیگر زبانوں کے ذریعہ آنے والی نسلوں تک پہنچایا جائے۔ تب ہی غالب کے فن کی قدر دانی ہو سکتی ہے۔

غالب کی علمی و ادبی خدمات

غالب کی فارسی اور اردو میں جو کچھ علمی وادبی خدمات رہی ہیں وہ اس طرح ہیں۔

فارسی تصانیف

ا۔کلیات غالب (فارسی):

غالب کی شاعری کا بیشتر حصہ فارسی کلیات کی شکل میں موجود ہے۔ اس کلیات میں قصائد ،غزلیں۔قطعات، رباعیات اور متفرق کلام موجود ہے ان کے فارسی کلیات میں 10 ہزار سے زیادہ اشعار موجود ہیں۔

۲۔مہر نیمروز:-

غالب نے آخری بادشاہ دہلی بہادر شاہ ظفر کے حکم سے 1850ء میں خاندان تیمور کی تاریخ لکھنی شروع کی۔ اس کتاب کا نام ''پرتوستان'' تجویز کیا تھا لیکن پہلا حصہ تمام ہوا تھا کہ غدر ہو گیا۔ یہ حصہ ''مہر نیمروز'' کے نام سے شائع ہو گیا ہے۔ اس میں تیمور سے ہمایوں بادشاہ تک کے حالات ہیں۔ دوسرے حصے میں اکبر بادشاہ سے بہادر شاہ ظفر تک کی تاریخ ہوتی لیکن لکھنے کا موقع نہ ملا۔ اس حصہ کا نام غالب نے ''ماہ نیم ماہ'' تجویز کیا تھا۔ اس ترکیب پر ان کو بڑا ناز تھا۔

۳۔''دستنبو'':-

اس میں غدر کا حال لکھا ہے خود غالب کا بیان ہے ۔ ''گیارھویں مئی ۱۸۵۷ء سے یکم جولائی ۱۸۵۸ء تک کی روداد نثر میں بہ عبارت فارسی تام آمیختہ بہ عربی میں لکھی ہے۔ ''دستنبو'' اس کا نام رکھا ہے اور اس میں صرف اپنی سرگزشت اور اپنے مشاہدے کے بیان سے کام رکھا ہے۔

۴۔ پنج آہنگ :-

اس میں فارسی انشا پردازی کے نمونے ہیں

۵ سبد چین :-

اس میں چند فارسی قصائد و غزلیات رقعات ہیں۔

۶ قاطع برہان :-

اس میں محمد حسین بن خلف تبریزی متخلص بہ برہان کی ''برہان قاطع'' کے اغلاط ثابت کئے ہیں۔ بعد کو اس میں اضافہ کیا اور اس کا نام 'درفشِ کاویانی' رکھا۔

اردو تصانیف

۱۔ دیوان غالب (اردو) :-

غالب کا اردو دیوان مختصر ہے جس میں غزلیں ۔ قطعات ۔ قصائد متفرق اشعار ہیں ۔ کل دیوان میں صرف چند ۱۱۰۰ اشعار ہیں لیکن یہی دیوان کی شہرت کا سبب بنا۔

۲۔ عودِ ہندی :-

مکاتیب غالب کا پہلا مجموعہ غالب کی زندگی میں وفات سے چار مہینے پہلے اکتوبر ۱۸۶۸ء میں پہلی مرتبہ مطبع مجتبائی میرٹھ سے شائع ہوا۔ اس میں ۱۶۲ مکاتیب ہیں ۔ ان کے علاوہ غالب کی لکھی ہوئی دو کتابوں کی تقریظیں اور تین کتابوں کے دیباچے بھی شامل ہیں۔

۳۔ اردوئے معلیٰ (حصہ اول) :-

دوسرا مجموعہ خطوط، غالب کے انتقال سے ۱۹ روز بعد ۶ مارچ ۱۸۶۹ء کو مطبع اکمل المطابع دہلی میں چھپ کر تیار ہوا۔ اس میں ۲۷۴ خطوط ہیں۔

۴۔اردوئے معلیٰ (حصہ دوم):-

۱۸۹۹ء میں مطبع مجتبائی دہلی سے شائع ہوا۔اس کے متعلق مولوی عبدالاحد مالک مطبع نے لکھا ہے کہ ''اس حصے میں خاص کروہ مکتوبات ہیں جن میں مرزا غالب نے لوگوں کو اصلاحیں دی ہیں یا شاعری کے متعلق کوئی ہدایت کی ہے یا کوئی نکتہ بتایا ہے اور بعض کتابوں کے دیباچے اور تبصرے بھی ہیں۔اس حصہ میں ۵۳ مکتوبات ہیں۔اس کے بعد ۱۹۲۹ء میں جب شیخ مبارک علی تاجر کتب لاہور نے ''اردوئے معلیٰ'' کے دونوں حصے یکجا شائع کئے تو آخر میں ایک ضمیمہ بھی شامل کردیا جس میں غیر شائع شدہ ۲۳ خطوط ہیں۔

۵ مکاتیب غالب:-

یہ آخری مجموعہ خطوط ہے جس میں نواب یوسف علی خاں بہادر اور نواب کلب علی خاں فرماں روایانِ رامپور کے نام غالب کے ۱۱۵ مکتوبات ہیں۔ یہ مجموعہ نہایت خوبصورت ٹائپ میں بہترین طباعت کے ساتھ ریاست کی جانب سے ۱۹۳۷ء میں شائع ہوا ہے۔منشی امتیاز علی صاحب عرشی ناظم کتب خانہ سرکاری نے ۱۸۱ صفحات کا دیباچہ لکھا ہے جس میں ان خطوط کی مدد سے غالب کے حالات پر مزید روشنی ڈالی ہے۔یہ مکتوبات ادبی اعتبار سے زیادہ دقیع نہیں ہیں۔درجنوں مکتوبات صرف چار پانچ سطروں کے ہیں جن میں تنخواہ ماہانہ کی ہنڈی کی رسیدیں ہیں پھر بھی کہیں کہیں کوئی ادبی یا عملی بات بھی آگئی ہے یا کوئی قطعہ یا تاریخ شامل ہے جو اب تک شائع نہ ہوا تھا۔غالب کا مخصوص اسلوب نگارش سب میں ہے اور ظرافت اکثر میں۔اس لئے یہ مجموعی بھی تبرکاتِ غالب میں شامل ہے۔

۶۔لطائف غیبی۔تیغ تیز۔نامہء غالب:-

یہ تینوں مراسلے ''قاطع برہان'' کے مخالفوں کے جواب میں لکھے ہیں۔

۷۔تقاریظ اور دیباچے:-

یہ تقاریظ اور دیباچے مختلف کتابوں کیلئے لکھے تھے۔''عود ہندی'' اور اردوئے معلیٰ'' حصہ دوم میں شامل ہیں۔

بیماری اور وفات:-

غالب زندگی بھر معاشی تنگی کا شکار رہے۔ یہی وجہ ہے کہ اخیر عمر میں وہ زندگی سے تنگ آ گئے تھے اور مرنے کی آرزو کیا کرتے تھے۔ ہر سال اپنی وفات کی تاریخ نکالتے اور یہ خیال کرتے کہ اس سال ضرور مر جاؤں گا۔ ایک سال غالب نے جب اپنے مرنے کی تاریخ نکالی تو مرزا کے ایک دوست جواہر سنگھ نے ان سے کہا کہ حضرت انشاء اللہ یہ مادہ تاریخ بھی غلط ثابت ہوگا۔ غالب نے کہا کہ تم ایسے فال منہ سے نہ نکالو۔ اگر یہ مادہ بھی غلط نکلا تو میں سر پھوڑ کر مر جاؤں گا۔ اسی طرح کا ایک واقعہ بیان کرتے ہوئے حالی لکھتے ہیں:۔

''ایک دفعہ شہر میں سخت وبا پڑی۔ میر مہدی حسین مجروح نے دریافت کیا کہ حضرت! وبا شہر سے دفع ہوئی یا ابھی تک موجود ہے۔ اس کے جواب میں لکھتے ہیں۔ بھائی کیسی وبا؟ جب ایک ستر برس کے بڈھے اور ستر برس کی بڑھیا کو نہ مار سکے تو تف بریں وبا۔'' ۲۵

اس طرح کے واقعات سے اندازہ ہوتا ہے کہ غالب کس قدر مرنے کے آرزومند تھے۔

انتقال سے کئی برس پہلے چلنا پھرنا بند ہو گیا تھا۔ اکثر اوقات پلنگ پر پڑے رہتے تھے۔ چھ چھ سات سات دن میں اجابت ہوتی تھی۔ بغیر کسی کی مدد کے خود بستر سے اٹھتے اور چوکی پر جا بیٹھتے۔ غالب کے لئے یہ بڑے صبر آزما لمحے تھے۔ بستر پر لیٹے لیٹے وہ لوگوں کے خطوط کے جواب دیتے تھے اور جب بیماری زیادہ ہوگئی تو انہوں نے لوگوں سے کہہ دیا تھا کہ اب وہ اصلاح شعر نہیں کر سکیں گے۔ غالب کی بیماری کا حال ان کے خط سے بھی ظاہر ہوتا ہے:

''ایک صورت پُر کدورت یعنی احتراق کا مرض مختصر یہ کہ سر سے پاوں تک بارہ پھوڑے۔ ہر پھوڑا ایک زخم اور ہر زخم ایک

غار۔ ہر روز بے مبالغہ بارہ تیرہ پھائے اور پاؤ بھر مرہم درکار۔ نو
دس مہینے بے خور وخواب رہا ہوں اور شب و روز بیتاب۔ راتیں
یوں گزری ہیں کہ اگر کبھی آنکھ لگ گئی۔ دو گھڑی غافل رہا کہ ایک
آدھ پھوڑے میں ٹیس اٹھی، جاگ اٹھا، تڑپا کیا، پھر سو گیا، سال
بھر میں تین حصے دن یوں گزرے۔ پھر تخفیف ہونے لگی۔''۲۶

کچھ دن پہلے غالب پر بے ہوشی طاری ہوگئی تھی۔ کئی کئی گھنٹے بے ہوش رہتے کچھ دیر ہوش آتا۔ پھر بے ہوشی چھا جاتی۔ انتقال سے ایک دن پہلے حالی نے ان کی عیادت کی تھی۔ اس وقت بھی جب غالب کو ہوش آیا تو وہ کسی کے خط کا جواب لکھا رہے تھے۔ دراصل یہ نواب علاء الدین احمد خان کے خط کا جواب تھا۔ انہوں نے لوہارو سے خط لکھ کر غالب کی کیفیت پوچھی تھی جس کے جواب میں غالب نے سعدی کا یہ فقرہ لکھایا۔ جس کا ترجمہ اس طرح ہے کہ ''میرا حال مجھ سے کیا پوچھتے ہو، ایک آدھ روز میں ہمسایوں سے پوچھنا'' مرنے سے پہلے غالب کی زبان پر اکثر یہ شعر رہتا تھا۔

دمِ واپسی برسرِ راہ ہے عزیزو اب اللہ ہی اللہ ہے

بہرحال زندگی کے ۷۳ برس اور ۴ مہینے گزرانے کے بعد غالب نے ۱۵ فروری ۱۸۶۹ء مطابق ۲/ ذی قعدہ ۱۲۵۸ھ کو داعی اجل کو لبیک کہا۔ غالب کی جنازہ کی نماز دلی دروازے کے باہر پڑھی گئی جس میں حالی کے بشمول دہلی کے بیشتر عمائدین اور ممتاز لوگوں نے شرکت کی شرکت کرنے والوں میں نواب ضیاء الدین احمد خاں۔ نواب مصطفیٰ خان۔ حکیم احسن اللہ خان اور دیگر لوگ شامل تھے۔ کسی نے کہا کہ مرزا صاحب شیعہ تھے ہمیں اجازت دی جائے کہ ہم اپنے طریقے سے ان کی تجہیز و تکفین کریں لیکن نواب ضیاء الدین احمد خان نے نہیں مانا اور تمام مراسم اہل سنت کے مطابق ادا کیے گئے۔ درگاہ حضرت نظام الدین اولیاء کے قریب اپنے خسر کے پائیں مزار غالب کی تدفین عمل میں آئی۔ آج بھی بستی نظام الدین میں غالب کا مزار لوگوں کو ان کی عظمت کی یاد دلاتا ہے۔ غالب کے انتقال کی خبریں اس وقت کے تمام اخبارات میں شائع ہوئیں۔ بہت سے لوگوں نے ان کے انتقال کی تاریخ پر مبنی تعزیتی اشعار

لکھے۔اس کے علاوہ مرزا قربان علی بیگ سالک، میر مہدی حسین مجروح، منشی ہر گوپال تفتہ اور حالی نے غالب کی یاد میں مرثیے لکھے جو اسی زمانے میں شائع بھی ہوئے۔حالی کا لکھا ہوا ''مرثیہ غالب'' بہت مشہور ہوا۔

حواشی

سلسلہ نشان	کتاب کا نام	مصنف/مرتب کا نام	صفحہ نمبر
۱	غالب اور عہدِ غالب ۔نئی نسل کی نظر میں	شاہد ماہلی	ص ۲۵۴
۲	مرزا غالب کی خود نوشت ''حالاتِ زندگی'' بحوالہ۔مجموعہ نثر غالب اردو۔	خلیل الرحمٰن داؤدی	ص ۳۵۵
۳	یادگارِ غالب	الطاف حسین حالی	ص ۹۔۱۰
۴	غالب کی اُردو نثر اور دوسرے مضامین	مولانا حامد حسن قادری	ص ۱۱
۵	غالب کی اُردو نثر اور دوسرے مضامین	مولانا حامد حسین قادری	ص ۹
۶	یادگار غالب	الطاف حسین حالی	ص ۹
۷.	غالب کی آپ بیتی	مرتبہ: نثار احمد فاروقی	ص ۱۴
۸	یادگارِ غالب	الطاف حسین حالی	ص ۱۳
۹	غالب کی آپ بیتی	مرتبہ: نثار احمد فاروقی	ص ۱۴۔۱۵
۱۰	غالب کی اُردو نثر اور دوسرے مضامین	مولانا حامد حسن قادری	ص ۱۵
۱۱	غالب کا سفر کلکتہ اور کلکتہ کا ادبی معرکہ	خلیق انجم	ص ۲۷۔۲۸۔۲۹
۱۲	غالب کا سفر کلکتہ اور کلکتہ کا ادبی معرکہ	خلیق انجم	ص ۸۵

۱۳	یادگارِ غالب	الطاف حسین حالی	ص ۲۶
۱۴	غالب کی سوانح عمری	تنویر احمد علوی	ص ۱۱۵
۱۵	مکتوب بنام منشی نبی بخش۔ غالب کی سوانح عمری	تنویر احمد علوی	ص ۱۶۰
۱۶	غالب کی سوانح عمری	تنویر احمد علوی	ص ۱۷۱
۱۷	یادگارِ غالب	الطاف حسین حالی	ص ۳۱۔۳۲
۱۸	مکتوب بنام سرور ۔ غالب کی سوانح عمری	تنویر احمد علوی	ص ۲۶۵
۱۹	یادگارِ غالب	الطاف حسین حالی	ص ۵۶
۲۰	یادگارِ غالب	الطاف حسین حالی	ص ۶۰
۲۱	یادگارِ غالب	الطاف حسین حالی	ص ۶۰
۲۲	غالب کی نثر اور دوسرے مضامین	حامد حسن قادری	ص ۱۹
۲۳	یادگارِ غالب	الطاف حسین حالی	ص ۶۲
۲۴	غالب کی آپ بیتی ''مرزا غالب''	مرتبہ: نثار احمد فاروقی	ص ۵۰
۲۵	یادگارِ غالب	الطاف حسین حالی	ص ۸۹
۲۶	غالب کی سوانح عمری	تنویر احمد علوی	ص ۲۶۶

xxx

☆ باب دوم

غالب سے قبل اردو نثر

جنوبی ہند میں اُردو نثر کا ارتقاء

مرزا غالب کا دورِ حیات انیسویں صدی کی ابتدائی سات دہائیوں پر مشتمل ہے۔ یہ وہ دور ہے جب سیاسی سطح پر ہندوستان میں بڑی تبدیلی واقع ہوئی اور تین سو سال سے زائد عرصہ سے چلی آرہی مغلیہ حکومت کا خاتمہ ہوا اور تجارت کی غرض سے آئی برطانیہ کی ایسٹ انڈیا کمپنی کا ہندوستان پر قبضہ ہوگیا اور ۱۸۵۷ء کی جنگِ آزادی میں ہندوستانیوں کی ناکامی کے بعد سارے ہندوستان پر انگریز حکومت کا قبضہ ہوگیا۔ سماجی سطح پر بڑی تبدیلی یہ واقع ہوئی کہ جاگیردارانہ نظام کا خاتمہ ہوا۔ انگریزوں کی لائی ہوئی صنعتوں نے بے روزگاری میں اضافہ کیا اور ہندوستانیوں کو پتہ چل گیا کہ معاشی فراغت پانے کے لئے جاگیرداری کی جگہ تعلیم ضروری ہے۔ لسانی شعبے میں بھی بڑی تبدیلی واقع ہوئی۔ مغلیہ دور میں فارسی سرکاری زبان تھی اور معیاری شعر و ادب بھی فارسی میں ہی لکھا جاتا تھا۔ اُردو کو لشکری زبان، ریختہ یا بازاری زبان کہا جاتا تھا۔ دنیا کی دیگر زبانوں کی طرح اُردو میں بھی ادب کے ابتدائی نمونے شاعری میں ملے پھر بعد میں نثر کو ترقی ہوئی۔ اُردو کا آغاز شمالی ہند میں ہوا لیکن اُردو زبان اپنے آغاز کے بعد دکن کے علاقے میں پروان چڑھنے لگی۔ اُردو نثر کو فروغ دینے میں دکن کے صوفیاء اور اولیاء کرام نے اہم کارنامہ انجام دیا۔ صوفیاء اکرام کی زندگی کا مقصد مذہب اسلام کی ترقی و ترویج تھا۔ اس کے لئے انھیں ایسی زبان کی ضرورت پڑی جو عوامی بول چال کا حصہ ہوتی ہو۔ اُردو نثر کے قدیم نمونے صوفیا کے

اقوال، مذہبی رسائل، شکارناموں اور چکّی ناموں پر مشتمل ہے۔ شمالی ہند میں اُردو کو ابتدائی دور میں اس لیے ترقی نہیں ملی کہ وہاں کی درباری زبان فارسی تھی جبکہ دکن میں صوفیا کرام کی سرپرستی۔ عوام کی محبت کی وجہ سے اُردو کو فروغ ملا۔ علاء الدین خلجی کے فتح دکن کے بعد جنوب میں اُردو کی ترقی تیز رفتاری سے ہوئی۔ دکن میں شاہ راجو قتال اور خواجہ بندہ نواز گیسودراز کے نثری کارنامے اُردو نثر کے ابتدائی نقوش ہیں۔ اُردو کی پہلی نثری کتاب ''معراج العاشقین'' کو مانا جاتا ہے اس کے بارے میں قدیم تحقیق تھی کہ یہ بندہ نواز گیسو دراز کی تصنیف ہے لیکن اب یہ ثابت ہو چکا ہے کہ اس کے مصنف مخدوم شاہ حسینی بیجاپوری ہیں۔ دکن کے دیگر صوفیا اکرام جن کے نثری کارنامے سامنے آتے ہیں ان میں حضرت مخدوم جہان یان جہان گشت، حضرت قطب عالم، شیخ محمد گوالیاری، محمد اکبر حسینی، عبداللہ حسینی، شیخ بہاء الدین باجن، شیخ عبدالقدوس گنگوہی، میراں جی شمس العشاق، شاہ برہان الدین جانم وغیرہ ہیں۔ اس دور کے نثری کارناموں میں پائی جانے والی زبان کے بارے میں عابدہ بیگم لکھتی ہیں:

> ''اکثر بزرگوں کے کارنامے منظوم ہیں۔ نثر کے اتفاقی جملے، مختصر اقوال یا چھوٹے چھوٹے رسائل کا تجزیہ کیا جائے تو اندازہ ہوتا ہے کہ ان پر عربی اور فارسی تراکیب کا اثر بہت کم ہے۔ اس کی ایک وجہ یہ معلوم ہوتی ہے کہ بول چال کی زبان تحریر سے مختلف ہوتی ہے اور خاص طور پر اس وقت جب تخاطب عوام الناس سے ہو۔ سوال و جواب کی شکل میں لکھے ہوئے رسائل گفتگو کے عام انداز سے الگ نہیں کئے جاسکتے۔ مذہبی رسائل کو ادبی کارنامے سمجھنا درست نہیں مگر اُن سے اس وقت کی نثر کے لہجے، نوعیت، کیفیت کا اندازہ ہوتا ہے اور یہ بھی پتہ چلتا ہے کہ اُردو زبان آہستہ آہستہ اس منزل کی طرف بڑھنے لگی تھی جہاں سے ادبی نثر کی نشوونما شروع ہوئی۔ گویا صوفیوں اور مذہبی

بزرگوں نے ادبی کارناموں کی تخلیق کے لیے راہ ہموار کی''۔1

صوفیا کرام کے ابتدائی نثری نمونوں کے بعد جس کتاب کو ادبی مقبولیت حاصل ہوئی وہ شاہ میراں جی شمس العشاق کا رسالہ ''شرح مرغوب القلوب'' ہے۔ اس رسالہ کا موضوع بھی تصوف ہے لیکن اس میں ادبی نثر کی ترقی یافتہ شکل ملتی ہے۔ ڈاکٹر مولوی عبدالحق اس رسالہ کا تعارف بیان کرتے ہوئے لکھتے ہیں:

''یہ چھوٹا سا رسالہ نثر میں ہے۔ اس کے بھی میرے پاس دو نسخے ہیں اور دونوں میں یہ حضرت میراں جی کی تصنیف بتایا گیا ہے۔ شروع میں حمد، نعت اور متفرق حدیث و آیات کے ترجمے اور مختصر سی تفسیر کے بعد اسے دس باب میں تقسیم کیا گیا ہے''۔2

دکن میں دسویں صدی ہجری سے باقاعدہ تصنیف و تالیف کا دور شروع ہو جاتا ہے۔ شاہ برہان الدین جانم، شاہ میراں جی شمس العشاق اور دیگر بزرگوں کے کارنامے سامنے آنے لگتے ہیں۔ شاہ برہان الدین جانم کا ایک رسالہ ''کلمۃ الحقائق'' ہے جو تصوف پر مبنی ہے۔ اس رسالے کی زبان دکنی اور فارسی ہے۔ برہان الدین جانم کے فرزند امین الدین اعلیٰ ہیں جن کا رسالہ ''وجودیہ'' مشہور ہے۔ امین الدین اعلیٰ نے اپنے بزرگوں کی روایت کو قائم رکھا اور شریعت و طریقت کے مسائل کو عوام تک پہنچایا۔ شاہ میراں جی خدانما کا مشہور نثری کارنامہ ''شاح تمہیداتِ عین القضاۃ'' ہے۔ اس دور کی تصانیف سے پتہ چلتا ہے کہ مذہبی تصانیف کے ساتھ ساتھ تراجم کا سلسلہ بھی شروع ہو گیا تھا۔ صوفیاء اکرام اور علمائے وقت نے زبان کی مقبولیت کو مزید سہارا دیا اور تصوف و مذہبی باتوں کی پیشکشی کے بعد اُردو میں ایسا ادب پروان چڑھنے لگا جو لوگوں کی تفریح کا باعث ہوا۔ چنانچہ اس دور میں دکن میں داستانیں لکھی جانے لگیں۔ غالب سے قبل اردو نثر میں جو داستانیں ہیں ان کا یہاں پر سرسری جائزہ لینا ضروری ہے۔

داستان اردو ادب کی ایک ایسی صنف ہے جس میں قصے، کہانیاں اور مختلف واقعات پیش

کیے جاتے ہیں۔ مافوق الفطرت عناصر، تحیر خیزی اور تجسّس داستان کی اہم ترین خصوصیات رہی ہیں۔ داستان میں موضوع کے اعتبار سے بھی حسن وعشق، رزم و بزم اور تصوف کو جگہ دی جاتی رہی ہے۔ دکن نے اس کو صحیح خدوخال عطا کرنے میں اہم کردار ادا کیا۔

یہ داستانیں اردو نثر کی ترقی میں اہم مقام رکھتی ہیں۔ اس وقت انسان خالی اوقات میں ان ہی داستانوں کا سہارا لیتا تھا کیونکہ اس عہد میں انسان کم مصروف تھا۔ وہ داستانوں کے ذریعے اپنا دل بہلاتا تھا۔ اگر دیکھا جائے تو ان داستانوں کے بغیر اردو ادب کی تاریخ مکمل نہیں کہی جاسکتی۔ داستان سن کر سامعین ایک ایسی خیالی دنیا میں پہنچ جاتے تھے جہاں بادشاہوں، شہزادوں اور شہزادیوں کا جمال و جلال، ان کا حشم و خدم، ان کی عیش کوشیاں اور رنگ رلیاں ایک ایسی فضاء قائم کر دیتی تھیں۔ جادوگر جادوگرنیاں، طلسمات وغیرہ غرض یہ کہ ہر داستان کی اپنی ایک دنیا تھی اور ہر داستان اپنے عہد کی معاشرت اور تہذیب کے بہت دلچسپ اور رنگا رنگی مرقعے بھی تھیں۔

سب رس، نوطرز مرصع، آرائشِ محفل، باغ و بہار، کنور اودے بھان اور رانی کیتکی کی کہانی اور فسانۂ عجائب جیسی داستانوں کے ذریعے اردو نثر کو جو فروغ ملا اس کو نظرانداز نہیں کیا جاسکتا۔ یہ داستانیں اپنے عہد کی تہذیب و ثقافت کی سچی تصویر پیش کرتی ہیں اور سماجی ناہمواریوں اور مسائل و مشکلات کی پوری عکاسی کرتی ہیں اور عشقیہ واقعات کے باوجود ان میں کوئی نہ کوئی اخلاقی درس ضرور موجود ہے۔

سب رس:

غالب سے قبل اردو نثر کے سلسلے میں مّلا وجہی کی تمثیلی داستان ''سب رس'' بھی اس عہد کی اہم کڑی ہے۔ وجہؔی نے اپنی اس تخلیق سے اردو ادب کو ایک نئے طرز کے فن پارے سے روشناس کرایا۔ وجہؔی نے اس تصنیف کو عبداللہ قطب شاہ کے عہد میں ۱۰۴۵ھ۔م/۱۶۳۵ء میں مکمل کیا۔ ملا وجہی قطب شاہی دربار سے تعلق رکھتا تھا۔ اس نے ابراہیم قطب شاہ سے لے کر عبداللہ قطب شاہ تک چار بادشاہوں کا زمانہ دیکھا تھا۔ قابل قدر بات یہ ہے کہ سلطان عبداللہ قطب شاہ کے کہنے پر اس قصّے کو تحریر

کیا گیا تھا۔اس اقتباس کے ذریعے بادشاہ کی فرمائش کا اظہار ہوتا ہے:

''سلطان عبداللہ، ظل اللہ، عالم پناہ، صاحب سپاہ، حقیقت آگاہ، دشمن پرور، ثانی سکندر، عاشق صاحب نظر، دل کے خطرے تے باخبر،......صبا کے وقت بیٹھے تخت، یکایک غیب تے رمز پا کر دل میں اپنے کچھ لیا کر، وجہی نادرسن کوں، دریا دل گوہر سخن کوں، حضور بلائے، پان دئے، بہت مان دئے، ہور فرمائے کہ انسان کے وجود پچھ میں کچھ عشق کا بیان کرنا، اپنا نانوں عیاں کرنا، کچھ نشان دھرنا، وجہی بہوگنی گن بھریا، تسلیم کر کر سر پر ہات دھریا، بھوت برا کام اندیشیا، بہت بڑی فکر کریا، بلند ہمتی کے بادل تے دانش کے میدان میں گفتاراں برسایا، قدرت کے اسراراں برسایا، بادشاہ کے فرمائے پر چینتیا، نوی تقطیع بیتیا''۔۳۳

''سب رس'' ملا وجہی کی طبع زاد تصنیف نہیں بلکہ اس کی بنیاد فارسی کے نامور شاعر محمد یحیٰی فتاحی نیشاپوری کے قصہ ''حسن ودل'' پر ہے۔اس کا ماخذ نیشاپوری کی دو مثنویوں ''دستور عشاق'' اور ''شبستان خیال'' کو بھی بتایا جاتا ہے۔اگرچہ اس کی دریافت کی مبارکباد کا سہرا مولوی عبدالحق کے سر ہے۔انھوں نے اس کو ۱۹۳۲ء میں مرتب کر کے ایک بہترین مقدمہ کے ساتھ انجمن ترقی اردو (اورنگ آباد دکن) سے شائع کیا۔سب رس کی خاص بات یہ رہی کہ پہلی مرتبہ اردو نثر میں خالص ادبی کارنامہ پیش ہوا۔وجہی نے اندازِ بیاں کی دلکشی سے اردو نثر میں جان ڈالی۔سب رس کا اسلوب علمی و ادبی اسلوب ہے۔کہیں کہیں قافیہ پیمائی نظر آتی ہے۔موضوع مذہبی ہونے کے باوجود پہلی بار اردو نثر مذہب کے تنگ دائرے سے نکل کر کھلی فضاء میں آتی ہے۔خود وجہی نے اس بات کا اعتراف کیا ہے۔چنانچہ وہ کہتا ہے:

''ادب نظم ہور نثر ہے۔جانوں بہشت کا قصہ ہے۔سطر سطر

پر برستا ہے نور۔ ہر ایک بول ہے ایک حُور۔ اُسے پڑھ کر جس نے

حظ پایا۔ جانوں بہشت میں آیا'' ۔ ۴؎

داستان سب رس کا مطالعہ کریں تو اندازہ ہوتا ہے کہ وجہی نے نثر میں شاعری کی ہے۔ مقفیٰ و مسجع اسلوب اس داستان کی اہم خصوصیات ہے۔ وجہی آغاز داستان میں لکھتے ہیں:

''(آغاز کتاب) تمام مصحف کا معنی الحمدللہ میں ہے مستقیم، ہور تمام الحمدللہ کا معنی بسم اللہ میں ہے قدیم، ہور تمام بسم اللہ کا معنی بسم اللہ کے ایک نقطے میں رکھا ہے کریم۔ سچ دیکھ خاطر لیا اتال، حدیث بھی یوں آئی ہے کہ العلم نقطۃ ''وکثرھا الجُّھال، یعنی علم ایک نقطہ ہے۔ جاہلاں اسے بڑھاے جہالت کو اس حد لگن لیائے''۔

(آغاز داستان) نقل ۔ ایک شہر تھا۔ اس شہر کا ناوں ۔ سیتان ۔اس سیستان کے بادشاہ کے ناول عقل، دین و دنیا کا تمام اس تے چلتا۔ اس کے حکم باج ذرّا کیں نیں ہلتا۔ اس کے فرمائے پر جنو چلے، ہر دو جہاں میں ہوے بھلے۔ دنیا میں خوب کہواے، چار لوگوں میں عزت پائے'' ۔ ۵؎

سب رس میں فتاحی نیشا پوری کے فارسی ''قصۂ حسن و دل'' کو تمثیلی انداز میں پیش کیا گیا ہے۔ سب رس کے ماخذ کے بارے میں حامد حسن قادری اپنی کتاب ''داستان تاریخ اردو'' میں لکھتے ہیں:

''سب رس کا دوسرا نام ''قصۂ حسن و دل'' ہے۔ فرضی قصّے کی صورت میں عشق و عقل اور حسن و دل کے معرکے بیان کئے ہیں۔

افراد قصّہ کے نام مہر، وفا، ناز، غمزہ، ناموس، زہد، توبہ وغیرہ رکھے ہیں اور اسی پیرایہ میں ان جذبات وواردات کے حقائق بیان کئے ہیں...... اگرچہ وجہی نے اس کتاب میں کہیں اس امر کا اظہار نہیں کیا لیکن واقعہ یہ ہے کہ یہ اصل قصّہ اس کے دماغ کا نتیجہ نہیں ہے، بلکہ سب سے پہلے محمد یحیٰی ابن سیبک فتاحی نیشاپوری نے فارسی نظم میں لکھا تھا۔ اس کا نام دستور عشاق ہے۔ فتاحی نے اسی قصّے کو مختصر طور پر فارسی نثر میں بھی لکھا تھا اور اس کا نام حسن ودل رکھا تھا۔ معلوم ہوتا ہے کہ وجہی کو مثنوی دستور عشاق دستیاب نہیں ہوئی بلکہ قصّہ نثر، حسن و دل، مل گیا۔ اس میں ادنیٰ سا تصرف کر کے وجہی نے اردو میں لکھ دیا۔ اس کا ثبوت یہ ہے کہ حسن و دل کی فارسی نثر مقفّٰی و مسجع ہے۔ وجہی نے بھی سب رس میں ایسی ہی اردو نثر لکھی ہے''۔[6]

وجہی نے سب رس میں قصہ گوئی کے علاوہ جا بجا پند وموعظت بھی پیش کئے ہیں۔ ڈاکٹر جمیل جالبی سب رس کی اس خصوصیت کے بارے میں لکھتے ہیں:

''سب رس میں دو دائرے ساتھ ساتھ چلتے ہیں۔ ایک مضمون نگاری کا دائرہ اور دوسرا تمثیلی دائرہ۔ یہ دونوں دائرے ایک دوسرے سے ہم آہنگ نہیں ہیں''۔[7]

ڈاکٹر جمیل جالبی نے وجہی کو اردو کی ادبی نثر کا موجد قرار دیا ہے۔ اس ضمن میں وہ لکھتے ہیں:

''وجہی کو اردو کی ادبی نثر کا موجد کہنے میں کوئی چیز مانع نہیں۔ مقفیٰ مسجع عبارت کی رنگینی۔ طرزِ ادا کی ادبی سطح۔ فارسی طرزِ احساس واسلوب کے رنگ وآہنگ۔ اردو نثر کو نثرِ ظہوری اور قصہ

> حسن و دل کی سطح پر لانے کے علاوہ وجہی کی یہ منفرد خصوصیت بھی قابل ذکر ہے۔اس نے نئے چند استعمال کیے قدیم دور میں یہ دو کام اس سے پہلے اس انداز سے اور اس سطح پر کسی نے انجام نہیں دیئے تھے'' ۔۸

''سب رس'' کی سب سے بڑی خوبی یہ ہے کہ مختلف انسانی افعال و جذبات کو جانداروں کی طرح ایک جسم عطا کیا ہے۔شہزادہ کو''دل'' اور''شہزادی'' کو''حسن'' کہا ہے۔اس طرح سے مغرب کو ''عقل'' اور مشرق کے بادشاہ کو''عشق'' کہہ کر پکارا ہے۔ جاسوس کے لیے''نظر'' کا نام،اس کے علاوہ دوسرے کرداروں کو بھی ایسے ہی ناموں سے نوازا ہے۔ کہنے کا مطلب یہ ہے کہ ان غیر مجسم کرداروں کو مجسم صورت میں پیش کر کے ہی یہ قصہ تمثیل نگاری کے زمرے میں آتا ہے۔ مافوق الفطرت عناصر اور محیر العقول بیان کی وجہ سے یہ داستان کے پیرایے میں شمار کیا جاتا ہے۔

سب رس اردو کی مکمل نثری داستان ہے۔اس کی نثر مقفیٰ و مسجع ہے۔بعض مقامات پر قافیہ کا بھی اہتمام کیا گیا ہے جس کے سبب قصہ میں شگفتگی اور روانی پیدا ہوتی ہے۔اس کے علاوہ اس داستان کو جا بہ جا تشبیہات و استعارات سے سنوارا گیا ہے۔گویا کہ اس داستان کی نثر کو سنوارنے میں شعری وسائل کا خاصا استعمال ہوا ہے۔اس میں تصوف کے رموز و نکات کو تمثیلی پیرایہ میں بڑی فن کاری سے پیش کیا گیا ہے۔

وجہی کی سب رس کے بعد دکن میں یکے بعد دیگرے نثری کارنامے سامنے آنے لگے۔ دکن میں ابتدائی دور کا اردو ادب تین خاندانوں کی سر پرستی میں فروغ پاتا رہا۔ یہ تین خاندان بہمنی دور، عادل شاہی دور اور قطب شاہی دور میں پروان چڑھے۔بہمنی دور ۱۳۵۰ء تا ۱۵۲۵ء تک رہا۔اس دور کے نثر نگاروں میں خواجہ بندہ نواز گیسودراز، میراں جی شمس العشاق، اشرف بیابانی اور قطب الدین قادری، فیروز قابل ذکر ہیں۔خواجہ بندہ نواز کی تصانیف میں شکار نامے، چکی نامے اور تلاوت الوجود مشہور ہیں۔ میراں جی شمس العشاق نے خوش نامہ اور شہادت الحقیقت نام کی نثری کتابیں لکھیں۔ عادل شاہی دور ۱۴۹۰ء تا ۱۶۸۶ء

پر محیط ہے۔اس دور کے نثری کارناموں میں نصرتی کی ''تاریخ سکندری'' مشہور ہے۔قطب شاہی دور ۱۵۱۸ء تا ۱۶۸۷ء پر محیط ہے۔اس دور میں وجہی کی اہم تصنیف ''سب رس'' سامنے آتی ہے۔اس دور کے نثر نگاروں میں عابد شاہ حسینی اور میرا جی خدانما کے نام قابلِ ذکر ہیں۔اورنگ زیب کے جنوبی ہندوستان پر حملے کے بعد دکن کی سلطنتوں کا خاتمہ ہوگیا اور ایک مرتبہ پھر اردو ادب کا کارواں شمالی ہند منتقل ہوگیا۔دکن میں ابتدائی دور کے اردو کے نثری کارناموں پر نظر ڈالیں تو پتہ چلتا ہے کہ صوفیا کرام اور بزرگانِ دین کی مذہبی تصانیف اور تصوف پر مبنی کتابوں کے بعد وجہی کی تصنیف سب رس ہی ایک بے مثال ادبی شاہکار کے طور پر سامنے آتی ہے۔وجہی کی داستان کے بعد شمالی ہند میں بھی اردو کے نثر کارنامے سامنے آنے لگے تھے۔

شمالی ہند میں اُردو نثر کا ارتقاء

اُردو زبان کا آغاز تو شمالی ہند میں ہوا لیکن اس زبان میں شعر و ادب کے ابتدائی نمونے دکن میں ملتے ہیں۔ولی کے شمالی ہند کے سفر کے بعد دہلی میں اردو شاعری کا آغاز ہوا تھا اور اس کے کچھ عرصہ بعد اردو کے نثری کارنامے داستانوں کے تراجم کے سلسلہ میں سامنے آنے لگے۔انگریزوں کی ایسٹ انڈیا کمپنی نے کلکتہ میں جب اپنی حکومت قائم کی تھی تب انھوں نے ۱۸۰۰ء میں فورٹ ولیم کالج کے قیام کے ذریعہ اپنے ملازمین کو اردو اور ہندوستانی تہذیب سکھانے کے ضمن میں اردو نثر کے فروغ کی شعوری کوشش کی تھی۔

کربل کتھا:

شمالی ہند میں اردو نثر کی ابتداء محمد شاہی عہد سے مانی جاتی ہے۔جس کا آغاز ۱۷۴۸ء سے ہوتا ہے۔اور فضل علی فضلی کی ''کربل کتھا'' کو شمالی ہند کی اردو نثر کا پہلا نثری کارنامہ قرار دیا جاتا ہے۔فضلی نے ملا حسین واعظ کاشفی کی مشہور فارسی کتاب ''روضۃ الشہداء'' کا اردو میں ترجمہ کیا۔فضل علی فضلی کا تعارف بیان کرتے ہوئے حامد حسن قادری اپنی کتاب ''داستان تاریخ اردو'' میں لکھتے ہیں:

''فضل تخلص کے ایک شخص کی اردو تصنیف ''دہ مجلس'' یا کربل

کتھا (کربلا کی کہانی) کا نام اور پتہ ملتا ہے جو ملا حسین واعظ کاشفی کی فارسی کتاب روضۃ الشہدا کا ترجمہ ہے...... فضل علی فضلی محمد شاہی عہد میں تھا۔ اس نے یہ کتاب ۱۷۳۱/۱۱۴۵ھ میں لکھی۔ اور پھر ۱۷۴۷ء میں اس کی اصلاح ونظرثانی کی۔ اس کتاب کا صرف دیباچہ تذکرہ شعرائے ہند (مولفہ ومترجمہ مسٹر فیلن ومولوی کریم الدین) میں منقول ہے اور کافی طویل اور نہایت دلچسپ ہے''۔۹

کربل کتھا میں عربی اور فارسی الفاظ زیادہ ہیں۔ فضلی نے کربل کتھا میں مقفیٰ اسلوب اختیار کیا ہے اور درمیان میں عربی فقروں کا بھی استعمال کیا ہے۔ کربل کتھا سے ایک اقتباس ملاحظہ ہو:

''لیکن معنی اس کے عورتوں کی سمجھ میں نہ آتے تھے اور فقرات پُرسوز وگداز اس کتاب مذکورہ کے بسبب لغات فارسی ان کو نہ رُلاتے تھے۔ اکثر اوقات بعد کتاب خوانی یہ سب مذکور کرتیں کہ صد حیف وصد ہزار افسوس جو ہم کم نصیب فارسی عبارت نہیں سمجھتے اور رونے کے ثواب سے بےنصیب رہتے ہیں۔ ایسا کوئی صاحب شعور ہووے کہ کسی طرح من وعن ہمیں سمجھاوے اور ہم سی بے سمجھوں کو سمجھا کر رُلاوے۔ مجھ احقر الفقر کی خاطر میں گزرا کہ اگر ترجمہ اس کتاب کا برنگینی عبارات اور حُسن استعارات ہندی قریب لفہم عامہ ومومنین ومومنات کیجئے تو بموجب اس کلام بانظام کے مَنْ بَکٰی عَلَی الحُسَین اوتبا کا وَجَبَتْ لَهُ الجَنَّة بڑا ثواب لیجئے......''۔

لہذا پیش ازیں کوئی اس صنعت کا نہیں ہوا۔ مخترع اور اب

> تک ترجمہ فارسی بزبان ہندی نثر نہیں ہوا مستمع۔ پس اس اندیشۂ عمیق میں غوطہ کھایا اور بیان تامل وتدبیر میں سرگشتہ ہوا۔ لیکن راہ مقصود کی نہ پائی۔ ناگاہ نسیم عنایت الٰہی گلشن افکار پُر اہتزار میں آ، یہ بات آئینہ خاطر میں منھ دکھلائی کہ یہ فکر عظیم بغیر امداد ارواح مقدس حسنین علیہما السلام حسب خواہش مجھوں کے سرانجام نہ پاوے''۔۱۰؎

اس طرح شمس اللہ قادری اپنی کتاب ''اُردوئے قدیم'' میں کربل کتھا کو شمالی ہند کی پہلی نثری تصنیف قرار دیتے ہوئے لکھتے ہیں:

> ''شمالی ہند میں نثر نویسی کی ابتداء بارھویں صدی سے شروع ہوتی ہے اور سب سے پہلی کتاب جو نثر اردو میں لکھی گئی ہے وہ مولانا فضل کی ''دہ مجلس'' یہ کتاب ۱۱۳۵ھ میں تمام ہوئی''۔۱۱؎

جیسا کہ قبل کے سطور میں ذکر آچکا ہے کہ فضلی نے کربل کتھا ایک مذہبی ضرورت کو سامنے رکھ کر تحریر کی تھی۔ یہی وجہ ہے کہ اس میں عربی اور فارسی کے الفاظ بہت استعمال کیے گئے ہیں۔ اس دور میں شمالی ہند کی اردو، فارسی اور عربی زبانوں کے الفاظ کو قبول کر کے اپنے سرمایے میں اضافہ کر رہی تھی۔ کربل کتھا بھی ہمیں یہی خوبی نظر آتی ہے۔ فضلی نے اسے اوّلاً ۱۷۳۱ء میں تحریر کیا پھر خود ہی ۱۷۴۸ء میں اسے ترمیم کیا اور اس پر نظر ثانی کی۔

شمالی ہند کے ابتدائی دور کی ایک اور نثری داستان ''قصہ مہر افروز دلبر'' ہے جس کے مصنف عیسوی خاں بہادر ہیں۔ اس کا سنہ تصنیف نامعلوم ہے لیکن قیاس کیا جاتا ہے کہ عیسوی خاں نے یہ قصّہ محمد شاہ رنگیلے یا احمد شاہ کے زمانے میں لکھا ہوگا۔ یہ قصّہ طبع زاد ہے۔ ''قصہ مہر افروز دلبر'' کی زبان پر کھڑی بولی کا گہرا اثر نظر آتا ہے۔ وہ زبان جو اس قصّہ میں استعمال کی گئی ہے عام بول چال کی زبان ہے۔ سنسکرت اور پراکرت الفاظ کے استعمال کے باوجود اپنے دور کی نمائندہ زبان ہے۔ اس اعتبار سے

''قصہ مہر افروز دلبر'' شمالی ہند کی قدیم اردو نثر کا اچھا نمونہ ہے۔
عہد اورنگ زیب میں ایک شاعر جعفر زٹلی تھے جو اپنی ہزل گوئی اور فحش شاعری کے لئے مشہور تھے۔ ان کے کچھ نثری نمونے بھی پائے گئے لیکن شاعری میں ان کے پھکڑ پن کی وجہ سے ناقدین نے ان کی نثر پر توجہ نہیں دی۔ محمد حسین آزاد نے پہلی مرتبہ ان کے نثری کارناموں کی طرف توجہ دلائی۔
لیکن شمالی ہند کے ابتدائی دور کے اردو نثر کے نمونوں میں زٹلی کی نثر کو اہمیت حاصل ہے۔ خواجہ احمد فاروقی زٹلی کی نثر کے بارے میں لکھتے ہیں:

> ''تحریر کی شوخیوں کا وہ عالم ہے کہ دیکھنے والا حیران رہ جاتا ہے۔ مزاحیہ یا ہجویہ نثر اردوئے معلّٰی کی مقبولیت کے ساتھ آنے والی اس ادبی تحریک کی نشاندہی بھی کرتی ہے۔ جس کے ولؔی میرِ کارواں بن کر آنے والے تھے''۔12

اٹھارویں صدی کے اختتام سے قبل شمالی ہند میں اردو نثر کے جو ابتدائی نمونے ملتے ہیں ان میں ایک اردو دیباچہ ہے جسے سوؔدا نے اپنے مرثیوں کے ساتھ شائع کرایا۔ اس میں مقفیٰ نثری اسلوب ہے۔ اسی دور میں دلّی میں قرآن شریف کے دو ترجمے شائع ہوئے۔ شاہ رفیع الدین اور شاہ عبدالقادر مشہور عالم دن شاہ ول اللہ کے فرزندان تھے۔ دونوں نے ۱۷۸۶ء اور ۱۷۹۰ء مس غیر عربی دانوں کے لئے قرآن کا اُردو ترجمہ کیا۔ دونوں تراجم میں روانی کی کمی ہے۔ لیکن ابتدائی دور کی اُردو نثر ہونے کی وجہ سے ان کی تاریخی اہمیت ہے۔

نوطرز مرصع:

۱۷۷۵ء میں میر حسین عطا خاں تحسین نے ''نوطرز مرصع'' کے نام سے فارسی داستان ''قصّہ چہار درویش'' کا اردو ترجمہ کیا۔ تحسین کی اس کتاب کی تفصیلات بیان کرتے ہوئے حامد حسن قادری ''داستان تاریخ اردو'' میں لکھتے ہیں:

> ''اس زمانے کی مستقل تصنیف نوطرز مرصع ہے جس میں میر

محمد عطا حسین خاں تحسین ساکن اٹاوہ نے قصّہ چہار درویش کو رنگین و دقیق اردو میں لکھا ہے۔ مشہور ہے کہ چہار درویش کا قصّہ حضرت امیر خسرو نے اپنے پیر و مرشد حضرت خواجہ نظام الدین دہلویؒ کی خدمت میں سنانے کے لئے لکھا تھا لیکن اس کا کوئی ثبوت نہیں ملتا۔ میر تحسین محمد باقر خاں شوقؔ کے بیٹے تھے۔ تحسین نے نوطرز مرصع کی تصنیف جنرل اسمتھ کی ملازمت کے زمانے میں شروع کردی تھی۔ لیکن شجاع الدولہ کے دربار میں ۱۷۹۸ء میں ختم کی۔ تحسین خوشنویس بھی تھے اور مرصعِ رقم کے لقب سے مشہور تھے۔ اس لئے کتاب کے نام میں مرصع کا لفظ طرز عبارت کے علاوہ مصنف کے نام کی طرف بھی اشارہ کرتا ہے"۔[۱۳]

نوطرز مرصع ایک داستان ہے۔ یہ کوئی طبع زاد تصنیف نہیں بلکہ یہ قصہ چہار درویش کا ترجمہ ہے جس کو فارسی کے انشاء پرداز میر محمد عطا حسین خاں تحسین نے اردو میں تحریر کیا تھا۔ تحسین نے اس قصہ کو کسی سے پانی کے سفر کے دوران سنا تھا۔ اس وقت جنرل اسمتھ بھی ان کے ساتھ تھے۔ اس کے سنتے ہی جنرل اسمتھ نے تحسین کو کہا کہ قصہ چہار درویش کو اردو میں تحریر کرو۔ اس طرح سے یہ قصہ ۱۷۷۵ء میں منظر عام پر آیا۔

اس تصنیف کے مکمل ہوتے ہی جنرل اسمتھ لندن روانہ ہوگئے۔ تحسین نے اس تصنیف کو نواب شجاع الدولہ کے عہد میں لکھنا شروع کیا لیکن وہ اللہ تعالیٰ کو پیارے ہوگئے۔ اس کے بعد تحسین آصف الدولہ کے دربار سے وابستہ ہوئے اور تصنیف کو مکمل کرنے کے بعد انھیں پیش کی۔

تحسین ایک فارسی انشاء پرداز تھے۔ اس لیے ان کی تحریر میں فارسی فقرے بہت ہیں۔ اس میں مشکل تراکیب، محاورے، فارسی و عربی فقروں سے جا بہ جا کام لیا گیا ہے جس کو سمجھنے میں کافی دقت ہوتی ہے۔ چوں کہ تحسین نے یہ قصہ فارسی سے اُردو میں ترجمہ کیا ہے اس لیے بھی ہوسکتا ہے کہ ان کے

یہاں فارسیت کا غلبہ ہو۔ اس تصنیف کا ایک اقتباس ملاحظہ ہو:

''بیچ سرزمین فردوس آئین ولایت دوم کا ایک بادشاہ تھا۔ سلیمان قدر، فریدوں فرد، جہاں بان، دین پرور، رعیت نواز، عدالت، گستر، برآرندہ، حاجات، بستہ کارواں، بخشندہ مرادات امیدواراں، فرخندہ سیر نام کہ اشعۂ شوراق فصل ربانی کا اور شعشہ بوارق فیض سبحانی کا ہمیشہ اوپر لوح پیشانی کے لمعاں ونورافشاں رہتا لیکن شبستان عمر و دولت اس کے کا، فروغ شمع زندگانی کے سے کہ مقصد فرزندار جمند سے ہے، روشنی نہ رکھتا تھا''۔[۱۴]

اس اقتباس کو پڑھ کر یہ اندازہ لگایا جاسکتا ہے کہ تحسین نے جس وقت یہ قصہ تحریر کیا تھا اس وقت اردو کے بجائے فارسی کا رواج تھا اور اس وقت فارسی کو ہی اہمیت دی جاتی تھی۔ اس لیے اس داستان پر اپنے ماحول کا اثر صاف نظر آتا ہے جس میں تکلف، تصنع اور تخیل کی فراوانی ہے۔ اب سوال یہ پیدا ہوتا ہے کہ میرامن کے یہاں ایسا کیوں نہیں ہے۔ تحسین کے مقابلہ ان کی زبان سادہ، سلیس اور عام بول چال کی ہے۔ اس سلسلے میں گیان چند جین تحریر فرماتے ہیں کہ:

''تحسین کے انتخاب کی داد دینی چاہئے کہ انھوں نے ایسی بلند پایہ داستان کا انتخاب کیا جس نے میرامن کو راہ دکھائی۔ دونوں ادیبوں پر ماحول کا جبر نمایاں ہے۔ تحسین نے لکھنؤ کے زرق برق، صنعت آمیز، شکوہ نمود کے ماحول میں اپنی تخلیق کی۔ میرامن نے مکتب کی کاروباری فضاء میں، اس سے دونوں کے اسلوب کی تشکیل ہوئی۔ تحسین کی بدنصیبی تھی کہ میرامن جیسے انشا پرداز نے اس داستان کو دوبارہ لکھا جس کی وجہ سے تحسین کا کارنامہ ماند پڑ گیا، لیکن یہ اعتراض کرنا چاہئے کہ اس وقت شمالی

ہند کی اردو نثر میں کوئی ادبی تصنیف نہ تھی۔ نوطرزِ مرصع اپنے طرز کی پہلی کوشش ہے''۔ ۱۵؎

مندرجہ بالا اقتباس سے یہ بات تو صاف ہو جاتی ہے کہ میر امن کی نظر کے سامنے قصہ چہار درویش کے علاوہ تحسین کی نوطرزِ مرصع بھی ضرور رہی ہوگی۔

شمالی ہند میں انیسویں صدی کے آغاز سے قبل کے دیگر نثری کارناموں میں نوآئین ہندی مصنف مہر چند کھتری، عجائب القصص مصنف شاہ عالم ثانی، جذبہ عشق مصنف سید حسین شاہ حقیقت، دیباچۂ عزلت مصنف سید عبدالولی عزلت اور دیباچۂ سبیل ہدایت مصنف مرزا محمد رفیع سودا شامل ہیں۔ شمالی ہند میں ابتدائی دور میں نظم کے مقابلے میں نثری ادب کا سرمایہ بہت کم ہے اور جو کچھ ہے وہ زیادہ تر مذہبی اخلاق اور صوفیانہ موضوعات پر مشتمل ہے۔ لیکن اردو نثر کی یہ ابتدائی کوشش ہے اور اسی بنیاد پر آگے چل کر ہندوستان کے دیگر علاقوں کلکتہ، حیدرآباد، لکھنو اور دہلی میں اردو نثر کو فروغ دینے کی شعوری کوشش تیزی سے پروان چڑھی۔ اس دور میں دہلی کے علاوہ لکھنؤ بھی اُردو زبان و ادب کا اہم مرکز بن گیا تھا۔ اس دور کی چند دیگر تصانیف میں ''بہادر نامہ'' بھی ملتی ہے۔ جس میں ٹیپو سلطان کی جنگ کا حال بیان کیا گیا۔ محمد باقر آگاہ ویلوری کی اردو نثری تصنیف ''ریاض السیر'' بھی اس دور کی نثری کتابوں میں شامل ہے۔

فورٹ ولیم کالج

انیسویں صدی کے آغاز کے فوری بعد اُردو ادب کے فروغ کا کارواں کلکتہ منتقل ہوا۔ کیوں کہ وہاں انگریزوں نے اپنے ملازمین کو اُردو سکھانے کے لئے فورٹ ولیم کالج شروع کیا۔ جب انگریزوں کو یہ محسوس ہوا کہ ایسٹ انڈیا کمپنی کے نام سے انھوں نے کلکتہ اور ہندوستانی زبانی سے واقفیت کرانے کے لئے شعوری کوشش شروع کی۔ ابتداء میں اُردو قواعد کی چند کتابیں لکھائی گئیں۔ ایسٹ انڈیا کمپنی کے ہی ایک ملازم ڈاکٹر جان گلِل کرسٹ نے ۱۷۸۳ء میں ہندوستانی قواعد اور لغت کا کام کیا۔ لیکن انگریزوں کو ہندوستانی زبان سکھانے کے لئے مزید کتابوں کی ضرورت محسوس ہوئی۔ چنانچہ لارڈ

ویلزلی کے منصوبے سے فورٹ ولیم نامی قلعہ میں کالج قائم کیا گیا۔اورڈاکٹر جان گل کرسٹ کو کالج کے ہندوستانی شعبہ کا صدر منتخب کیا گیا۔ڈاکٹر جان گل کرسٹ کی کالج کے لئے خدمات بیان کرتے ہوئے ڈاکٹر افضل الدین اقبال لکھتے ہیں:

''فورٹ ولیم کالج میں ہندوستانی اُردو زبان کے شعبہ کا صدر مشہور مستشرق اور ماہر تعلیم جان گل کرسٹ کو مقرر کیا گیا۔ گل کرسٹ کو ہندوستانی زبان سے خاص لگاؤ تھا۔ اُسے درس و تدریس اور تصنیف و تالیف کا تجربہ فورٹ ولیم کالج میں آنے سے پہلے ہی ہو چکا تھا۔ وہ چار سال تک ہندوستانی شعبہ کا صدر رہا۔ اس قلیل عرصہ میں اُس نے تصنیف و تالیف کا باقاعدہ کام شروع کیا۔ اس مقصد کے لئے اس نے اپنے شعبے میں چھاپہ خانہ کھولا۔ اُردو ٹائپ سے طباعت شروع کی۔ ملک بھر سے قابل مصنفین اور مترجمین جمع کئے۔ نو وارد انگریزوں کو اردو کا لب ولہجہ اور اردو تلفظ سمجھانے کے لیے قصّہ خواں مقرر کیے۔ ہندوستانی مصنفین کو ان کی بہترین تصنیف پر انعام دیئے جانے کی کالج کونسل نے سفارش کی اور انعام دلایا۔ کتابوں کی طباعت کے لیے امداد دیئے جانے کی راہ نکالی۔ کتابوں کے فروخت کا پروگرام بنایا۔ گل کرسٹ کی ان کوششوں کا نتیجہ یہ ہوا کہ اردو میں مختلف موضوعات پر کتابیں لکھی یا ترجمہ کی جانے لگیں''۔[۱۶]

فورٹ ولیم کالج میں ملازمین کو سادہ اُردو پڑھانے کے لیے کتابیں درکار تھیں اور اس وقت کتابیں موجود نہیں تھیں۔ چنانچہ فیصلہ کیا گیا کہ ہندوستان بھر سے قابل مصنفین کو بلایا جائے اور ان سے فرمائش کر کے سادہ و سلیس زبان میں کتابیں لکھائی جائیں۔ اس ضمن میں تفصیلات بیان کرتے ہوئے

پروفیسر نورالحسن نقوی لکھتے ہیں:

''جب کالج شروع ہوا اور اُردو پڑھانے کا وقت آیا تو ایک اور دشواری سامنے آئی۔ معلوم ہوا کہ اُردو میں ایسی کتابیں موجود نہیں جو کالج میں پڑھائی جاسکیں اب ان اہلِ قلم کی تلاش شروع ہوئی جو کتابیں لکھنے کا کام انجام دے سکیں۔ مصنفین کی خدمات حاصل کرنے کے لیے اشتہار جاری کیا گیا۔ اس طرح گل کرسٹ کی کوشش سے یہ کلکتہ میں سارے ملک کے ایسے اہلِ قلم جمع ہوگئے جو کتابیں لکھنے کی صلاحیت رکھتے تھے ان میں میر امن، میر شیر علی افسوس، مرزا علی لطف، میر بہادر علی حسینی، میر حیدر بخش حیدری، کاظم علی جواں، نہال چند لاہوری، للّو لال جی اور بینی نرائن جہاں خاص طور پر قابل ذکر ہیں''۔ [۱۷]

باغ و بہار

فورٹ ولیم کالج کے تحت جو نمایاں کارنامہ اُردو نثر میں انجام دیا گیا وہ میر امن کی ''باغ و بہار'' ہے۔ میر امن نے حسین عطا خاں تحسین کی کتاب ''قصہ چہار درویش'' کو سادہ اُردو نثر میں منتقل کیا۔ اور اس کتاب کو زبان و بیان کی سادگی کے سبب بہت زیادہ مقبولیت حاصل ہوئی جس کے بارے میں آگے چل کر سرسید نے کہا تھا کہ ''میر امن کو اُردو نثر میں وہی مرتبہ حاصل ہے جو میر تقی میر کو شاعری میں حاصل ہے''۔

میر امن نے فورٹ ولیم کالج کے تحت انگریزوں کو آسان زبان میں یہاں کی تہذیب سے واقفیت کی خاطر ''باغ و بہار'' لکھی تھی۔ اس لیے اس کا اسلوب سادہ ہے۔

''باغ و بہار'' میر امن کی کوئی طبع زاد داستان نہیں ہے بلکہ یہ میر عطا اللہ خاں تحسین کی ''نو طرزِ مرصع'' کا چربہ ہے۔ ''باغ و بہار'' کی تخلیق نہ تو تحسین کا کارنامہ ہے اور نہ ہی میر امن کا۔ اصل میں

میر امن نے قصہ ''چہار درویش'' کو سادہ، سلیس اور بامحاورہ زبان میں سپردقلم کیا ہے۔ یہ داستان ۱۸۰۲ء/ ۱۲۱۷ھ میں منظر عام پر آئی۔ مولوی عبدالحق باغ و بہار کے مقدمے میں تحریر فرماتے ہیں کہ:

''باغ و بہار اپنے وقت کی نہایت فصیح اور سلیس زبان میں لکھی گئی ہے......اُردو کی پرانی کتابوں میں کوئی کتاب زبان کی فصاحت اور سلاست کے لحاظ سے اس سے لگا نہیں کھاتی''۔ ۱۸

مندرجہ بالا اقتباس سے واضح ہوتا ہے کہ یہ تصنیف اُردو کی بہترین کلاسیکی کتابوں میں شمار کی جاتی ہے۔ اس کے سبب اُردو زبان کو وسیلۂ اظہار بننے میں بھی کافی مدد فراہم ہوئی۔ تاہم ''باغ و بہار'' میر امن کی ایک مقبول و معروف داستان ہے۔ اس کی نثر شگفتہ اور جاندار ہے۔ اسی خوبی کے باعث یہ داستان آج بھی زندہ جاوید ہے۔ اس میں عوامی لب ولہجہ اور سادگی وسلاست پائی جاتی ہے۔ میر امن کی یہ تصنیف ایسے زمانے میں آئی جب اُردو نثر میں مقفیٰ اور مسجع عبارتوں سے کام لیا جاتا تھا۔ میر امن نے اس قصے میں اپنی سادہ بیانی کی وجہ سے جان ڈال دی ہے۔ انھوں نے فارسی نثر کو آسان اُردو اور روزمرہ محاوروں میں تبدیل کیا ہے۔

میر امن نے فورٹ ولیم کالج کے تحت انگریزوں کو آسان زبان میں یہاں کی تہذیب سے واقفیت کی خاطر ''باغ و بہار'' لکھی تھی۔ اس لئے اس کا اسلوب سادہ ہے۔ قصّہ چہار درویش کے آغاز کے ضمن میں میر امن لکھتے ہیں:

''جان گل کرسٹ صاحب نے (کہ ہمیشہ اقبال ان کا زیادہ رہے جب تک گنگا جمنا بہے) لطف سے فرمایا کہ قصّے کو ٹھیٹ ہندوستانی گفتگو میں جو اُردو کے لوگ ہندو، مسلمان، مرد، عورت، لڑکے بالے، خاص و عام آپس میں بولتے چالتے ہیں ترجمہ کرو۔ موافق حکم حضور کے میں نے بھی اسی محاورے سے لکھنا شروع کیا جیسے کوئی باتیں کرتا ہے''۔ ۱۹

میرامن نے قواعد زبان کی پابندی سے زیادہ روز مرّہ، محاورہ اور بول چال کا خیال رکھا ہے۔اس کے علاوہ موجودہ اُردو کے مقابلے میں میرامن کی زبان میں تذکیر و تانیث کا اختلاف، قدیم محاورے۔ ہندی کے الفاظ پائے جاتے ہیں جواب متروک ہیں۔

باغ و بہار کی اسی سادگی، سلاست اور فصاحت کا ذکر کرتے ہوئے کلیم الدین احمد نے لکھا ہے کہ:

''باغ و بہار کی سادگی سپاٹ نہیں۔ اس میں نا گوار نیرنگی نہیں اور یہاں سادگی و پُرکاری بیک وقت جمع ہیں''۔ زبان و بیان کی اس پُرکاری کی صراحت کرتے ہوئے کلیم صاحب نے لکھا ہے کہ ''میرامن کی عبارت میں ایک خاص آہنگ ہے اور اس کے جملوں کی ساخت، ترتیب اور حرکت میں باریکی، تناسب اور جاذبیت ہے۔

مولوی عبدالحق نے باغ و بہار کی فصاحت و سلاست کے بارے میں کہا ہے کہ:'' وہ اس کی ایک ایسی خصوصیت ہے جسے کتاب کے کسی حصّہ میں تلاش کرنے کی ضرورت نہیں۔ اوّل سے آخر تک کتاب کی یہ خصوصیت ہے کہ اس کا ہر لفظ، ہر فقرہ، ہر ٹکڑا سلیس و فصیح ہے اور اس سلاست و فصاحت سے عبارت میں ایسی روانی پیدا ہوتی ہے کہ پڑھنے والا قصّہ کی دلچسپی سے قطع نظر خود اس کی روانی میں ایک گم گشتگی سی محسوس کرتا ہے۔ میرامن کی سادگی محض سادگی کی حدوں سے گزر کر اپنا رشتہ خوش بیانی سے جوڑتی ہے اور کسی ارادہ یا کوشش کی دخل اندازی کے بغیر سادگیِ بیان کو انشاء پردازی کا ہم نوا بناتی ہے۔ اس سادگی میں ایک

بلندی وعظمت ہے ایک شکوہ و وقار ہے اور اس عظمت و بلندی، اس شکوہ وقار کا سب سے بڑا راز یہ ہے کہ اس کے لفظ لفظ پر مصنف کے مزاج اور شخصیت کی مہر ہے۔ اس مزاج کی جس نے فصاحت و سلاست کی فضاء میں پرورش پائی ہے اور اس شخصیت کی جو زبان کی حلاوت اور گھلاوٹ کے ماحول میں پروان چڑھی ہے"۔ ۲۰؎

اس طرح باغ و بہار کی اس نثر کا مطالعہ کرنے سے یہ ظاہر ہوتا ہے کہ اس دور میں لکھی گئی کسی اور کتاب میں وہ حُسن، جان اور کیفیت نہیں رہی جو باغ و بہار میں ہے۔ مثلاً محمد عوض خاں زرّیں نے بھی قصہ چہار درویش کا آسان اور سادہ نثر میں ترجمہ کیا ہے لیکن اُسلوب میں وہ طاقت اور توانائی نہیں جو میر امن کی نثر میں ہے۔ میر امن نے سادگی، سلاست اور روزمرہ کے استعمال کے ساتھ ساتھ باغ و بہار کی ادبیت کو بھی قائم رکھا ہے۔ وہ فارسی الفاظ، تراکیب، تشبیہات اور استعارات کا بھی استعمال کرتے ہیں لیکن اس انداز سے کہ وہ ان کے مخصوص اسلوب کو زیر بار نہ کرے۔ یہی میر امن کی انفرادیت ہے۔

میر امن کی باغ و بہار کو عالمی سطح پر مقبولیت ملی اور دنیا کی دیگر زبانوں میں اس کے ترجمے شائع ہوئے، باغ و بہار کی مقبولیت کے بارے میں سید حامد حسن قادری لکھتے ہیں:

"میر امن کی باغ و بہار اس قدر مقبول ہوئی کہ انگریزی، فرانسیسی، پرتگالی، لاطینی زبانوں میں ترجمے ہوئے۔ اُردو میں متعدد شاعروں نے نظم کیا۔ میر امن کی زبان و بیان کو ہر ہندوستانی اور یورپین نے سراہا ہے۔ فرانسیسی مستشرق گارسن دتاسی نے اپنے خطبات میں بار بار باغ و بہار کا ذکر کیا ہے اور اس کی خوبیاں گنائی ہیں۔ ایک جگہ کہتا ہے "اس کتاب کے پڑھتے وقت آپ بہت مفید اور کارآمد بات یہ پائیں گے کہ ان

قصوں میں ہر صفحہ پر آپ کو قومی خصوصیات کے متعلق ایسی باتیں
ملیں گی جو ہمیں اصلی ہندوستان اور خاص کر اسلامی ہندوستان کو
سمجھنے میں بہت کار آمد ہوں گی''۔۲۱

دراصل باغ و بہار کی اہمیت صرف داستان یا دلچسپ کہانی اور اس کے موضوع کی بناء پر نہیں بلکہ اُسلوب طرزِ تحریر اور زبان و بیان کی وجہ سے ہے۔ اس وقت کی مروجہ نثر سے ہٹ کر عام فہم سادہ، سلیس اور بامحاورہ نثر کی طرح باغ و بہار کے ذریعہ میر امن نے ابتداء کی۔ یہ وہی زبان ہے جو دلی میں ایک عرصہ سے بولی جارہی تھی۔ آگے چل کر ماسٹر رام چندر، مرزا غالب اور سرسید وغیرہ کی کوششوں سے اُردو ادب میں اسی طرزِ تحریر کو جگہ ملنے والی تھی۔ لہذا باغ و بہار کو ایک رہنما کی حیثیت مل گئی اور یہی وجہ ہے کہ ''باغ و بہار'' کو جدید اُردو نثر کا پہلا صحیفہ کہا گیا ہے۔ میر امن نے ملا حسین واعظ کاشفی کی ''اخلاقِ محسنہ'' کا ''گنجِ خوبی'' کے نام سے اُردو میں ترجمہ کیا لیکن وہ زیادہ مقبول نہیں ہو سکا۔

آرائش محفل

فورٹ ولیم کالج کے دوسرے اہم مصنف سید حیدر بخش حیدری ہیں جنھوں نے نثر میں طوطا کہانی، آرائشِ محفل وغیرہ کتابوں سے مقبولیت حاصل کی۔ طوطا کہانی سید محمد قادری کی فارسی کتاب کا اُردو ترجمہ ہے۔ اسی طرح آرائش محفل حاتم طائی کے فارسی قصہ ''سات سیروں'' کا اُردو ترجمہ ہے یہ ۱۸۰۲ء کا یادگار قصہ ہے۔

یہ اُردو کی مختصر داستانوں میں قصہ چہار درویش کے بعد سب سے مقبول اور معروف داستان ہے۔ اس داستان کو ادبی نقطۂ نظر سے اور اس لحاظ سے کہ وہ بھی باغ و بہار کی طرح فورٹ ولیم کالج کے اُسلوب کی بڑی اچھی نمائندگی کرتی ہے، داستانی ادب میں بڑی نمایاں جگہ دی جاتی ہے۔

اصل میں یہ ترجمہ ''باغ و بہار'' کی طرح کسی پابندی کا محتاج نہیں ہے۔ اس میں حیدری نے قصہ کو دلچسپ بنانے کی خاطر کچھ کمی بیشی بھی کی ہے۔ مکمل طور پر یہ قصہ حاتم کی ذات سے منسوب ہے۔ البتہ قصہ کا خاص کردار حاتم ہے جو دوسروں کی خاطر خود کو مصیبتوں اور پریشانیوں میں گرفتار کراتا ہے، یہ

تمام قصہ اسلامی فضاء کو پیش کرتا ہے۔ وہ سات سوالوں کو پورا کرنے کی خاطر جنگل و بیابان، دریا اور پہاڑ کی خاک چھانتا ہے۔ قدم قدم پر مشکلات کا سامنا کرنا ہے۔ حقیقت میں وہ ان خطرات کو اپنی زندگی کا مقصد سمجھ کر سرانجام دیتا ہے۔ انسانیت، ہمدردی، محبت اور خدمتِ خلق کی مثال حاتم کی ذات سے بہتر کسی اور داستان میں نہیں پائی جاتی۔

آرائش محفل کی زبان صاف اور سادہ ہے۔ کلام میں یہ صفائی حیدری کی سادگی کی وجہ سے آئی ہے۔ ان کے یہاں چرب زبانی نہیں ہے۔ شاید اسی لیے تحریر میں لطافت اور تہہ داری پیدا ہو جاتی ہے اور یہی حیدری کے اُسلوب کی سب سے اہم خوبی معلوم ہوتی ہے۔ اس داستان کا ایک سادہ اقتباس ملاحظہ ہو:

> ''چند روز کے بعد جب وہ لڑکی شعوردار ہوئی تب اپنے ذہن کی رسائی سے اور نیک بختی کے باعث سے دائی کو بلا کر کہنے لگی کہ اے مادر مہربان دنیا مثل حباب ہے اس کا مٹنا کچھ بڑی بات نہیں۔ اس قدر دولت دنیا لے کر تن تنہا میں کیا کروں گی۔ مصلحت نیک یہی ہے کہ اس کو خدا کی راہ میں لُٹا دوں اور آپ کو آلائش دنیاوی سے پاک رکھوں۔ اور شادی بیاہ بھی نہ کروں بلکہ یادِ خدا میں شب و روز مشغول رہوں اس واسطے تم سے پوچھتی ہوں کہ اس سے کس طرح چھٹکارا پاؤں جو مناسب جانو سو کہو۔ دائی نے دونوں ہاتھوں سے بلائیں لیں اور کہا کہ اے جان پدر تو ان ساتوں سوالوں کا اشتہار نامہ لکھ کر اپنے دروازے پر لگا دے اور یہ کہہ کر جو کوئی میرے ساتوں سوال پورے کرے گا میں اس کو قبول کروں گی''۔[۲۲]

اس قصہ میں جہاں معاشرے کی عکاسی کا تعلق ہے حاتم کی مہمات اس کو عجیب وغریب

دنیاؤں میں لے جاتی ہیں۔ جانور، پریاں، دیو، طلسمات اور مافوق الفطرت عناصر اس داستان میں موجود ہیں۔ حیدری تمام واقعات کو بہت سیدھے سادھے انداز میں بیان کرتے ہیں۔ سادگی کے سبب واقعات بہت زیادہ محیر العقول نہیں معلوم ہوتیں۔

آرائشِ محفل ایک اخلاقی قصہ ہے۔ جس میں معاشرت کی جھلکیوں اور مناظر فطرت پر زور قلم صرف کرنے کے بجائے قصّہ پر زیادہ دھیان دیا گیا۔

ملا حسین واعظ کاشفی کی کتاب ''روضۃ الشہدا'' کا ایک ترجمہ فضلی نے ''کربل کتھا'' کے نام سے کیا تھا۔ دوسرا ترجمہ حیدر بخش حیدری نے ''آرائش محفل'' کے نام سے کیا۔ میر شیر علی افسوس نے ''گلستان سعدی'' کا ترجمہ ''باغِ اُردو'' کے نام سے کیا۔ یہ کتاب فارسی آمیز ہونے کی وجہ سے مقبول نہیں ہوسکی۔ میر بہادر علی حسینی نے گل کرسٹ کی فرمائش پر ''اخلاقِ ہندی'' کتاب لکھی۔ یہ فارسی کتاب ''مفرح القلوب'' کا ترجمہ ہے۔ اس کتاب میں اخلاقی کہانیاں پائی گئی ہیں۔ میر بہادر علی حسینی نے ''نثر بے نظیر'' کے نام سے ایک کتاب لکھی جس کی بنیاد پر مثنوی ''سحر البیان'' لکھی گئی۔ ''تاریخ آسام'' کے نام سے ایک فارسی کتاب کا ترجمہ بھی میر بہادر علی حسینی نے کیا۔ میر کاظم علی جوان نے فورٹ ولیم کالج کے لئے کئی اہم کتابوں کا ترجمہ کیا۔ کالی داس کی ''شکنتلا'' کا برج بھاشا سے اُردو میں ترجمہ کیا۔ ایک کتاب ''بارہ ماسہ'' لکھی جس میں ہندوستان کی فصلوں اور تہواروں کا ذکر ہے۔

انھوں نے سنگھاسن بتیسی لکھنے لکھنے میں للّو لال جی کی مدد کی۔ نہال چند لاہوری نے عزت اللہ بنگالی کے فارسی قصّے ''گل بکاولی'' کا اُردو ترجمہ ''مذہبِ عشق'' کے نام سے کیا جسے بنیاد بنا کر پنڈت دیا شنکر نسیم نے ''گلزارِ نسیم'' مثنوی لکھی۔ مظہر علی خاں وِلاؔ نے ''ہفت گلشن'' کو اُردو میں منتقل کیا اور بیتال پچیسی کا اُردو میں ترجمہ کیا۔ للّو لال جی نے کاظم علی خاں جواں کی مدد سے سنگھاسن بتیسی لکھی۔ ہندی میں ان کی دیگر کتابیں مشہور ہوئیں۔ فورٹ ولیم کالج کے ایک اور مصنف مرزا علی لطف تھے۔ انھوں نے اُردو شعراء کا تذکرہ ''گلشنِ ہند'' لکھا۔ اس تذکرہ میں انھوں نے تذکرہ گلزارِ ابراہیم میں اضافے کیے۔

کنوراودے بھان اور رانی کیتکی کی کہانی

اُردو نثر میں داستان نویسی کی روایت فورٹ ولیم کالج تک ہی محدود نہیں رہی بلکہ کالج کے باہر انشا اللہ خاں انشا نے بھی چند دلچسپ تجربے کیے۔ ''رانی کیتکی کی کہانی'' اور'' دریائے لطافت'' ان کی مقبول تصانیف ہیں۔ ''رانی کیتکی کی کہانی'' اُردو کی مختصر ترین طبع زاد نثری داستان ہے جو ۱۸۰۳ء میں لکھی گئی۔ اس داستان کی سب سے اہم خوبی اس کی زبان ہے۔ اس میں انشاء کی شخصیت کی رنگینی، شوخی، شعریت، علمیت اور ذہانت کی جھلکیاں دکھائی دیتی ہیں۔

کنور اودے بھان اور رانی کیتکی کی کہانی سید انشاء اللہ خاں انشاء کی اپنے عہد کی ایک شاہکار تصنیف ہے۔ انشاء اپنی شاعری سے مشہور ہیں لیکن نثر میں یہ ان کا بہترین کارنامہ ہے۔ اس کی سن تالیف ۱۸۰۳ء تک متعین کی گئی ہے۔ یوں تو انشاء اللہ خاں انشاء نے کئی کتابیں تحریر کی ہیں لیکن انھیں شہرت دوام ''رانی کیتکی کی کہانی'' سے ملی۔ یہ ان کی شاندار تخلیق ہے۔ اس میں انھوں نے ہندو معاشرے کی عکاسی کی ہے۔ انشاء نے اس کہانی میں تشبیہیں اور استعارے سے بھی کام لیا ہے۔ اس داستان کی اہم خوبی یہ ہے کہ اس میں عام بول چال کا سیدھا سادھا انداز، سادگی، بے تکلفی کے علاوہ کردار نگاری اور جذبات نگاری کا بھی خاص خیال رکھا گیا ہے۔

رانی کیتکی کی کہانی ایک ایسی عشقیہ داستان ہے جو کنور اودے بھان اور رانی کیتکی جیسے کرداروں پر مبنی ہے۔ اس کا ہیرو کنور اودے بھان اور ہیروئن رانی کیتکی ہے۔ اس کہانی میں عشق و محبت کے جلوے اور ہجر و وصال ہے۔ ہیروئن خوش مزاج اور دل کی صاف ہے، کنور اودے بھان کا ہر مشکل میں ساتھ دیتی ہے۔ اگر دیکھا جائے تو رانی کیتکی اور کنور اودے بھان کی کہانی زبان کے خاص التزام اور اختصار کے اہتمام کے ساتھ تحریر کی گئی ہے۔ اس بارے میں گیان چند جین تحریر کرتے ہیں کہ:

''داستان رانی کیتکی اور کنور اودے بھان انشا کی

ذہانت کا کارنامہ ہے''۔[۲۳]

حامد حسن قادری تحریر کرتے ہیں کہ:

''انھوں (انشا) نے زبان اور اُردو نثر کی عجیب خدمتیں

کی ہیں''۔۲۴

عجیب وغریب اس لیے کہا ہے کہ انشاء نے یہ شرط باندھ کر یہ قصہ لکھا کہ پورے قصے میں سوائے ہندی کے اور کسی دوسری غیر ہندی زبان کے الفاظ نہ آنے پائیں۔ اس سلسلے میں وقار عظیم لکھتے ہیں کہ:

''رانی کیتکی کی کہانی میں بنیادی التزام تو یہی ہے کہ عبارت میں ہندی کے علاوہ کسی اور زبان کا (خصوصاً عربی فارسی) کوئی لفظ نہ آئے۔ اس پابندی اور التزام کو بدلنا کوئی مشکل بات نہیں۔ خصوصاً اس صورت میں کہ ہندوستانی زندگی اور معشرت سے تعلق رکھتا ہو اور اس کے کردار معمولاً ہندی ہی بولتے ہوں''۔۲۵

وجہ تصنیف خود انشاء کے الفاظ میں ملاحظہ ہو:

''ایک دن بیٹھے بیٹھے یہ بات اپنے دھیان میں چڑھی کوئی کہانی ایسی کہیے جس میں ہندی چھٹ اور کسی بولی کی پٹ نہ ملے۔ تب جا کے میرا جی پھول کی کلی کے روپ سے کھلے باہر کی بولی اور گنواری کچھ اس کے بیچ نہ ہو''۔۲۶

یہ جان سن کر کسی عزیز نے اس سے کہا کہ یہ بات تو ممکن نظر نہیں آتی۔ چنانچہ یہی بات اُنھوں نے دل پر رکھ لی اور کہانی لکھ ڈالی اور جو دعویٰ انھوں نے کیا تھا اسے سچ کر دکھایا۔ لیکن جو دو باتیں اس کہانی میں خاص طور پر قابل توجہ ہیں وہ ایک تو اس کا اختصار اور دوسرے ایسی کہانی کا وجود کہ جس میں خالص ہندو معاشرت کے مواقع ملتے ہیں۔ طول نگاری کے اس عہد میں یہ قصہ سب سے مختصر قصہ کہا جا سکتا ہے۔ مافوق الفطرت عناصر جن سے اس دور میں دامن بچانا ممکن نہ تھا اس قصہ میں جا بہ جا ملتے ہیں۔

انشاء نے قصہ کے واقعات کی ترتیب میں کافی فنی مہارت اور چابک دستی کا ثبوت دیا ہے۔ یہ بات بھی کچھ کم قابل تعریف نہیں کہ کسی مسلمان قصہ گو کو اس بات کا احساس ہو کہ وہ اپنے ساتھ رہنے

والی دوسری قوم کی معاشرت کو اپنے قلم سے پیش کرے۔ ویسے ایسی فضاء اور ماحول کے پیدا ہونے کا سبب یہ بھی ہوسکتا ہے کہ مصنف نے چوں کہ اپنے اوپر یہ پابندی عائد کر لی تھی کہ ہندی کے علاوہ کسی اور زبان کا کوئی دوسرا لفظ نہ آنے پائے اس لیے مسلمانوں کے کردار اوران کے اطوار کو بغیر عربی اور فارسی الفاظ پیش کرنا ممکن نہ تھا۔ تاہم یہ انشاء کا زبردست کارنامہ ہے۔ وقار عظیم تحریر کرتے ہیں کہ

> ''رانی کیتکی کی کہانی اُردو کی مختصر ترین طبع زاد داستان ہے اور ۱۸۰۳ء کی تصنیف ہے اور اس طرح گویا یہ ہماری داستان گوئی کے دورِ اوّل کے اس بیش بہا سرمائے کا ایک حصہ ہے''۔[۲۷]

فسانۂ عجائب

''فسانۂ عجائب'' مرزا رجب علی بیگ سرور کی ایک طبع زاد داستان ہے۔ اس قصہ کا سن تالیف ۱۸۲۴ء ہے۔ فسانۂ عجائب کان پور میں لکھی گئی۔ دراصل اس کے مصنف مرزا رجب علی بیگ سرورؔ کو غازی الدین حیدر نے اپنے آبائی وطن لکھنؤ سے شہر بدر کر دیا تھا اور وہ کان پور میں اپنے دوست حکیم اسد علی کے یہاں پناہ لیے ہوئے تھے۔ اسی دوران یہ داستان لکھی گئی۔ چونکہ فسانۂ عجائب میں لکھنؤ کے معاشرے کی عکاسی کی گئی ہے اس لیے سرور نے فسانۂ عجائب میں اس وقت کے لکھنؤ کا معیاری طرز بھی اختیار کیا ہے۔ یہ ایک رنگین قصہ ہے جو مقفیٰ اور مسجع عبارتوں پر مبنی ہے۔ اس داستان میں کہیں کہیں سیدھا سادہ انداز بھی اختیار کیا گیا ہے۔ ''فسانۂ عجائب'' کا سادہ انداز ملاحظہ ہو:

> ''وہ نطفہ حرام، لہو کپڑوں پر چھڑک، ملکہ کے خیمے میں آیا اور رویا پیٹا چلاّیا کہا ''اس وقت ظلم کا حادثہ ہوا۔ میں وزیرزادے کے ساتھ سیر کرتا تھا یکا یک جنگل سے شیر نکلا اسے اُٹھا لے چلا۔ ہر چند میں نے جاں بازی سے شیر کو تہہ شمشیر کیا، زخمی ہوا مگر اسے نہ چھوڑا لے ہی گیا''۔ ملکہ انجمن آرا کے خیمے میں آئی۔ وزیرزادے کا مذکور آپس میں رہا لیکن ملکہ کو قیافہ شناسی کا بڑا ملکہ تھا، پریشان ہو کر یہ کلمہ کہا'' خدا خیر

کرے آج بہت شگونِ بد ہوئے تھے۔ صبح سے دہنی آنکھ پھڑکتی تھی، راہ میں ہرنی اکیلی رستہ کاٹ میرا منھ تکتی تھی، اپنے سائے سے پھڑکتی تھی۔ خیمے میں اُترتے وقت کسی نے چھینکا تھا''۔ ۲۸ے

ایک اور اقتباس ملاحظہ ہو:

''وہ (جادوگرنی) بولی ''جانِ عالم! کہو اب کیا قصد ہے''۔ شہزادے نے کہا ''وہی جو تھا''۔ اُس نے کہا ''اب وہ نقش سلیمانی اور لوح پیرمرد کی نشانی کہاں ہے، جس کے بھروسے پر کودتے تھے۔ اگر زندگی مع لشکر درکار ہے تو ملکہ اور انجمن آرا سے انکار کرو۔ ہماری اطاعت اور محبت مقدم جان کر ہم سے دار و مدار کرو۔ نہیں تو ایک دم میں سب کو بے گور و کفن طعمۂ زاغ و زغن کردوں گی۔ دشت لاشوں سے بھردوں گی''۔ ۲۹ے

اب رنگین انداز ملاحظہ ہو:

''انجمن آرا بے چاری مصیبت کی ماری، سب کا منھ حیرت سے تکتی تھی اور روتی تھی۔ نہ بین کراتے تھے۔ نہ غل مچایا جاتا تھا، گھٹ گھٹ کر جان کھوتی تھی۔ خواصیں سر کھول کر کہتی تھیں: ہے ہے! ہم اس جنگل ویران میں لٹ گئے، وارث سے چھٹ گئے، کوئی کہتی تھی ''شیطان کے کان بہرے۔ خدانخواستہ اگر جان عالم کے دشمنوں کا رونگٹا میلا ہوا، شہزادیاں خاک میں مل جائیں گی۔ غم جدائی سے جانیں گنوائیں گی۔ ہم ان کے ماں باپ کو کیا منہ دکھائیں گے۔ اس دشتِ ادبار میں سر ٹکرا کر مرجائیں گے۔ یہ جادوگرنی قربان کی تھی، یوں ہی بے گور و کفن رکھے گی''۔ کوئی

کہتی تھی ''ہمارا لشکر اس بلا سے جو نکلے گا، تو مشکل کشا کا کھڑ دونا دوں گی''۔ کوئی بولی ''میں سہ ماہی کے روزے رکھوں گی، کونڈے بھروں گی، صحنک کھلاؤں گی، دودھ کے کوزے بچوں کو پلاؤں گی''۔ کسی نے کہا ''میں اگر جیتی چھٹی، جناب عباس کی درگاہ جاؤں گی، سقائے سکینہ کا علم چڑھاؤں گی، چہل منیری کر کے نذر حسین سبیل پلاؤں گی''۔ غرض کہ لشکر سے زیادہ خیموں میں تلاطم پڑا تھا''۔[۳۰]

سرور نے اس قصہ میں لکھنؤ کے رسم و رواج، بازاروں کی رونق، جلسوں، محفلوں، ان کی زبان اور تہذیب کو بڑے سلیقہ سے پیش کیا ہے۔ ان کے لہجہ میں ایک خاص قسم کی مٹھاس ہے۔ سرور کا لہجہ نہایت شگفتہ، شائستہ اور پُر تکلف ہے۔ یہ شائستگی، شگفتگی اور پُر تکلف انداز ایک خاص تہذیب اور معاشرے کے اثر سے سرور کی زبان کا جزو بنی۔ سید ضمیر حسن تحریر کرتے ہیں کہ:

''فسانۂ عجائب نثر کی اس طرز خاص کا اعلیٰ نمونہ ہے جس کی بنیاد تصنع اور بناوٹ پر ہے اور جس کی دلآویزی کا مدار مصنوعی حسن پر ہے''۔[۳۱]

فسانہ عجائب'' اور باغ و بہار'' کا عام طور پر زبان و بیان کے لحاظ سے موازنہ کیا جاتا ہے اس کی وجہ دونوں کی زبان میں نمایاں فرق کا پایا جانا ہے۔ چوں کہ میر امن دہلی کے رہنے والے تھے لہذا ان کی تحریر پر دبستان دہلی کی زبان کا اثر ہونا لازمی ہے۔

فسانۂ عجائب'' میں رجب علی بیگ سرور نے لکھنوی معاشرے کی عکاسی کی ہے۔ لہذا ان کی زبان میں لکھنؤ کے معاشرے کا تصنع اور تکلف نمایاں نظر آتا ہے۔ دراصل اس عہد کے لکھنؤ میں زبان کے اسی انداز کو اہمیت حاصل تھی۔ اسی لیے سرور نے اپنے عہد اور معاشرے کے تقاضوں کو ذہن میں رکھتے ہوئے فسانۂ عجائب تحریر کی۔

سرورؔ نے ''شگوفۂ محبت''، ''گلزار سرور'' اور ''شبستان سرور'' داستانوں کو فارسی نثری داستانوں سے ترجمہ کیا۔ ملا محمد رضی تبریزی ابن شفیع کی فارسی نثری داستان ''حدائق العشاق'' کا ترجمہ ''گلزار سرور'' ہے۔ اس کے دیباچے میں واحد علی شاہ کی معزولی اور لکھنؤ کی تباہی کا بیان ہے۔ ابتداء میں غالبؔ کی تقریظ شامل ہے۔

اس دور کی دیگر داستانوں میں ''داستانِ امیر حمزہ'' بھی شامل ہے جس کے مصنف غالب لکھنوی کو قرار دیا جاتا ہے۔ اس داستان کو نول کشور پریس کے تحت شائع کیا گیا۔ ''بوستانِ خیال'' مصنف میر محمد تقی خیال نے اسے ''داستانِ امیر حمزہ'' کے جواب میں لکھا تھا۔

شمالی ہند میں داستانوں کا دور تقریباً سو برس رہا۔ اس دور کو اُردو نثر کا کلاسیکی دبستان کہا جاسکتا ہے۔ اس کے علاوہ وہابی تحریک کے سلسلہ میں جو مذہبی باتیں لکھی گئیں اس سے بھی اُردو نثر کو فروغ پانے کا موقع ملا۔

فورٹ سینٹ جارج کالج

شمالی ہند میں اُردو نثر کے ابتدائی نمونوں میں داستان نگاری ہی غالب رہی۔ اسی دور میں جنوب میں فورٹ سینٹ جارج کالج مدراس کے تحت بھی اُردو کے کچھ نثری کارنامے سامنے آتے رہے۔ انگریزوں نے کلکتہ میں جہاں فورٹ ولیم کالج قائم کیا تھا وہیں مدراس میں فورٹ سینٹ جارج کالج بھی قائم کیا۔ اس کالج کے تحت جن مصنفین سے اُردو خدمات لی گئیں ان میں تراب علی نامی سید حسین شاہ حقیقت، حسن علی ماہلی، منشی غلام حسین معاون خاں، قاضی ارتضا دعلی خاں، خوشنود، مفتی محمد تاج الدین حسین خاں، بہجت مرزا عبدالباقی وفا، محمد مہدی واصف، سید تاج الدین، محمد خاں، منشی سید غلام دستگیر اور منشی مظفر شامل ہیں۔ فورٹ سینٹ جارج کالج ۱۸۱۲ء میں قائم ہوا تھا۔ اس کالج کے تحت بھی بالواسطہ طور پر اُردو کو ترقی ملی اور اُردو کی کئی شعری و نثری تصانیف سامنے آئیں۔

دلّی کالج

فورٹ ولیم کالج کے بارے میں اعتراض تھا کہ وہاں قصّے کہانیوں پر مبنی کتابوں کا ترجمہ تو کیا گیا

لیکن علمی کتابوں کو اُردو میں پیش کرنے پر توجہ نہیں دی گئی۔اس کمی کو دلّی کالج کے قیام کے ذریعہ پورا کیا گیا۔ ۱۸۲۵ء میں دلّی میں ایک مدرسہ قائم کیا گیا ہے جس کا مقصد جدید علوم کو عام کرنا تھا۔ مدرسہ میں انگریزی زبان کی تعلیم کو بنیادی حیثیت حاصل تھی۔ ۱۸۳۱ء میں جب مدرسہ میں پڑھنے والوں کی تعداد ۳۰۰ ہوگئی تو اسے کالج کا درجہ دیا گیا اور وہاں ریاض، جغرافیہ اور دیگر علوم کی تعلیم دی جانے لگی۔ کالج میں کوئی فیس نہیں لی جاتی تھی اور ہونہار طلباء کو وظائف بھی مقرر تھے۔

دلّی کالج میں دیگر علوم کی کتابوں کا اُردو میں ترجمہ کرنے کے لیے انجمنِ اشاعتِ علوم بذریعہ السینا ملکی کا قیام عمل میں آیا۔اس انجمن نے انگریزی سے اُردو میں ترجمے کے لیے قواعد مقرر کیے اور یہ طے پایا کہ اُردو ترجموں کے لیے دلّی کالج سب سے موزوں جگہ ہے۔ ۱۸۴۱ء سے کالج میں انگریزی کتابوں کا اُردو میں ترجمہ شروع ہوا۔اچھے ترجموں پر معاوضہ بھی دیا گیا۔ دلّی کالج میں ترجموں کے ذریعہ ماسٹر رام چندر نے بہت نام کمایا۔ یہ سائنس کے مدرس تھے اور ''فوائد الناظرین'' اور ''محبّ ہند'' کے ایڈیٹر تھے۔ طلباء میں مقبول تھے۔ انھوں نے اردو میں الجبرا اور علمِ مثلث پر کتابیں لکھیں۔ انھوں نے اپنی کتاب ''کلیات و جزئیات'' بھی شائع کی۔اردو میں مضمون نگاری کے آغاز کے سلسلہ میں ماسٹر رام چندر کا نام اہم ہے۔ دلّی کالج کے ایک ماسٹر پیارے لال بھی تھے جنھوں نے ''قصصِ ہند'' اوّل تا سوّم اور ''تاریخِ انگلستان'' جیسی کتابیں اُردو میں لکھیں۔ دلّی کالج سے وابستہ دیگر مصنفین میں بھیروں پرشاد، اشرف علی منشی، پنڈت رام کشن دہلوی، ماسٹر حسینی، ہردیو سنگھ منشی، ماسٹر نور محمد، مولوی حسن علی خاں، ماسٹر وزیر علی، ماسٹر امیر علی اور دیگر شامل ہیں۔ دلّی کالج نے قابل طالب علموں کی ایک بڑی فوج تیار کی۔ دہلی کالج کے تربیت یافتہ اردو ادیبوں میں شمس العلماء ڈپٹی نذیر احمد، محمد حسین آزاد، مولوی ذکاء اللہ، مولوی ضیاء الدین، موتی لال دہلوی اور دیگر مشہور ہیں۔ دلّی کالج کے اساتذہ میں ماسٹر رام چندر کے علاوہ مولانا امام بخش صہبائی، مولوی مملوک العلی، مولوی کریم الدین، منشی شیو نرائن آرام، رام کشن، دھرم نارائن کے نام اہم ہیں۔ان اصحاب نے درس و تدریس کے علاوہ تصنیف و تالیف میں بھی نام کمایا۔ دہلی کالج کے مصنفین اور اس کے فارغین کی کوشش سے اُردو میں علمی موضوعات پر کتابیں

اور مضامین لکھے جانے لگے۔ علمی موضوعات کے لئے ضروری تھا کہ زبان کو غیر ضروری باتوں سے صاف کیا جائے اور اسے اظہار خیال کی زبان بنائی جائے۔ اسی دور میں سر سید احمد خاں نے اردو میں مضمون نگاری کو فروغ دینا شروع کر دیا تھا۔

ورنا کولر ٹرانسلیشن سوسائٹی

دہلی کالج کے قیام کے ساتھ اس ضرورت کا احساس ہوا کہ اعلیٰ درجے کی علمی کتابیں اردو میں منتقل کی جائیں اس کے لیے دلی کالج کے پرنسپل اسپرنگر کی نگرانی میں کالج میں ورنا کولر ٹرانسلیشن سوسائٹی قائم کی گئی۔ ماسٹر رام چند اور مولانا صہبائی اس سوسائٹی سے متعلق تھے۔ ان کی نگرانی میں بہت سی کتابیں لکھی گئیں۔ سوسائٹی کے تحت رامائن، مہا بھارت، دھرم شاستر، لیلاوتی، شکنتلا وغیرہ کتابوں کے ترجمے شائع ہوئے۔ سودا، میر درد، جرأت وغیرہ کے دیوان شائع کئے گئے۔ انگلستان، یونان، روم، ایران جیسے ملکوں کی تاریخ و جغرافیہ پر کتابیں لکھی گئیں۔ ماسٹر رام چندر نے ریاضی اور سائنسی علوم کی کتابوں کو اُردو میں ترجمہ کرنے میں اہم خدمات انجام دیں۔

اُردو صحافت کا فروغ

انیسویں صدی کے پہلے نصف میں اُردو نثر کے فروغ کے ساتھ ساتھ اردو صحافت کا بھی آغاز ہو گیا تھا۔ اردو کا پہلا اخبار ''جامِ جہاں نما'' تھا۔ جام جہاں نما سے قبل ہندوستان میں فارسی صحافت کی مثالیں پائی گئی تھیں اور فارسی اخبارات کی نقل کرتے ہوئے اردو میں اخبار نکالنے کا سلسلہ شروع ہوا۔ ''جام جہاں نما'' کا اجراء ۲۷/ مارچ ۱۸۲۲ء کو عمل میں آیا۔ اس اخبار کے مالک بنگالی صحافی ہری ہردت تھے۔ جبکہ اخبار کے مدیر سُکھ لال تھے۔ یہ اخبار کلکتہ سے جاری ہوا اور اس کی اجرائی میں فورٹ ولیم کی اردو نثر کے اثرات شامل رہے۔ بمبئی سے ایک فارسی اخبار ''آئینہ سکندری'' نکلتا تھا جس نے بعد میں اپنا اردو ضمیمہ شروع کیا۔ ۱۸۳۵ء کے بعد ہندوستان میں اردو صحافت کے فروغ کی راہ ہموار ہوئی جبکہ گورنر جنرل سر چارلس مٹکاف کی جانب سے صحافت پر عائد پابندیاں اٹھالی گئیں تو لیتھو طباعت کا آغاز ہوا۔ اسی سال ایسٹ انڈیا کمپنی نے شمالی ہند میں فارسی کی جگہ اردو کو سرکاری زبان بنانے کا

اعلان کیا۔ ۱۸۳۶ء میں مولانا محمد حسین آزاد کے والد مولوی محمد باقر نے اپنا مطبع قائم کیا اور اگلے سال ''دہلی اُردو اخبار'' کے نام سے ہفتہ وار اخبار جاری کیا۔ اردو صحافت کی تاریخ میں مولوی محمد باقر اور ان کے اخبار کو شہرت ملی۔ ۱۸۵۷ء کے حالات کے تحت انگریزوں نے ان پر بغاوت کا الزام عائد کیا۔ ٹیلر کی موت کا ذمہ دار قرار دے کر انگریزوں نے انھیں گولی مار دی اور وہ اردو کے پہلے شہید صحافی قرار پائے۔ مولوی محمد باقر نے ۱۸۴۳ء میں ایک اخبار ''مظہرالاخبار'' جاری کیا۔ سرسید احمد خاں کے بھائی سید محمد خاں نے ۱۸۳۷ء میں ''سیدالاخبار'' جاری کیا۔ دہلی سے ایک اخبار ''صادق الاخبار'' جاری ہوا جس کے مہتمم مصطفیٰ خان تھے۔ مولوی کریم الدین نے ۱۸۴۵ء میں ''کریم الاخبار'' جاری کیا۔ اسی دور میں کوہِ نور اخبار لاہور سے اور پنجاب سے جاری ہوا۔ ۱۸۵۷ء کی جنگِ آزادی سے قبل چھوٹے بڑے کئی اخبار جاری ہوئے۔ یہ اخبارات نامساعد حالات میں نکلتے تھے اور اخبار کے مدیروں اور مالکوں کو انگریز حکومت کی جانب سے کئی پابندیوں کا سامنا کرنا پڑا۔ اخبارات ے علاوہ ادبی رسائل، قانونی رسائل اور گلدستے اس دور کی یادگار ہیں۔ یہی وہ زمانہ ہے جب ۱۸۵۰ء کے بعد غالب نے اپنی مقبولِ عام اُردو مکتوب نگاری شروع کی تھی۔ غالب کو مطالعہ کا شوق تھا۔ غالباً انھوں نے اپنے سے پیشرو اُردو کتابوں کا مطالعہ کیا ہو لیکن وہ ایک جدت پسند شاعر تھے۔ انھوں نے اپنے طور پر مکتوب نگاری نثر نگاری اور شاعری شروع کی۔

خلاصۂ کلام یہ ہے کہ غالب سے قبل اُردو نثر کے مطالعہ سے ہمیں یہ اندازہ ہوتا ہے کہ اُردو نثر پہلے کیا تھی اور اب اس میں کیا کیا تبدیلیاں آئیں اگر دیکھا جائے تو اُردو نثر نے بڑی خوبی کے ساتھ رفتہ رفتہ ترقی کی منزلوں کو طے کیا ہے۔ پہلے کی اُردو نثر میں فارسی اور عربی فقرے نظر آتے ہیں۔ عبارتیں مقفیٰ اور مسجع ہیں۔ نثر میں شاعرانہ وسائل سے کام لیا گیا ہے اور یہی پُرتکلف انداز اس وقت کی تحریروں میں حُسن سمجھا جاتا تھا۔ اس عہد کی نثر میں موضوع کے لحاظ سے حقیقت پسندی کی بہ نسبت خیال آرائی پر زیادہ دھیان دیا جاتا تھا۔ عبارتوں میں زبان و بیان کے تصنع پر زیادہ توجہ دی جاتی تھی۔ اس طرح اُردو نثر میں کچھ اُصول قائم ہو گئے تھے۔ جیسے قافیہ وغیرہ کا ہونا لازمی تھا لیکن فورٹ ولیم کالج نے اُردو نثر کے اِن اُصولوں کو توڑا اور اُردو نثر میں سادہ، سلیس اور عام بول

چال کا انداز پیدا کیا۔

مقالے کے اس باب میں مختصر طور پر پیش کیے گئے غالب سے قبل اُردو نثر کے ادبی سرمایہ پر اجمالی نظر ڈالیں تو پتہ چلتا ہے کہ جنوب میں ابتدائی دور کے نثری کارناموں میں صوفیائے اکرام اور بزرگان دین کے مذہبی رسائل اور تصوف پر مبنی تصانیف کے بعد ملا وجہی کی شاہکار داستان ''سب رس'' ایک بے مثال ادبی نثر کے طور پر سامنے آتی ہے۔اس کے بعد شمالی ہند میں اُردو نثر کی ابتداء فضل علی فضلی کی ''کربل کتھا'' سے شروع ہوتی ہے۔ میر محمد عطا حسین خاں تحسین کی ''نوطرز مرصع'' بھی ابتدائی دور کی اہم داستان ہے۔اس کے علاوہ اس دور میں دہلی میں داستانوں کے تراجم بھی ملتے ہیں۔انیسویں صدی کے آغاز میں فورٹ ولیم کالج کے تحت سادہ و سلیس زبان میں لکھی گئی۔ ''باغ و بہار'' میر امن کا اہم کارنامہ ہے۔حیدر بخش حیدری کی ''آرائشِ محفل'' بھی اس دور میں مقبول رہی۔ دیگر داستانوں میں انشاء اللہ خان انشا کی ''رانی کیتکی کی کہانی'' اور مرزا رجب علی بیگ سرورؔ کی ''فسانۂ عجائب' کو شمالی ہند میں اُردو نثر کے ارتقاء میں اہمیت کی حامل ہیں۔فورٹ سینٹ جارج کالج کے قیام سے بالواسطہ طور پر اُردو کو ترقی ملی اور کئی شعری و نثری تصانیف سامنے آئیں۔ دہلی کالج کے قیام کے بعد اُردو میں علمی کتابوں کے تراجم شائع ہوئے اور اُردو نثر مقفیٰ و مسجع عبارت آرائی اور عربی و فارسی تراکیب سے پاک صاف ہو کر سادہ سلیس اور رواں ہو گئی جس کے بعد غالبؔ کی مکتوب نگاری۔ نذیر احمد کے ناول۔ حالیؔ کے سوانحی کتب۔سرسید اور ان کے رفقاء کے علمی و معلوماتی مضامین کے ذریعہ اُردو نثر کو ترقی ملی۔

حواشی

سلسلہ نشان	کتاب کا نام	مصنف کا نام	صفحہ نمبر
۱	''اُردو نثر کا ارتقاء	عابدہ بیگم	ص۴۷
۲	اُردو کی نشو ونما میں صوفیاء کرام کا حصہ	مولوی عبدالحق	ص۳۹
۳	سب رس	ملا وجہی ۔مرتبہ ۔ مولوی عبدالحق	ص۳
۴	سب رس	ملا وجہی ۔مرتبہ شمیم انہونی	ص۱۲
۵	سب رس	ملا وجہی	ص۱
۶	داستان تاریخ اُردو	حامد حسن قادری	ص۳۸
۷	''تاریخ ادب اُردو'' جلداوّل	ڈاکٹر جمیل جالبی	ص۲۵۷
۸	''تاریخ ادب اُردو'' جلداوّل	ڈاکٹر جمیل جالبی	ص۲۶۴
۹	''داستان تاریخ اُردو''	حامد حسن قادری	ص۴۸
۱۰	''داستان تاریخ اُردو''	حامد حسن قادری	ص۴۹

۱۱	اُردوئے قدیم	شمس اللہ قادری	ص ۲۰
۱۲	مکتوبات اُردو کا ادبی و تاریخی ارتقاء	خواجہ احمد فاروقی	ص ۲۰
۱۳	داستان تاریخ اُردو	حامد حسن قادری	ص ۵۶،۵۷
۱۴	نوطرز مرصع	میر محمد حسین عطا خاں تحسین ترتیب۔ سید نور الحسن ہاشمی	ص ۶۹
۱۵	نوطرز مرصع	از۔ تحسین ترتیب۔ گیان چند جین	ص ۲۱۲
۱۶	ایسٹ انڈیا کمپنی کے علمی ادارے۔ فورٹ ولیم کالج اور فورٹ سینٹ جارج کالج کا تقابلی جائزہ	ڈاکٹر محمد افضل الدین اقبال	ص ۲۸، ۲۹
۱۷	تاریخ ادب اردو	نور الحسن نقوی	ص ۲۶۴
۱۸	"مقدمہ باغ و بہار"	میر امن دہلوی/ مرتبہ ڈاکٹر مولوی عبدالحق	ص ۱۵
۱۹	باغ و بہار	میر امن دہلوی مرتبہ ڈاکٹر مولوی عبدالحق	ص ۵
۲۰	باغ و بہار	میر امن دہلوی مرتبہ ڈاکٹر مولوی عبدالحق	ص ۲۱
۲۱	داستان تاریخ اُردو	حامد حسن قادری	ص ۱۲۲
۲۲	آرائش محفل	سید حیدر بخش حیدری	ص ۵
۲۳	اُردو کی نثری داستانیں	پروفیسر گیان چند جین	ص ۴۳۲
۲۴	داستان تاریخ اُردو	حامد حسن قادری	ص ۱۶۷

۲۵	ہماری داستانیں	سید وقار عظیم	ص ۱۳۶
۲۶	رانی کیتکی کی کہانی	انشاءاللہ خاں انشاء ترتیب ڈاکٹر عبدالستار دلوی	ص ۳۶
۲۷	ہماری داستانیں	سید وقار عظیم	ص ۱۲۹
۲۸	فسانۂ عجائب	مرزا رجب علی بیگ سرور ترتیب۔ اطہر پرویز	ص ۲۳۶
۲۹	فسانۂ عجائب	مرزا رجب علی بیگ سرور	ص ۲۶۲
۳۰	فسانۂ عجائب	مرزا رجب علی بیگ سرور ترتیب اطہر پرویز	ص ۲۶۳،۲۶۴
۳۱	فسانۂ عجائب کا تنقیدی مطالعہ	سید ضمیر حسن	ص ۳۵

xxx

☆ باب سوم

غالب اور اردو نثر

شاعری کے بعد غالب کی اُردو نثر کا سب سے بڑا سرمایہ ان کے وہ خطوط ہیں جو انھوں نے بڑی تعداد میں اپنے دوستوں کو لکھے تھے۔ غالب شاعری میں جس طرح جدّت پسند واقع ہوئے تھے۔ مکتوب نگاری میں بھی انھوں نے اپنے لئے ایک نیا اور نرالا طریقہ ایجاد کیا۔ اور اس میں کمال پیدا کیا۔ مکتوب نگاری میں جدّت اور تنوع پیدا کرنے میں غالب نہ صرف میرِ کارواں تھے بلکہ میل کا آخری پتھر بھی تھے۔ کیونکہ انھوں نے خط لکھنے کا جو انوکھا اور نرالا طریقہ اختیار کیا۔ وہ ان سے شروع ہوا اور ان پر ہی ختم ہوگیا۔ غالب کے حالات سے پتہ چلتا ہے کہ ۱۸۵۹ء تک وہ اپنے احباب کو فارسی ہی میں خط لکھا کرتے تھے۔ اسی سال بہادر شاہ ظفر بادشاہ نے انھیں مغلیہ خاندان کی تاریخ نویسی پر مامور کر دیا تھا۔ اس خدمت کے ضمن میں غالب کو معلومات کی فراہمی کے لئے بہت سے احباب کو خط لکھنے کی ضرورت محسوس ہوئی تو انھوں نے اُردو میں مکتوب نگاری شروع کی۔ غدر کے بعد جب سماجی زندگی کے حالات ابتر ہو گئے اور خود ضعیفی کے سبب غالب بھی مختلف امراض میں مبتلا ہونے لگے تو ۱۸۶۱ء تک انھوں نے ارادہ کرلیا کہ اب وہ اُردو میں ہی خط لکھیں گے۔ ۱۸۶۵ء کے بعد انھوں نے فارسی مکتوب نگاری بالکل ترک کر دی اور ۱۸۶۹ء میں انتقال تک اُردو میں ہی خط لکھتے رہے۔

غالب کے تحریر کردہ خطوط ۸۰۰ سے زیادہ ہیں اور وہ ''عودِ ہندی'' اور ''اردوئے معلّٰی'' اور ''مکاتیبِ غالب'' کے نام سے شائع ہوئے۔ بعد میں غالب پر تحقیق کرنے والوں نے مختلف انداز سے غالب کے خطوط کو ترتیب دیا اور ان خطوط میں پائے جانے والی غالب کی مکتوب نگاری کی خصوصیات اور ان کے خطوں میں پائے جانے والے مختلف حالات کا جائزہ پیش کیا۔ غالب کی مکتوب نگاری کی خصوصیات اور مختلف احباب کے نام لکھے گئے غالب کے خطوط کے جائزے سے قبل آئیے دیکھیں کہ خط کسے کہتے ہیں۔ اردو میں مکتوب نگاری کی روایت کیا ہے اور غالب نے کیسے اس روایت کو آگے بڑھایا۔

خط کی تعریف:

خط ایک دلچسپ تحریر کا نام ہے۔ اس کی ہر دلعزیزی کا عالم یہ ہے کہ چھوٹا ہو یا بڑا، امیر ہو یا غریب، کم پڑھا لکھا یا عالم و فاضل ہر شخص خط سے یکساں دلچسپی رکھتا ہے اور اچھے خطوط وہی ہوتے ہیں جن سے ہر عمر، ہر مزاج اور ہر درجے کا آدمی لطف اندوز ہوسکتا ہے۔ جذبہ و احساس اور فکر و خیال سے لبریز بے جھجک اظہار کی وجہ سے خطوط عام انسانوں کی زندگی سے قریب تر ہوتے ہیں اور اس بناء پر ان کو پڑھنے والا ہر شخص یہ محسوس کرتا ہے کہ بیان کی گئی واردات و کیفیت جیسے خود اس پر گزری ہو اور یہی وہ مقام ہے جہاں سے خط خالص نجی حیثیت رکھنے کے باوجود ایک عمومی یا آفاقی اپیل کا حامی بن جاتا ہے۔ البتہ غالب کے خطوط میں بھی یہی انداز نمایاں ہے۔ ویسے بھی اچھے خطوط تراشے ہوئے نگینہ کی مانند ہوتے ہیں جن کی چمک ہر عمر، ہر مزاج اور ہر طبقے کے انسانوں پر یکساں طور پر پڑتی ہے۔ ان کو پڑھنے والا خطوط نگار کو اپنے آپ سے بہت ہی قریب محسوس کرتا ہے۔ خطوط نگار اپنے اور قارئین کے مابین جو اپنائیت کا راستہ قائم کرتا ہے وہ رشتہ عام طور پر غالب کے خطوط میں دیکھا جاسکتا ہے۔

کاتب اور مکتوب الیہ کے تعلقات کا اظہار جس تحریر میں ہوگا اُسے خط کہتے ہیں۔ یعنی ایک شخص کسی کاغذ پر اپنے حالات لکھ کر اسے اپنے کسی عزیز، دوست یا سرکاری افسر کو روانہ کرے تو اس تحریر والے کاغذ کو خط کہتے ہیں۔ خط میں عموماً سرنامہ، القاب، متن، تعلقات کا ذکر، اختتامی کلمات، معجز بیانی

اور مکتوب الیہ کا پتہ ہوتا ہے۔ خطوط کئی قسم کے ہوتے ہیں جیسے شخصی خطوط، کاروباری خطوط، سرکاری خطوط وغیرہ۔ خلیق انجم خطوط کی تہذیبی و ادبی اہمیت بیان کرتے ہوئے لکھتے ہیں کہ:

> ''خط شخصی چیز ہے اس میں صرف ایک آواز اُبھرتی ہے اور وہ ہے مکتوب نگار کی آواز۔ جو سو فیصد ذاتی ہوتی ہے۔ یہ آواز مکتوب نگار کی دوسری آوازوں سے مختلف ہوتی ہے اس آواز سے بھی جو مکتوب نگار کی سماجی آواز ہوتی ہے اور اس آواز سے بھی جو اس کے تخلیقی فن میں گونجتی ہے۔ یہ آواز ایک ایسے انسان کی ہوتی ہے جو عظیم فنکار ہوتے ہوئے بھی ایک عام انسان ہوتا ہے...... خطوط ایسے بھی ہوتے ہیں جو مکتوب نگار اپنی ذاتی غرض سے لکھتا ہے اور ایسے بھی جن سے دوسروں کی بھلائی مقصود ہوتی ہے...... خط کاغذ کے ٹکڑوں پر بکھرے ہوئے محض بے جان الفاظ نہیں بلکہ زندہ شئے ہے۔ یہ بولتے ہیں۔ ایک دھڑکتے دل کی صدائیں دوسروں تک پہنچاتے ہیں۔ خطوط کی ادبی اہمیت کسی بھی طرح تخلیقی کارناموں سے کم نہیں جس طرح ادب کی مختلف اصنافِ سخن کا مطالعہ دلچسپی سے کیا جاتا ہے اسی طرح خطوط بھی دلچسپی سے پڑھے جاتے ہیں بلکہ بعض حضرات کا تو یہ خیال ہے کہ اختصار کی وجہ سے اس صنف کو نثر کی دوسری اصناف پر فوقیت حاصل ہے اور لوگ ناول اور افسانے کے مقابلے میں خطوط کا مطالعہ زیادہ پسند کرتے ہیں''۔[1]

مکتوب نگاری کی تاریخ

مکتوب نگاری کی تاریخ اتنی ہی قدیم ہے جتنی فنِ تحریر کی، کاغذ ایجاد ہونے سے پہلے بھی

انسان درخت کے پتوں، دھات کی پلیٹوں، چمڑوں اور مٹی کی لوحوں پر لکھتا تھا۔اس وقت بھی خط لکھے جاتے تھے اور ایک جگہ سے دوسری جگہ بھیجے جاتے تھے۔مصر کے فراعنہ نے بھی تین ہزار سال قبل خط و کتابت کی تھی۔ جس کے نمونے کھدائی کے دوران ملے۔عربوں میں بھی مکتوب نگاری کا رواج تھا۔ اسلام کی آمد کے بعد حضور اکرم صلی اللہ علیہ وسلم نے مختلف مملکتوں کے شاہان کو جو خط لکھے اس کے نمونے آج بھی موجود ہیں۔ دورِ خلافت میں بھی مکتوب نگاری پائی جاتی تھی۔اس کام کے لئے کاتب حضرات مقرر تھے۔ حضرت ابوبکرؓ کے کاتب حضرت عثمان بن عفان، حضرت عمرؓ کے کاتب حضرت زید بن ثابت، حضرت عثمان کے کاتب مروان بن حکم اور حضرت علیؓ کے عہد میں حضرت عبد بن ابی رافع مکتوب نگاری کرتے تھے۔ بنو اُمیہ اور بنو عباس کے عہد میں مکتوب نگاری کو فروغ ہوا اور اس کے لئے دیوان الانشاء کا محکمہ بھی بنایا گیا۔عربی دور میں خط لکھنے والوں کو کاتب کہا جاتا تھا اور فارسی دور میں دبیر اور منشی کہا جانے لگا۔فارسی میں مولانا عبدالرحمٰن جامی کے خطوط ''رقعاتِ جامی'' اہم سرمایہ ہیں۔

انگریزی مکتوب نگاروں میں ابتدائی نام ولیم کُوپر اور چارلس لیمب کے نام آتے ہیں۔ عورتوں میں جین کارلائل اور فرانس کی مادام ڈی سیوین نے مکتوب نگاری کی ابتداء کی۔ ہندوستان میں مغلوں کے آمد اور شیر شاہ سوری کے زمانے میں پیغام رسانی کے مختلف طریقے رائج تھے اور طباعت و اشاعت کی ایجاد سے قبل بھی مکتوب نگاری جاری تھی۔

اردو میں مکتوب نگاری کی روایت

اردو نثر کے ابتدائی نمونے پندرھویں صدی عیسوی سے ملنے شروع ہوتے ہیں جبکہ دکن میں صوفیاء کرام نے تصوف، مذہب اور اخلاقیات کے موضوع پر نثری کتابیں لکھی تھیں۔ یہ کتابیں مخطوطات کی شکل میں تھیں اور خُرد بُردِ زمانے کے تحت تلف ہوگئیں۔ اٹھارویں صدی کے آغاز میں انگریزوں کی ہندوستان میں آمد کے بعد انگریز ملازمین کو اُردو اور ہندوستانی تہذیب سکھانے کے لئے ۱۸۰۰ء میں کلکتہ میں فورٹ ولیم کالج کا قیام عمل میں آیا۔ کالج کے ہندوستانی زبانوں کے پرنسپل ڈاکٹر جان گل کرسٹ نے ہندوستان کے نامور مترجمین کو کلکتہ بلایا اور آسان اردو میں ہندوستانی تہذیب کی

عکاسی کرتی کتابیں ترجمہ کرائیں۔ میرامن کی ''باغ و بہار'' فورٹ ولیم کالج کی ہی یادگار ہے۔فورٹ ولیم کالج کے بعد دہلی میں قائم ''دہلی کالج'' سے اردو نثری کارنامے آگے بڑھنے لگے۔اکثر لوگ غالب کو اردو مکتوب نگاری کا موجد کہتے ہیں۔ حالانکہ غالب نے فارسی اور اردو میں مکتوب نگاری کا جدید طریقہ اختیار کیا تھا۔لیکن غالب سے قبل بھی اردو میں مکتوب نگاری کے نمونے ملتے ہیں۔

خلیق انجم اپنی کتاب ''غالب کے خطوط'' جلد اول میں پنڈت برج موہن دتاتریہ کیفی کے حوالے سے ماسٹر رام چندر کو اردو کا پہلا مکتوب نگار قرار دیتے ہیں اپنی بات کی تائید میں وہ لکھتے ہیں کہ:

> ''ماسٹر رام چندر کے ''محبِ ہند'' جلد نمبر ۲۹ ڈسمبر ۱۸۴۹ء جنوری ۱۸۵۰ء میں مکتوب نگاری کے فن پر ایک چھوٹا سا نوٹ شائع ہوا تھا۔جس میں جدید اُصول بیان کئے گئے تھے۔ پنڈت برج موہن دتاتریہ کیفی نے اس نوٹ کے حوالے سے یہ ثابت کرنے کی کوشش کی ہے کہ اردو مکتوب نگاری کے طرزِ جدید کے موجد ماسٹر رام چندر تھے اور بقول پنڈت کیفی ظنِ غالب یہ ہے کہ ماسٹر رام چندر کا یہ مضمون مرزا غالب کی نظر سے ضرور گزرا ہوگا اوران کی طبعِ وقاد نے اُس سے ضرور اثر لیا ہوگا''۔[۲]

خلیق انجم، دتاتریہ کیفی کی تحقیق کو غلط ثابت کرتے ہوئے اپنی کتاب میں آگے لکھتے ہیں کہ ماسٹر رام چندر کا نوٹ ڈسمبر ۱۸۴۹ء میں شائع ہوا جبکہ اب تک دستیاب خطوط میں غالب کا قدیم ترین اُردو خط وہ ہے جو ۱۸۴۷ء یا اس سے قبل غالب نے تفتہ کو لکھا تھا۔ گویا ماسٹر رام چندر کا نوٹ شائع ہونے سے تقریباً ڈیڑھ یا دو سال قبل۔[۳] خلیق انجم کے اس بیان سے اندازہ ہوتا ہے کہ غالب نے ہی سب سے پہلا اردو خط لکھا تھا۔ ڈاکٹر مجید بیدار ''مطالعہ ادب'' نصابی کتاب ڈگری سالِ دوّم عثمانیہ یونیورسٹی۔اردو میں مکتوب نگاری کا تاریخی جائزہ عنوان کے تحت بھی کچھ اس طرح کے خیالات پیش کرتے ہیں۔ چنانچہ وہ لکھتے ہیں:

> ''اُردو میں نثری صنفی حیثیت سے خطوط نگاری کا آغاز مرزا غالب کی تحریروں سے ہوا۔ مولانا حالی نے اپنے استاد مرزا غالب کی سوانح لکھنے کے دوران لکھا ہے کہ غالب نے ۱۸۵۰ء کے دوران اردو میں خطوط لکھنے کی بنیاد رکھی۔ جبکہ خطوطِ غالب میں ۱۸۴۶ء کے تحریر کردہ چار خطوط موجود ہیں جس سے اندازہ ہوتا ہے کہ اردو میں خطوط نگاری کا آغاز غالب کے خطوط کی وجہ سے ۱۸۴۶ء میں ہوا۔[۴]

غالب کی اردو مکتوب نگاری اور شاعری کو ان کی مقبولیت کی وجہ قرار دیتے ہوئے حالی ''یادگارِ غالب'' میں لکھتے ہیں کہ:

> ''غالباً اُردو زبان میں تحریر اختیار کرنے کو مرزا نے اوّل اوّل اپنی شان کے خلاف سمجھا ہوگا۔ مگر بعض اوقات انسان اپنے جس کام کو حقیر اور کم وزن خیال کرتا ہے وہی اس کی شہرت اور قبولیت کا باعث ہو جاتا ہے۔ جہاں تک دیکھا جاتا ہے مرزا کی عام شہرت ہندوستان میں جس قدر ان کی اردو نثر کی اشاعت سے ہوئی۔ ویسی نظم اُردو اور نظم فارسی اور نثر فارسی سے نہیں ہوئی''۔[۵]

حاؔلی کے ان خیالات سے اندازہ ہوتا ہے کہ غالب کو ان کی اردو نثر سے زیادہ اردو نثر کی وجہ سے مقبولیت ملی۔ غالب نے ۱۸۵۰ء تا ۱۸۶۹ء بے شمار اُردو خطوط لکھے جو اپنے دلچسپ اور منفرد اندازِ تحریر اور اپنے عہد کی دلّی کی تاریخ و تہذیب کے عکاس ہونے کے سبب اُردو ادب کی تاریخ میں یادگار بن گئے۔ جیسا کہ کہا گیا غالب نے مکتوب نگاری میں جو جدت اختیار کی تھی اس کی تقلید آنے والے نثر نگار اور مکتوب نگار نہیں کر سکتے تھے۔ لیکن اردو مکتوب نگاری شخصی خیالات کے تبادلے سے آگے بڑھ کر ایک فن اختیار کر گئی۔ غالب کے بعد اردو کے بیشتر شعراء اور ادیبوں کے خطوط شائع ہوئے۔ سرسید اور

ان کے رفقاء کے خطوط شائع ہوئے۔ یہ خطوط موضوعات سے زیادہ اسلوب کی وجہ سے اہمیت اختیار کر گئے۔ سر سید احمد خاں ایک مصلحِ قوم تھے۔ انھوں نے اپنے مکاتیب میں اصلاح پسندی کے جذبے کو پروان چڑھایا۔ حالی نے بھی اپنے مکاتیب میں اصلاحی جذبے کو فوقیت دی۔ شبلی نعمانی کے خطوط میں تاریخی شعور پایا جاتا ہے۔ اردو کے مشہور ادیب سید سلیمان ندوی نے اپنے خطوط میں مذہب اسلام کے پیغام کو عام کیا اور شرعی مسائل بھی پیش کئے۔ بیسویں صدی میں اردو مکتوب نگاری میں ایک اہم نام مولانا ابوالکلام آزاد کا ہے۔ جب وہ جیل میں تھے تو انھوں نے اپنے دوست حبیب الرحمٰن خاں شیروانی کو مسلسل کئی خط لکھے جن میں آزادی کا جذبہ تھا۔ قومیت کا جذبہ تھا۔ سیاسی شعور کی بیداری عام کی گئی۔ مولانا آزاد کے خطوط ''غبار خاطر'' کے نام سے شائع ہوئے۔ آزاد نے اسلوب نگارش کا اس قدر اعلیٰ معیار پیش کیا تھا کہ کسی نقاد نے کہا کہ ''اگر قرآن عربی کے بجائے اردو میں نازل ہوتا تو وہ نثرِ ابوالکلام آزاد میں نازل ہوتا''۔ اسی دور میں جبکہ ہندوستان میں جدوجہد آزادی کی تحریک زوروں پر تھی۔ مولانا محمد علی اور مولانا شوکت علی، اقبالؔ اور دیگر ادیبوں کے خطوط میں قومیت اور حُریت کے عناصر کارفرما نظر آتے ہیں۔ اُردو میں منظوم خطوط بھی لکھے گئے اور خواتین نے بھی اپنی مکتوب نگاری میں نسائی حسّیت کو پیش کیا اس سلسلہ میں ایک اہم نام صفیہ اختر کا ہے انھوں نے علی گڑھ سے بمبئی میں مقیم اپنے شوہر، ادیب و شاعر جاں نثار اختر کو جو خطوط لکھے تھے اس میں ایک عورت کے جذبات کی عکاسی فنکارانہ مہارت سے کی گئی۔ صفیہ اختر کے یہ خطوط اپنے اسلوبِ نگارش کے لئے بھی اہمیت اختیار کر گئے اور ان کے انتقال کے بعد ''زیرِ لب''، ''حرفِ آشنا'' اور ''اندازِ نظر'' کے نام سے شائع ہوئے۔ آزادی کے بعد اردو کے ادیبوں نے مکتوب نگاری کے فن کو پروان چڑھایا۔ لیکن سائنسی ایجادات کی ترقی سے جب پیغام رسانی کے برقی ذرائع جیسے ٹیلی فون، ٹیلی گرام، فیاکس اور ای میل وغیرہ وجود میں آئے تو اردو میں روایتی مکتوب نگاری کو زوال آ گیا۔ لیکن قدیم روایتوں کو عزیز رکھنے والے شاعر اور ادیب آج بھی ادبی نوعیت کے خطوط لکھتے ہیں اور یہ خطوط شائع ہوتے رہتے ہیں تاہم اردو مکتوب نگاری کی ڈیڑھ سو سالہ تاریخ پر جب نظر ڈالتے ہیں تو پتہ چلتا ہے کہ غالب نے غیر معمولی بہت زیادہ خط لکھے۔ اور ان خطوط

میں شخصی باتوں سے زیادہ ظریفانہ اسلوب اور واقعات نگاری کو اہمیت دی گئی تھی۔
غالب کی اردو نثر سے متعلق حالؔی تحریر کرتے ہیں:

''مرزا کی اردو نثر میں زیادہ تر خطوط واقعات ہیں۔ چند تقریظیں اور دیباچے ہیں اور تین مختصر رسالے ہیں جو برہان قاطع کے طرفداروں کے جواب میں لکھے ہیں۔ لطائف غیبی، تیغ تیز اور نامۂ غالب۔ اس کے سوا چند اجزاء ایک ناتمام قصّے کے بھی ہیں جو مرزا نے مرنے سے چند روز پہلے لکھنا شروع کیا تھا۔ ان میں سب سے زیادہ دلچسپ اور لطف انگیز ان کے خطوط ہیں جن میں سے زیادہ تر اردوئے معلّٰی میں اور اس سے کم عودِ ہندی میں جمع کر کے چھپوائے گئے ہیں اور بہت سے خطوط ان دونوں کتابوں کی اشاعت کے بعد دستیاب ہوتے ہیں جو اب تک شائع نہیں ہوئے''۔[۶]

اس اقتباس سے واضح ہوتا ہے کہ غالب نے اردو نثر میں خطوط، رقعات، تقریظیں، دیباچے اور تین رسالوں کے علاوہ کچھ ناتمام قصے بھی لکھے ہیں اور اس کے ساتھ ہی ساتھ یہ بھی واضح ہوجاتا ہے کہ حالؔی نے غالبؔ کی تمام نثری تحریروں سے زیادہ ان کے خطوط کو ہی اہمیت دی ہے کیونکہ بقول حالؔی ان کے خطوط زیادہ دلچسپ اور لطف انگیز ہیں۔

مرزا غالب پہلے فارسی میں خط و کتابت کیا کرتے تھے جس کا ذکر ''پنج آہنگ'' کے بعض خطوط میں ملتا ہے۔ اس سلسلہ میں غالب مولانا عباس بھوپالی اور نول کشور کو تحریر فرماتے ہیں:

''بہت دنوں سے فارسی نثر چھوڑ رکھی ہے اور اُردو میں بے تکلف خط و کتابت کا انداز اختیار کرلیا ہے۔ اب آپ نے فرمائش کی ہے کہ آپ کے نام فارسی خط لکھوں یوں تعمیل ارشاد کررہا ہوں۔ جنبش قلم کا نتیجہ یہ چند

لفظ ہیں جو صرف پڑھے جاسکتے ہیں۔ کسی تعریف کے قابل نہیں"۔ ۷

"میں نے فارسی میں بہت کچھ لکھا ہے لیکن اب مجھ سے یہ مشقت نہیں ہوتی۔ میں نے آسان راستہ اختیار کرلیا ہے۔ جو بھی لکھنا ہو، اردو میں لکھ لیتا ہوں، نہ سخن آرائی، نہ خودنمائی تحریر کو گفتگو بنالیا ہے"۔ ۸

ان اقتباسات کی روشنی میں یہ کہا جاسکتا ہے کہ غالب نے فارسی میں لکھنا ترک کر دیا تھا لیکن لوگوں کے اصرار پر وہ فارسی میں بھی کبھی کبھی خط و کتابت کیا کرتے تھے، لیکن جب غالب فارسی میں لکھتے لکھتے تھک گئے تو اس کے بعد اردو کی طرف مائل ہوئے اور بقول حالؔی:

"انھوں نے غالباً 1850ء کے بعد سے اُردو زبان میں خط لکھنے شروع کیے"۔ ۹

غالب نثر میں تکلف اور بناوٹ کے سخت خلاف تھے۔ جبکہ فارسی میں یہی انداز رواج میں تھا لیکن اس کے برعکس اردو میں اپنی بات کو آسانی کے ساتھ کہا جاسکتا تھا۔ اسی لئے غالب نے مندرجہ بالا خط میں اس بات پر اصرار کیا ہیکہ اردو میں فارسی کی طرح سخن آرائی کی ضرورت نہیں پڑتی اور نہ ہی خود نمائی کی بلکہ جو بات کہنی ہو آسانی کے ساتھ سیدھے سادے انداز میں پیش کی جاسکتی ہے اور اسی لئے غالب نے فارسی سے زیادہ اردو نثر کو اپنے خطوط کے لئے پسند کیا۔

غالب کا دستیاب پہلا اردو خط

غالب کی مکتوب نگاری کے بارے میں کہا گیا کہ ۱۸۵۰ء تک انھوں نے فارسی میں خط لکھے تھے لیکن اس کا یہ مطلب نہیں کہ غالب نے اس سے قبل اردو میں خطوط لکھے ہی نہیں جبکہ ضروریات زندگی کے تحت غالب کا ایسے لوگوں سے واسطہ رہا جو فارسی نہیں جانتے تھے۔ امکان ہے کہ غالب نے ان کے نام اردو میں خط لکھے ہوں گے۔ جو لوگ غالب کے خطوط کی ادبی حیثیت سے ناواقف تھے۔ انھوں نے غالب کے ان خطوط کو محفوظ نہیں رکھا۔ یہی وجہ ہے کہ غالب کے تحریر کردہ ابتدائی خط محفوظ نہ رہ سکے۔ خلیق انجم غلام رسول مہر کے حوالے سے غالب کے پہلے خط کے بارے میں لکھتے ہیں:

''غالب کے دستیاب شدہ خطوط میں سب سے قدیم خط وہ ہے جو غالب نے جواہر سنگھ جوہر کو لکھا تھا اور جس میں لنگی کی فرمائش کی تھی۔ اس خط پر تاریخِ تحریر یکم ڈسمبر ۱۸۴۸ء ہے۔ خط کے آخر میں غالب لکھتے ہیں۔ کیوں صاحب وہ ہماری لنگی اب تک کیوں نہیں آئی۔ بہت دن ہوئے جب تم نے لکھا تھا کہ اسی ہفتہ میں بھیجوں گا۔ امکان یہی ہے کہ یہ خط ڈسمبر ۱۸۴۸ء کے آخر میں یا ۱۸۴۹ء کے اوائل میں لکھا گیا۔ اس لیے غلام رسول مہر کے خیال میں اب تک غالب کے جو اُردو خطوط ملے ہیں ان میں یہ قدیم ترین ہے''۔[۱۰]

خلیق انجم نے مولوی مہیش پرشاد کے مرتبہ ''خطوط غالب'' جلد اوّل کے حوالے سے لکھا کہ غالب کا قدیم ترین خط مرزا ہرگوپال تفتہ کے نام لکھا ہوا ہے۔ اس خط پر تاریخِ تحریر نہیں لکھی لیکن مہیش پرشاد نے اپنی تحقیق سے اس کا سنِ تحریر ۱۸۴۹ء قرار دیا۔ خلیق انجم نے غالب کے ان دو خطوط سے پہلے ہرگوپال تفتہ کے نام لکھے گئے ایک اور غالب کے خط کا ذکر کیا ہے اور قاضی عبدالودود کی تحقیق کے حوالے سے لکھا کہ تفتہ کے دیوان کی اشاعت کے سلسلہ میں غالب نے اوائل ۱۸۴۷ء میں تفتہ کے نام ایک خط لکھا تھا۔ ان تمام تحقیقات کے بعد حتمی نتیجہ نکالتے ہوئے غالب کے پہلے خط کا تعین کرتے ہوئے خلیق انجم لکھتے ہیں:

''اس پوری بحث کا خلاصہ یہ ہے کہ اب تک غالب کے جتنے اردو خطوط کی بازیافت ہوئی ہے۔ ان میں قدیم ترین خط وہی ہے جو تفتہ کے نام ۱۸۴۷ء میں لکھا گیا۔ جلال الدین صاحب کو ۱۹۷۵ء میں غالب کے ۱۶ فارسی اور ۵ اُردو غیر مطبوعہ خطوط ایک قدیم مخطوطے میں ملے تھے۔ جلال الدین صاحب نے ان خطوط

کا تعارف ہماری زبان نئی دہلی کی ۱۵/ ڈسمبر ۱۹۷۵ء کی اشاعت میں کرایا ہے اور یہ سب خطوط بقول جلال الدین صاحب ۲۵/ اپریل ۱۸۴۶ء اور ۱۳/ نومبر ۱۸۴۶ء اور ۱۳ نومبر ۱۸۴۶ء کے درمیان لکھے گئے۔ لیکن جلال الدین صاحب نے ابھی تک یہ خطوط شائع نہیں کئے۔ اس لیے مجھے شبہ ہوتا ہے کہ یہ خطوط جعلی ہیں۔ اگر جلال صاحب انھیں چھاپ کر میرا شبہ غلط ثابت کردیں تو اردو میں غالب کا پہلا دستیاب خط ۲۵/ اپریل ۱۸۴۶ء قرار پائے گا''۔[۱۱]

غالب کے پہلے اردو خط کی تحقیق کے سلسلہ میں خلیق انجم نے اپنی اور دیگر محققین کی جو تحقیق پیش کی ہے۔ اس کی روشنی میں ہم کہہ سکتے ہیں کہ غالب کا دستیاب پہلا اردو خط ۱۸۴۶ء یا ۱۸۴۸ء کے درمیان لکھا گیا۔

خطوطِ غالبؔ کی خصوصیات

(انحراف۔ امتیازات۔ اسالیبِ بیان)

اُردو نثر میں غالب کی مقبولیت اُن کے خطوط کے سبب ہے۔ غالب کے خطوط جدّت طرازی اور گونا گوں خصوصیات کی وجہ سے اُردو ادب کی تاریخ میں انفرادیت کے حامل ہیں۔ غالبؔ جدت پسند واقع ہوئے تھے انھوں نے جس طرح شاعری میں اپنے لیے نئی روش اختیار کی اسی طرح مکتوب نگاری میں بھی انھوں نے اپنے لیے ایک منفرد طریقہ اختیار کیا اور اس میں وہ کامیاب رہے۔ غالب کے خطوط کی بنیادی خصوصیات آداب والقاب کا منفرد طریقہ، خطوط میں مکالمہ نگاری، بے تکلفی اور سادگی، جدّت طرازی، شوخیِ تحریر، آپ بیتی، مختصر کہانی، تاریخ نگاری وغیرہ ہیں۔ غالب کی شاعری اوران کی مکتوب نگاری کے فرق کو بیان کرتے ہوئے خلیق انجم لکھتے ہیں:

''ان خطوط میں زندگی اپنی تمام رعنائیوں، دل کشیوں، بلندیوں، پستیوں اور پیچیدگیوں کے ساتھ جلوہ گر نظر آتی ہے۔ شاعری میں غالب کی آواز ہمیں کافی دور سے سنائی دیتی ہے لیکن خطوط میں وہ ہمارے ساتھ بیٹھ کر ہم سے محوِ گفتگو ہیں۔ شاعری میں وہ ہمارے دُکھ درد اور ہماری نفسیات کی اُلجھنوں کا مداوا ایک مفکر، فلسفی، صوفی اور ایک اخلاقی مصلح کی حیثیت سے کرتے ہیں لیکن خطوط میں وہ ایک حقیقت پسند اور عملی انسان کی حیثیت سے ہمارے دُکھ درد اور خوشی و غم میں شریک ہوتے ہیں۔ ان خطوط میں ہمیں ایک منطقی دماغ کا نہیں بلکہ ایک حساس اور دھڑکتے ہوئے دل اور سانس لیتی زندگی کے وجود کا احساس ہوتا ہے......
خطوطِ غالب کے جلوۂ صد رنگ میں سب سے زیادہ تیکھا اور شوخ رنگ غالب کی انا اور انفرادیت کا ہی ہے۔ غالب کی یہی انا اُن کے خطوط میں بے شمار روپ دھارے نظر آتی ہے۔ یہی انفرادیت ایک طرف حسین نگار خانوں کی تخلیق کرتی ہے تو دوسری طرف اُردو کو ایک نئے آب و رنگ اور نئے تب و تاب سے آشنا کرتی ہے''۔[۱۲]

(۱) اسالیب بیان

آداب والقاب

جیسا کہ کہا گیا غالب نے شاعری کی طرح نثر نگاری اور خاص طور سے مکتوب نگاری میں میں موجود روایات کی پاسداری نہیں کی تھی اور عام روش سے انحراف کرتے ہوئے انھوں نے خط لکھنے کا ایک منفرد طریقہ اختیار کیا تھا۔ جس کی کئی خصوصیات ہیں۔ ان میں سے پہلی اور اہم خصوصیت مکتوب

نگاری میں آداب والقاب کیلئے مروجہ طریقے سے ہٹ کر نیا انداز اختیار کرنا ہے۔ غالب نے مکتوب نگاری میں لکھے جانے والے آداب والقاب، خیریت دریافت کرنا اور مزاج پرسی کے قدیم طریقے کو یا تو بالکل ہی ترک کر دیا تھا یا کبھی دلچسپ انداز میں آداب والقاب بیان کرتے تھے۔ اس کے لیے نہ اُن کے پاس کوئی اُصول تھا نہ کسی ترتیب اور قاعدے کے وہ پابند تھے۔ کبھی القاب وآداب بالکل چھوڑ دیتے اور اوّل سطر سے مضمون شروع کر دیتے تھے۔ کبھی مختصر القاب جیسے میاں، صاحب، برخوردار، بھائی، میری جان، مہاراج وغیرہ القاب استعمال کرتے تھے۔ خطوطِ غالب کے مطالعہ سے یہ بات غلط ثابت ہوتی ہے کہ انھوں نے آداب والقاب لکھنا بالکل ترک کر دیا تھا۔ انھوں نے ہرگوپال تفتہ کے نام ۱۲۳ خط لکھے جن میں سے ۲۰ خطوط میں القاب نہیں ہیں۔ نواب علاالدین خاں علائی کے نام لکھے گئے ۵۸ خطوط میں سے ۶ خطوط بغیر القاب کے ہیں۔ غالب نے ہرگوپال تفتہ کو مہاراج، بندہ پرور، کاشانۂ دل کے ماہِ دو ہفتہ، منشی ہرگوپال تفتہ، نورِ نظر ولختِ جگر، اجی مرزا تفتہ، برخوردار اور میرے مہربان جیسے القاب سے مخاطب کیا جس طرح خطوطِ غالب کی نثر میں قافیہ پیمائی ملتی ہے اسی طرح آداب والقاب میں غالب نے شاعرانہ انداز اختیار کیا۔ اس ضمن میں خلیق انجم لکھتے ہیں:

> ''کبھی کبھی غالب القاب کو مقفیٰ کر کے شروع ہی سے پڑھنے والے کی خط میں دلچسپی قائم کر دیتے ہیں۔ نواب یوسف مرزا کو لکھتے ہیں۔ میری جان، خدا تیرا نگہبان، شیخ عبداللطیف بلگرامی کو القاب لکھتے ہیں۔ میاں لطیف، مزاج شریف، میر سرفراز حسین کے نام خط کا آغاز اس طرح کرتے ہیں۔ میری جان کے چین، مجتہد العصر میر سرفراز حسین، میاں داد خاں سیاح کو ایک خط میں القاب لکھتے ہیں۔ سعادت واقبال نشان منشی میاں داد خاں''۔۱۳

غالب نے مکتوب نگاری کے آغاز واختتام پر آداب والقاب کو ترک کرنے یا روایت کے برخلاف دلچسپ ومختصر آداب والقاب استعمال کئے ہیں۔ ان القاب کے استعمال میں غالب نے مکتوب

الیہ سے اپنے روابط اور رتبے کا خیال رکھا۔ شاگردوں کے لیے الگ لہجہ اور بزرگوں اور سرکاری افسروں کے لئے الگ لہجے میں انھوں نے آداب والقاب استعمال کئے۔ غالب نے آداب والقاب کا جو منفرد طریقہ اختیار کیا تھا وہ اُن سے شروع ہوا اور اُن پر ہی ختم ہو گیا۔ جس طرح کی شخصیت کے حامل غالب تھے بعد میں ویسی جاندار، باکمال اور ظرافت سے بھرپور شخصیات کا ظہور نہیں ہوا اور لوگوں نے غالب کے اس منفرد انداز کو اختیار کرنے کی کوشش بھی نہیں کی۔

اندازِ مکالمہ نگاری

خطوطِ غالب کا دوسرا اہم وصف اندازِ مکالمہ نگاری ہے۔ غالب نے ایسے خط لکھے جیسے دو آدمی آمنے سامنے بیٹھے باتیں کر رہے ہوں۔ غالب کی مکتوب نگاری کے بارے میں یہ بات مشہور ہے کہ انھوں نے مراسلہ کو مکالمہ بنا دیا ہے۔ حاتم علی بیگ مہر کو غالب لکھتے ہیں ''مرزا صاحب میں نے وہ اندازِ تحریر ایجاد کیا ہے کہ مراسلہ کو مکالمہ بنا دیا۔'' ہزار کوس سے بہ زبانِ قلم باتیں کیا کرو۔ ہجر میں وصال کے مزے لیا کرو''۔ ہرگوپال تفتہ کو خط لکھتے ہوئے غالبؔ کہتے ہیں کہ'' بھائی تم میں مجھ میں نامہ نگاری کا ہے کو ہے مکالمہ ہے''۔ اس طرح غالب کے اکثر خطوط بات چیت کے انداز میں لکھے گئے ہیں۔ غالب کے خطوط میں مجلسی کیفیت پائی جاتی ہے۔ باتیں کرنے کا یہ انداز نثر میں زندگی کی غمازی کرتا ہے۔ غالب کے خطوط اپنے دلچسپ اُسلوب اور مکالموں کے انداز کے سبب انشائیہ نگاری کی اچھی مثالیں ہیں۔ غالب خط ایسے لکھتے تھے جیسے سامنے کوئی شخص بیٹھا ہے اور وہ اُن سے باتیں کر رہے ہوں۔ حالیؔ نے غالب کے ایک ایسے ہی خط کا حوالہ دیا ہے۔ غالب لکھتے ہیں:

> ''محمد علی بیگ گھر سے نکلا۔ بھائی محمد علی بیگ لوہارو کی سواریاں روانہ ہو گئیں؟ حضرت ابھی نہیں۔ کیا آج نہ جائیں گی؟ آج ضرور جائیں گی۔ تیاری ہو رہی ہے''۔[14]

غالب نے مکتوب نگاری میں جو مکالمہ نگاری کا انداز اختیار کیا تھا اس میں انھوں نے ایک اور جدت پیدا کی تھی۔ یعنی بعض جگہ وہ مکتوب الیہ کو خطاب کرتے ہوئے اس کو غائب فرض کر لیتے تھے

یہاں تک کہ جولوگ ان کے اندازِ بیان سے واقف نہیں وہ اِس کو غیر سمجھ لیتے تھے۔ میر مہدی مجروح کو ایک خط میں اس طرح بیان کرتے ہیں:

''میر مہدی جیتے رہو۔ آفرین صد آفرین۔ اُردو لکھنے کا کیا اچھا ڈھنگ پیدا کیا ہے کہ مجھے رشک آنے لگا ہے۔ سنو دلّی کی تمام مال ومتاع وزر وگوہر کی لوٹ پنجاب احاطے میں گئی ہے۔ یہ طرزِ عبارت خاص میری دولت تھی۔ سو ایک ظالم پانی پت انصاریوں کے محلّے کا رہنے والا لُوٹ لے گیا۔ مگر میں نے اس کو بحال کیا اللہ برکت دے''۔15

اس خط میں غالب نے جس شخص کو ظالم کہا وہ کوئی اور نہیں میر مہدی مجروح ہیں جس کی طرف غالب نے اشارہ کیا لیکن گمان ہوتا ہے کہ ظالم سے مراد کوئی اور ہے۔ غالب کے خطوط میں مکالمہ نگاری کے انداز کو بعض ناقدین نے ڈرامائی انداز سے تشبیہ دی ہے کہ غالب نے اپنے خطوط میں ڈراموں کی طرح مکالمے شامل کئے ہیں جبکہ یہ بات غلط ہے اور حقیقت یہ ہے کہ غالب نے رسمی گفتگو کے انداز میں بات چیت پر مبنی جملے کہے ہیں۔ اس خیال کی تائید کرتے ہوئے خلیق انجم لکھتے ہیں:

''خطوط میں غالب نے جو مکالمہ کا لفظ استعمال کیا ہے اسے بعض نقادوں نے ڈرامے کے ڈائیلاگ کے مفہوم میں سمجھ کر یہ ثابت کیا ہے کہ غالب نے خطوط نویسی کو مکالمہ یعنی ڈائیلاگ بنا دیا ہے۔ ایسا نہیں ہے مکالمہ سے غالب کی مراد گفتگو ہے۔ غالب نے خطوط میں باقاعدہ مکالمے بھی لکھے ہیں مگر سینکڑوں خطوط میں سے صرف چار یا پانچ میں غالب نے اپنی بات مکالمے کے انداز میں بہت خوبصورت طریقے سے کہی ہے۔ اگر یہی باتیں بیانیہ انداز میں کہی جاتی تو شاید ان میں وہ لطف پیدا نہ

ہوتا''۔۱۶

شوخی اور ظرافت

غالب کے خطوط کی سب سے بڑی خصوصیت ان میں پائے جانے والا ظریفانہ انداز ہے جس کی وجہ سے ان کے خطوط ناول اور ڈرامے سے زیادہ دلچسپ ہوگئے ہیں۔ غالب کے مزاج میں شوخی اور ظرافت کُوٹ کُوٹ کر بھری ہوئی تھی جس کا اظہار وہ اپنی گفتگو اور تحریروں میں کرتے تھے جس کی بناء پر اُن کے شاگرد حالی نے ان کے بارے میں درست کہا تھا کہ ''مرزا کو حیوانِ ناطق کے بجائے حیوانِ ظریف کہنا بجا ہے''۔ غالب کے مزاج کی شوخی اور ظرافت ان کے خطوں میں جا بجا دکھائی دیتی ہے۔ کبھی وہ نقالی کرتے ہیں کبھی موقع کی مناسبت سے نام تراشتے ہیں۔ کسی واقعہ کو دلچسپ انداز میں بیان کرتے ہیں اور کبھی اپنی مصیبتوں کو ظریفانہ انداز میں بیان کرتے ہیں۔ غالب کی جدت کے بارے میں حالؔی لکھتے ہیں:

> ''وہ چیز جس نے اُن کے مکاتیب کو ناول اور ڈرامے سے زیادہ دلچسپ بنادیا ہے وہ شوخیِ تحریر ہے جو اکتساب یا مشق و مہارت یا پیروی وتقلید سے حاصل نہیں ہوسکتی۔ ہم دیکھتے ہیں کہ بعض لوگوں نے خط وکتابت میں مرزا کی روش پر چلنے کا ارادہ کیا ہے اور اپنے مکاتیب کی بنیاد بذلہ سنجی وظرافت پر رکھنی چاہی ہے مگر اُن کی اور مرزا کی تحریر میں وہی فرق پایا جاتا ہے جو اصل اور نقل یا روپ اور بہروپ میں ہوتا ہے''۔(۱۷)

حالؔی نے غالب کی ظرافت اور شوخی کی بہت سی مثالیں پیش کی ہیں۔ دو خطوط کے اقتباسات سے یہ بات ظاہر ہوتی ہے۔ غالب لکھتے ہیں:

> ''دیکھو صاحب۔ یہ باتیں ہم کو پسند نہیں۔ ۱۸۵۸ء کے خط کا جواب ۱۸۵۹ء میں بھیجتے ہو اور مزہ یہ کہ جب تم سے کہا جائے گا

تو یہ کہو گے کہ میں نے دوسرے ہی دن جواب لکھا ہے''۔

روزہ رکھتا ہوں مگر روزے کو بہلاتا ہوں کبھی پانی پی لیا کبھی حقہ پی لیا، کبھی کوئی ٹکڑا روٹی کا بھی کھا لیا۔ یہاں کے لوگ عجب فہم رکھتے ہیں میں تو روزہ بہلاتا ہوں اور یہ صاحب فرماتے ہیں کہ تو روزہ نہیں رکھتا۔ یہ نہیں سمجھتے کہ روزہ نہ رکھنا اور چیز ہے اور روزہ بہلانا اور بات ہے''۔(۱۸)

غالب کے ایک دوست نے ۱۸۵۸ء کی آخری تاریخ میں غالب کو خط کا جواب لکھا تھا جو نئے سال کے پہلے دن غالب کو مِلا تھا۔ سال گزر جانے کی بات کو غالب نے اپنے خط میں مزاحیہ انداز میں پیش کیا۔ غالب سنجیدہ مضامین کے علاوہ رنج وافسردگی کے مواقع پر بھی مزاحیہ پہلو نکال لیتے تھے۔ منشی نبی بخش مرحوم کو ایک خط میں لکھتے ہیں:

''بھائی صاحب۔ میں بھی تمہارا ہمدرد ہو گیا یعنی منگل کے دن ۱۸/ ربیع الاوّل کو شام ے وقت میری وہ پھوپھی کہ میں نے بچپن سے آج تک اس کو ماں سمجھتا تھا اور وہ بھی مجھ کو بیٹا سمجھتی تھیں مرگئی۔ آپ کو معلوم رہے کہ پرسوں میرے گویا ۹ آدمی مرے۔ تین پھوپھیاں، تین چچا، ایک باپ، ایک دادی، ایک دادا۔ یعنی اس مرحومہ کے ہونے سے میں جانتا تھا کہ یہ ۹ آدمی زندہ ہیں اور اس کے مرنے سے میں نے جانا کہ یہ ۹ آدمی ایک بار مر گئے''۔۱۹

غالب کے خطوط میں جا بجا پائی جانے والی شوخی اور ظرافت دراصل اُن کے مزاج کا حصہ ہے۔ وہ ایک بیرون بین شخصیت کے مالک تھے۔ زندگی معاشی بدحالی میں گزاری، زندگی کے غموں کو وہ اس طرح شوخی وظرافت کے ذریعہ ٹال جاتے تھے۔ یہی وجہ ہے کہ ان کے خطوط میں جا بجا ظرافت

جھلکتی ہے۔

بے تکلفی اور سادگی:

غالب کی مکتوب نگاری کی ایک اوا اہم خصوصیت بے تکلفی اور سادگی ہے۔ غالب جو کچھ لکھتے تھے بے تکلفی سے لکھتے تھے۔ ان کے خطوط کا مطالعہ کرتے وقت شاید ہی یہ احساس ہوتا ہے کہ انھیں الفاظ کے انتخاب یا مطالب کی تلاش وجستجو کرنی پڑی۔ غالب کے خطوط کے بارے میں کہا جاسکتا ہے کہ ان میں آمد ہی آمد ہے آورد نہیں۔ انھوں نے آداب والقاب کے فرسودہ نظام کو ختم کیا۔ وہ خط کو کبھی میاں کبھی برخوردار کبھی مہاراج وغیرہ سے شروع کرتے تھے۔ بے تکلفی اور سادگی نے ان کے خطوط میں ڈرامائی کیفیت پیدا کی ہے۔ یوسف مرزا کے نام لکھے گئے خط کو اس طرح شروع کرتے ہیں۔ ''کوئی ہے۔ ذرا یوسف مرزا کو بلائیو۔ لو صاحب وہ آئے''۔ دیگر خطوط میں بھی یہی سادگی اور بے تکلفی جھلکتی ہے۔

تاریخی اہمیت

غالب کے خطوط کی تاریخی اہمیت بھی ہے۔ غالب نے اپنے خطوں میں نہ صرف دوست احباب سے گفتگو کی ہے بلکہ جابجا اپنے دور کے تاریخی حالات بیان کئے ہیں۔ غالب اپنے مکاتیب پر تاریخِ تحریر لکھتے تھے اور جس دور میں غالب نے اردو مکتوب نگاری شروع کی تھی اسی دور میں غدر کے ہنگامے ہوئے تھے مغلیہ سلطنت کو زوال ہوا تھا۔ دہلی میں لوٹ مار مچی تھی اور قدیم تہذیب کو مٹا کر نئی تہذیب اپنی شناخت بنا رہی تھی۔ غالب نے اپنے خطوں میں جابجا دلّی کے حالات رقم کیے ہیں۔ حالی نے یادگارِ غالب میں اُن خطوط کا حوالہ دیا ہے جن سے غالب کے خطوط میں پائے جانے والے تاریخی حالات کا پتہ چلتا ہے۔

حالی لکھتے ہیں:

> ''منشی ہرگوپال تفتہ کے نام خط میں غالب لکھتے ہیں میں
> جس شہر میں ہوں اس کا نام بھی دلّی اور اس محلّہ کا نام بھی بلّی
> ماروں کا محلّہ ہے لیکن ایک دوست اس جنم کے دوستوں میں سے

نہیں پایا جاتا۔ واللہ ڈھونڈنے کو مسلمان اس شہر میں نہیں ملتے کیا
امیر کیا غریب کیا اہلِ حرفہ اگر کچھ ہیں تو باہر کے ہیں۔ ہنود البتہ
کچھ کچھ آباد ہو گئے ہیں۔ نواب علاء الدین خاں کو لکھتے ہیں :
قصّہ کوتاہ قلعہ اور جھجر بہادر گڑھ ولبھ گڑھ اور فرخ نگر کم و بیش تیس
لاکھ کی ریاستیں مٹ گئیں۔ شہر کی عمارتیں خاک میں مل گئیں۔
ہنرمند آدمی یہاں کیوں پایا جائے جو حکماء کا حال کل لکھا ہے وہ
بیان واقع ہے۔ صلحاء اور زہد کے باب میں جو حرفِ مختصر میں نے
لکھا ہے اس کو بھی سچ جانوں''۔[20]

غالبؔ نے اپنے خطوط میں ان کی پنشن کی مسدودی اور اس ضمن میں اس کے سفرِ کلکتہ انگریزی حکومت سے کی گئی درخواست اور دیگر حالات کو تفصیل سے بیان کیا ہے۔ انگریزوں کی جانب سے دہلی میں جو کچھ تخریبی کارروائیاں ہو رہی تھیں۔ خاص طور سے جامع مسجد اور اس کے اطراف جو تبدیلیاں واقع ہو رہی تھیں ان کا ذکر غالب نے تفصیل سے کیا ہے۔ اگر مکاتیب غالب سے ان تاریخی واقعات کو سلسلہ وار جمع کیا جائے تو غالب کے دور کی دلّی اور ہندوستان کی تاریخ مرتب ہو سکتی ہے۔

غالب کے مکتوبات میں ایک جہان آباد ہے۔ یہ محض فکر و اسالیب کی جدت طرازی نہیں بلکہ بقول رشید احمد صدیقی:

''دہلی کے شعر و ادب اور تاریخ و تہذیب کے لیے یہ خطوط
اپنے اندر بڑی بصیرت رکھتے ہیں''۔[21]

غالب نے 1857ء کے انقلاب میں دہلی اور ہندوستان کی تباہی اور بربادی کو بچشم خود دیکھا، محسوس کیا اور اسے ضائع ہونے سے بچالیا، مکتوبات میں محفوظ کیا اور 'دستنبو' میں درج کیا۔ یہ غالب کی شعوری اور ارادی کوشش تھی۔ یہاں غالب مورخ بھی ہیں اور تہذیب کے محافظ بھی۔ بہادر شاہ ظفر کی معزولی اور دلّی کی تباہی کا اثر اس قدر رہا کہ غالب کئی دنوں تک روتے رہے۔ پرانی دلّی، چاندنی چوک کے بازار کی

سبھی دکانیں نذر آتش ہوئیں۔

۲۲/ڈسمبر ۱۸۵۷ء کو سید مہدی لکھتے ہیں:

''چوک میں بیگم باغ کے سامنے حوض کے پاس جو کنواں تھا اس میں سنگ و خشت ڈال کر بند کردیا...... بلّی ماروں کے دروازے کے پاس کی کئی دکانیں ڈھا کر راستہ چوڑا کرلیا۔ شہر کی آبادی کا حکم خاص و عام کچھ نہیں ہے''۔۲۲؎

ایک اور خط میں شہر کی بربادی کا تفصیلی نقشہ کچھ یوں پیش کرتے ہیں:

''مصیبتِ عظیم یہ ہے کہ قاری کا کنواں بند ہوگیا۔ لال ڈگی کے کنوئیں یک قلم کھاری ہوگئے۔ خیر۔ کھاری ہی پانی پیتے، گرم پانی نکلتا ہے۔ پرسوں میں سوار ہوکر کنوؤں کا حال معلوم کرنے گیا تھا۔ مسجد جامع ہوتا ہوا راج گھاٹ دروازے کو چلا۔ مسجد جامع سے راج گھاٹ تک بے مبالغہ ایک صحرا لق و دق ہے۔ اینٹوں کے ڈھیر جو پڑے ہیں، وہ اگر اُٹھ جائیں تو ہُو کا مکان ہوجائے۔ یاد کرو، مرزا گوہر کے باغیچے کے اس جانب کوئی بانس نشیب تھا۔ اب وہ باغیچے کے صحن کے برابر ہوگیا۔ یہاں تک کہ راج گھاٹ کا دروازہ بند ہوگیا۔ فصلِ کنگورے کھلے رہے ہیں۔ باقی سب لُٹ گیا۔ کشمیری دروازے کا حال تم دیکھ گئے ہو۔ اب آہنی سڑک کے واسطے کلکتہ دروازے سے کابلی دروازے تک میدان ہوگیا۔ پنجابی کڑا، دھوبی واڑہ، رام جی گنج، سعادت خان کا کڑہ، جرنیل کی بی بی کی حویلی، رام جی داس گودام والے کے مکانات، صاحب رام کا باغ، حویلی، ان میں سے کسی کا پتہ نہیں

ملتا۔ قصہ مختصر شہر صحرا ہو گیا تھا۔ اب جو کنویں جاتے رہے اور پانی گوہرِ نایاب ہو گیا تو یہ صحرا صحرائے کربلا ہو جائے گا۔ اللہ اللہ دلّی نہ رہی اور دلّی والے اب تک یہاں کی زبان کو اچھا کہے جاتے ہیں۔ واہ رے حسنِ اعتقاد، ارے بندۂ خدا، اُردو بازار نہ رہا اُردو کہاں، دلّی کہاں، واللہ، اب شہر نہیں ہے، کمپ ہے، چھاؤنی ہے نہ قلعہ، نہ شہر، نہ بازار، نہ ہنر"۔ ۲۳

ایک اور خط میں غدر کے دوران جو پابندیاں دہلی والوں پر عائد کی گئی تھیں، اس کی بھی تفصیل یوں بیان کی ہے:

"بھائی کیا پوچھتے ہو، کیا لکھوں، دلی کی ہستی منحصر کئی نگاہوں پر ہے۔ قلعہ، چاندنی چوک، ہر روز مجمع، بازار مسجد جامع کا، ہر ہفتہ سہر جمنا کے پُل کی، ہر سال میلہ پھول والوں کا۔ یہ پانچوں باتیں اب نہیں، پھر کہو دلی کہاں، ہاں کوئی شہر قلمرو ہند میں اس نام کا تھا"۔ ۲۴

اس طرح غالب نے اپنے سینکڑوں خطوط میں دلی کا حال اور احوال لکھا ہے۔ اپنے دور کے حالات وواقعات قلم بند کیے ہیں۔ یوں خطوط غالب عصری تاریخ کے حامل بن گئے ہیں۔

آپ بیتی کا سا انداز

غالب کے خطوط میں ان کی شخصیت جھلکتی ہے۔ غالب نے جا بجا اپنے خطوط میں اپنے شخصی حالات اور واقعات بیان کیے ہیں۔ غالب نے اپنے مکاتیب میں اپنے بارے میں اتنا کچھ لکھ دیا ہے اور اس انداز میں لکھا ہے کہ اگر اس مواد کو سلیقہ سے ترتیب دیا جائے تو اس سے غالب کی ایک اچھی آپ بیتی اور سوانح ترتیب دی جاسکتی ہے۔ اردو ادب میں بطورِ صنف آپ بیتی اور سوانح نگاری کو رواج بعد میں ملا لیکن خطوطِ غالب میں آپ بیتی کے نمایاں نقوش ملتے ہیں۔ غالب نے یہ خط اپنی عمر کے آخری

حصے میں لکھے تھے۔اس لیے ان خطوط میں آخری دور کے حالات، ضعیفی، بیماری اور معاشی تنگی کا ذکر ملتا ہے۔غالب نے بیشتر خطوط میں اپنی بیماریوں اور معذوری کا ذکر کیا۔بعض خطوط میں انھوں نے اپنے گھر کے حالات، زین العابدین خاں عارف اوران کے بچوں کا ذکراور دیگر گھریلو حالات بیان کیے ہیں۔غالب کے خطوط میں کہانی کا رنگ پایا جاتا ہے۔غالب نے زندگی کے مختلف واقعات کو کہانی کے انداز میں پیش کیا ہے کہ پڑھنے والا ایک خط سمجھ کر نہیں بلکہ ایک کہانی کے طور پر اُن کے خطوط کو پڑھتا ہے۔غالب کے خطوط میں رپورتاژ نگاری کا انداز بھی ہے یعنی غالب خطوط میں نہ صرف واقعات وحالات بیان کرتے ہیں بلکہ ردِّعمل اور تاثرات بھی بیان کرتے جاتے ہیں۔جن کے مطالعے سے اندازہ ہوتا ہے کہ غالب خط نہیں لکھ رہے ہیں بلکہ کسی واقعے کی رپورٹ پیش کررہے ہیں۔خطوطِ غالب کی یہی وہ خوبیاں ہیں جوغالب کواپنے عہد میں اورآنے والے دور میں ممتاز بناتی ہیں۔

(۲)انحراف

مرزاغالب اپنے وقت کی ایک ایسی شخصیت ہیں جنھوں نے خطوط نگاری میں پرانے طریقے کوترک کرکے نیاراستہ اختیار کیا۔مطلب یہ کہ خطوط میں ایسے ایسے پرانئے قاعدے اوراصول وضع کیئے جواس سے پہلے نثر میں نظر نہیں آتے۔انھوں نے خطوط میں ایسا لب ولہجہ اپنایا جومنفرد بے تکلف اور برجستہ تھا۔اس کے علاوہ انھوں نے خطوط کوخارجیت کے بجائے داخلیت کا آئینہ دار بنایا۔اس سلسلہ میں حالی تحریر کرتے ہیں کہ

> ''مرزا کی اُردو خط وکتابت کا طریقہ فی الواقع سب سے نرالا ہے۔نہ مرزا سے پہلے کسی نے خط وکتابت میں یہ رنگ اختیار کیا اورنہ ہی ان کے بعد کسی سے اس کی پوری تقلید ہوسکی۔انھوں نے القاب وآداب کا پرانا اورفرسودہ طریقہ اور بہت سی باتیں جن کو مترسلین نے لوازم نگاری میں سے قرار دے رکھا تھا۔مگر درحقیقت فضول اوردورازکار تھیں سب اڑادیں''۔۲۵

مندرجہ بالا اقتباس کی روشنی میں کہا جاسکتا ہے کہ غالب نے خطوط میں القاب وآداب اور غیر ضروری باتوں کولکھنا بند کر دیا تھا۔لیکن اس معاملے میں یہ نہیں کہا جاسکتا ہے کہ انھوں نے القاب لکھنے سے بالکل پرہیز کیا کیوں کہ ان کے بعض خطوط میں القاب موجود ہیں۔ دراصل بات یہ ہے کہ ان کے زمانے میں لمبے لمبے القاب لکھنے کا ڈھنگ جو رواج پایا ہوا تھا اس کو چھوڑ کر انھوں نے چھوٹے چھوٹے القاب کولکھنا شروع کیا۔ یہ بھی کہا جاسکتا ہے کہ انھوں نے کہیں لقب کا لکھنا ضروری سمجھا اور اس کی ضرورت بھی محسوس نہیں کی اور براہِ راست خط کی ابتداء کر دی۔ غالب کے خطوط سے چھوٹے چھوٹے القاب کی مثالیں موجود ہیں۔

بغیر القاب کے خط لکھے۔

''آؤ مرزا تفتہ میرے گلے لگ جاؤ۔ بیٹھو اور میری حقیقت سنو''۔ ۲۶

''کوئی ہے۔ ذرا یوسف مرزا کو بلائیو۔ لو صاحب وہ آئے''۔ ۲۷

مرزا غالب نے ایک خط جو مشفق کے نام تحریر کیا ہے اس میں فرماتے ہیں کہ

''پیر و مرشد یہ خط لکھنا نہیں ہے، باتیں کرنی ہیں اور یہی سبب ہے کہ میں القاب وآداب نہیں لکھتا''۔ ۲۸

(۳) امتیازات

غالب کا خیال ہے کہ وہ اپنی تنہائی کو دور کرنے کے لئے خطوط کا سہارا لیتے ہیں۔ اسی لئے تو وہ خطوط میں ملاقات کا ماحول پیدا کر کے اپنی تنہائی کو بزم یاراں میں بدل دیتے ہیں۔ ایک خط میں تحریر کرتے ہیں کہ:

''میں اس تنہائی میں صرف خطوں کے بھروسے جیتا ہوں، یعنی جس کا خط آیا میں نے جانا کہ وہ شخص تشریف لایا۔ خدا کا احسان ہے کہ کوئی دن ایسا نہیں ہوتا کہ جو اطراف و جوانب سے دو چار خط نہیں آ رہتے ہوں بلکہ ایسا بھی دن ہوتا ہے کہ دو دو بار

ڈاک کا ہرکارہ خط لاتا ہے۔ایک تو صبح کواور ایک دوشام کومیری
دل لگی ہو جاتی ہے۔دن ان کے پڑھنے اور جواب لکھنے میں گزر
جاتا ہے۔ یہ کیا سبب دس دس بارہ بارہ دن سے تمہارا خط نہیں آیا
یعنی تم نہیں آئے''۔۲۹

منشی ہرگوپال تفتہ کو ہی ایک دوسرے خط میں اپنی تنہائی کا تذکرہ اور خط نہ لکھنے کی شکایت کو کس طرح بیان کرتے ہیں۔اقتباس ملاحظہ ہو۔

''کیوں صاحب مجھ سے کیوں خفا ہو، آج مہینہ بھر ہوگیا
ہوگا۔ یا بعد دو چار دن کے ہو جائے گا کہ آپ کا خط نہیں آیا۔
انصاف کرو کتنا کثیر الاحبابِ آدمی تھا۔کوئی وقت ایسا نہ تھا کہ
میرے پاس دو چار دوست نہ ہوتے ہوں اب زاید یاروں میں
ایک شیو.جی رام برہمن اور بال مکنڈ اس کا بیٹا یہ دو شخص ہیں کہ گاہ
گاہ آتے ہیں''۔۳۰

یعنی غالب خط کو ہی اپنے جینے کا سہارا اور ملاقات کا ایک ذریعہ سمجھتے ہیں۔

۱۸۵۷ء کی ناکام جنگ آزادی اور دہلی کی تباہی و بربادی نے غالب کے ذہن و دل کو بہت متاثر کیا۔ وہ بالکل تنہا ہو گئے تھے۔انھوں نے اس وقت اپنے دوستوں،عزیزوں اور احباب کو اُردو میں خطوط لکھے۔انھیں غدر اور دہلی کے حالات سے روشناس کروایا۔اکثر کھلے بندوں اور کبھی کبھی چھپے لفظوں میں اپنے عہد کے پورے حالات و واقعات پیش کر دیئے جس میں ہندوستان کی سیاسی اور تہذیبی تاریخ دیکھی جا سکتی ہے۔اس سلسلہ میں کچھ مثالیں پیش کی جاتی ہیں۔

''بھائی کیا پوچھتے ہو کیا لکھوں دلّی کی بستی منحصر کئی ہنگاموں پر
ہے۔قلعہ، چاندنی چوک، مسجد جامع کا ہر ہفتے سیر جمنا کے پُل
کی، ہر سال میلا پھول والوں کا۔ یہ باتیں اب نہیں پھر کہو دلّی

کہاں؟ ہاں کوئی شہر قلمرو ہند میں اس نام کا تھا''۔۳۱؎

''جناب مرزا صاحب دلّی کا حال تو یہ ہے کہ شعر گھر میں تھا کیا جو تراغم اسے نجات کرتا وہ جو رکھتے تھے ہم اک حسرت تعمیر سو ہے، یہاں دھرا کیا ہے۔ جو کوئی لوٹے گا وہ خبر محض غلط ہے اگر کچھ ہے تو بدیں قحط ہے کہ چند روز گوروں نے اہلِ بازار کو ستایا، اہلِ قلم اور اہلِ فوج نے باانصاف رائے ہم اگر ایسا بندوبست کیا ہے وہ فساد مٹ گیا اب امن وامان ہے''۔۳۲؎

''میر مہدی صبح کا وقت ہے۔ جاڑا خوب پڑ رہا ہے۔ انگیٹھی سامنے رکھی ہوئی ہے۔ دو حرف لکھتا ہوں، ہاتھ تاپتا جاتا ہوں۔ آگ میں گرمی نہیں، مگر ہائے آتشِ سیال کہاں کہ جب دو جرعہ پی لیے فوراً رگ و پے میں دوڑ گئی، دل توانا ہوگیا، دماغ روشن ہوگیا''۔۳۳؎

اس خط میں تیز جاڑا پڑنے کی بات کے علاوہ ایک بات یہ بھی سامنے آتی ہے کہ غالب شراب کے بھی شوقین تھے۔ شراب انھیں اچھی نثر لکھنے کی طاقت دیتی تھی۔ اس لئے انھوں نے اسے ذہن ودل کے لئے ایک بہترین غذا قرار دیا ہے۔ اسی طرح برسات کا حال ملاحظہ ہو:

''برسات کا حال نہ پوچھو، خدا کا قہر ہے۔ قاسم جان کی گلی سعادت خاں کی نہر ہے، میں جس مکان میں رہتا ہوں عالم بیگ خاں کے کڑہ کی طرف کا دروازہ گر گیا۔ مسجد کی طرف کے دالان کو جاتے ہوئے جو دروازہ تھا گر گیا۔ سیڑھیاں گرا چاہتی ہیں۔ صبح کے بیٹھنے کا حجرہ جھک رہا ہے۔ چھتیں چھلنی ہوگئی ہیں۔ مینھ گھڑی بھر برسے تو چھت گھنٹہ بھر برسے۔ کتابیں قلم دان سب توشہ خانہ

میں، فرش پر کہیں لگن رکھا ہوا، خط کہاں بیٹھ کر لکھوں'' ۔۳۴

ان خطوط کے پڑھنے سے یہ محسوس ہوتا ہے کہ جیسے ہم ان کے پاس کھڑے ہیں اور اس برسات کے منظر کو اپنی آنکھ سے دیکھ رہے ہیں۔ یہ غالب کا بہت اہم امتیاز معلوم ہوتا ہے کہ خط لکھتے لکھتے ایسا طریقہ اختیار کر لیتے ہیں جیسے دو آدمی روبرو باتیں کر رہے ہوں، لیکن غالب کا سب سے بڑا امتیاز ان کی تحریروں میں جو نظر آتا ہے وہ یہ کہ ان کے خطوط کے ذریعہ ان کی ذاتی زندگی اور گرد و پیش کے حالات و واقعات کا بخوبی اندازہ ہو جاتا ہے۔ جس کے بیان میں وہ خاصے بے باک نظر آتے ہیں اور وہ نرالے انداز میں اپنی مفلسی، رسوائی اور ناکامی پر ہنستے ہیں۔

''اپنا آپ تماشائی بن گیا ہوں، رنج و ذلّت سے خوش ہوتا ہوں۔ یعنی میں نے اپنے کو اپنا غیر تصور کیا ہے جو دکھ مجھے پہنچتا ہے کہتا ہوں کہ غالب کے ایک اور جوتی لگی۔ بہت اتراتا تھا کہ میں بہت بڑا شاعر اور فارسی داں ہوں آج دور دور تک میرا جواب نہیں۔ لے تو اب قرض داروں کو جواب دے۔ سچ تو یوں ہے کہ غالب کیا مرا، بڑا ملحد مرا، بڑا کافر مرا۔ ہم نے ازراہِ تعظیم جیسا بادشاہوں کو بعد اس کے ''جنت آرام گاہ'' و ''عرش نشیمن'' خطاب دیتے ہیں۔ چوں کہ یہ اپنے کو شاہ قلم روسخن جانتا تھا۔ ''سقر مقر'' اور ''ہاویہ زاویہ'' خطاب تجویز کر رکھا ہے۔ آئیے نجم الدولہ بہادر۔ ایک قرض دار کا گریباں میں ہاتھ ایک قرض دار بھوگ منا رہا ہے۔ میں ان سے پوچھ رہا ہوں۔ اجی حضرت نواب صاحب۔ نواب صاحب کیسے ہو۔ خان صاحب آپ سلجوقی اور افراسیابی نہیں۔ یہ کیا بے حرمتی ہو رہی ہے۔ کچھ تو اکسو، کچھ تو بولو، بولے، کیا بے حیا، بے غیرت کوٹھی سے شراب۔ گندھی

سے گلاب، میوہ فروش سے آم، صراف سے دام قرض لیے جاتا
ہے۔ یہ بھی تو سوچا ہوتا کہاں سے دوں گا''۔ ۳۵؎

یہ خط غالب کی فکر کے ایک انوکھے انداز کی جانب ہمیں توجہ دلاتا ہے جس میں وہ خود گریہ کرنے کے بجائے قہقہہ لگاتے ہیں۔ لیکن دوسروں کو گریہ کرنے پر مجبور کردیتے ہیں۔ یہاں وہ اپنی عظمت کو برقرار رکھتے ہیں۔اور یہی ان کی تحریر کا اہم عنصر بھی ہے۔ وہ بار بار یاد دلاتے رہتے ہیں کہ میں عظیم شاعر اور بڑا فارسی دان ہوں اور اس کے ساتھ ساتھ اپنا خطاب نجم الدولہ بہادر اور خود کو سلجوقی اور افراسیابی بتاتے ہوئے طنزیہ لہجہ اختیار کرتے ہیں کہ ان کے ساتھ زمانے نے کیسا سلوک کیا۔ اگر چہ اس خط میں غالب اپنی تعریف کے خوب خوب پہلو نکالتے ہیں۔

غالب کا اُسلوب۔ مکاتیبِ غالب کی روشنی میں

غالب کا نثری اسلوب ان کے مکاتیب سے جھلکتا ہے چونکہ اردو نثر کے سرمایے میں غالب کے خطوط ہی زیادہ ہیں لہٰذا ان کے مطالعہ سے ہمیں ان کے اسلوب کی مختلف خصوصیات کا پتہ چلتا ہے۔ غالب بنیادی طور پر شاعر تھے اور نثر نگاری اس وقت شروع کی تھی جبکہ اردو میں داستان نگاری کا خاتمہ ہو رہا تھا اور میر امن کی ''باغ و بہار'' اور دہلی کالج کی اردو نثر کو سادگی عطا کرنے کی کوشش شروع ہو رہی تھی۔ اس لیے غالب کے مکاتیب میں ان کے اسلوب کی نمایاں خصوصیت مقفّی و مسجع عبارت آرائی ہے۔ جس کی مثالیں جا بجا اُن کے مکاتیب سے جھلکتی ہیں۔ غالب نے شاعری کی طرح نثر میں بھی شاعرانہ انداز اختیار کیا۔ چودھری عبدالغفور سرور کے نام غالب نے جو خط لکھا اُس سے قافیہ پیمائی جھلکتی ہے۔ غالب لکھتے ہیں:

> ''دستخط دیکھ کر مغموم ہوا۔ خط کے پڑھنے سے معلوم ہوا کہ تمہارے دشمن بہ عارضۂ تپ ولرزہ رنجور ہیں۔ اللہ اللہ ضعف کی یہ شدت کہ خط کے لکھنے سے معذور ہیں۔ خدا وہ دن دکھائے کہ تمہارا خط تمہارے دستخطی آئے۔ سر نامہ دیکھ کر دل کو فرحت ہو۔

خط پڑھ کر دونی مسرت ہو۔ جب تک ایسا خط نہ آئے گا۔ دلِ
سودازدہ آرام نہ پائے گا۔ قاصد ڈاک کی راہ دیکھتا رہوں گا۔
جنابِ ایزدی میں سرگرمِ دعا رہوں گا''۔ ۳۶

غالب کے اس خط کو پڑھنے سے اندازہ ہوتا ہے کہ نثر میں قافیہ پیمائی برتی گئی لیکن کہیں بھی یہ اندازہ نہیں ہوتا کہ غالب نے قافیہ پیمائی کی خاطر موضوع کا گلا گھونٹا ہے۔ غالب مقفیٰ عبارت لکھتے ہوئے پورا خیال رکھتے تھے کہ اصل مقصد فوت نہ ہوجائے اس کے برخلاف نثر دل نشین ہوجائے۔ غالب کے ایسے اُردو خطوط کی تعداد بہت کم ہے جو پورے کے پورے مقفیٰ ہوں عام طور سے خط میں دو تین فقرے ہی مقفیٰ ہوتے ہیں اور برجستہ استعمال کے سبب نثر کے حسن میں اضافہ کردیتے ہیں۔ غالب کو مکتوب نگاری پسند تھی لیکن وہ اردو اور فارسی نثر لکھنے میں کتراتے تھے وجہ یہی تھی کہ مکتوب نگاری میں ذہنی آزادی ہوتی تھی جبکہ نثر نگاری میں موضوع سے متعلق اہم باتیں پیش کرنا ہوتا تھا جس سے ذہن پر بوجھ پڑتا تھا۔ غالب کے اُسلوب کی دوسری اہم خصوصیت چھوٹے چھوٹے جملوں کا استعمال ہے۔ غالب کے اسلوب کی یہ اور دیگر خصوصیات بیان کرتے ہوئے خلیق انجم لکھتے ہیں:

''غالب کے چھوٹے جملے عام طور سے چار لفظوں سے لے کر سات لفظوں تک ہوتے ہیں وہ جملہ طویل ہوتا ہے جس میں وضاحت کے طور پر فقرے شامل ہوتے ہیں۔ غالب کے بیشتر خطوط تقریر اور تحریر کے درمیان کی چیز ہیں۔ ندائیہ الفاظ۔ بیانیہ اور خطیبانہ انداز اختیار کرکے غالب اپنے خطوط کو تقریر اور گفتگو سے اتنا قریب کردیتے ہیں کہ مجلسی اور اجتماعی فضاء پیدا ہوتی ہے اور ایسا محسوس ہونے لگتا ہے کہ غالب مکتوب الیہ ہی کو نہیں بلکہ بہت سے افراد کو مخاطب کررہے ہیں۔ ان خطوط میں غالب روز مرہ محاوروں، کہاوتوں، تشبیہوں، استعاروں، فارسی ترکیبوں اور

اردو و فارسی شعروں کا استعمال اس لیے نہیں کرتے کہ انھیں اپنی تخلیقی صلاحیتوں کا اظہار مقصود ہے بلکہ اس لیے کرتے ہیں کہ وہ اپنی بات زیادہ سے زیادہ وضاحت کے ساتھ اور مؤثر طریقے سے مکتوب الیہ تک پہنچانا چاہتے ہیں۔ اسی کوشش میں خطوطِ غالب کے ادبی حسن کو چمکایا ہے اور اُن کی آواز میں وہ انفرادیت پیدا کی ہے کہ آج بھی ہزاروں آوازوں میں اُن کی آواز اپنی شناخت قائم کی ہوئی ہے''۔۳۷

غالب نے اپنے مکاتیب میں تشبیہوں، استعاروں، علامتوں اور تمثیلوں کا مؤثر طریقے سے استعمال کیا ہے۔ غالب استعارے کے استعمال سے پورا واقعہ اور اس سے متعلق اپنی ذہنی اور جذباتی کیفیت بیان کر دیتے ہیں۔ نواب انورالدولہ شفق کو لکھتے ہیں ''نہ تم میری خیر لے سکتے ہو نہ میں تم کو مدد دے سکتا ہوں۔ اللہ اللہ دریا سارا تیر چکا۔ ساحل نزدیک ہے۔ دو ہاتھ لگائے اور بیڑا پار ہے''۔ ان جملوں میں غالب نے زندگی کیلئے دریا کا استعارہ بڑی خوبی سے استعمال کیا ہے۔ غالب نے اپنی مصیبتوں کے بیان کو بھی دلچسپ انداز میں پیش کیا ہے۔ جب اُن کے جسم پر بہت زیادہ پھوڑے ہو گئے تھے تب میاں دادخاں سیاح کے نام لکھے گئے خط میں غالب لکھتے ہیں: ''اشعار کی اصلاح سے میں نے ہاتھ اٹھایا کیا کروں۔ ایک برس سے عوارضِ فسادِ خون میں مبتلا ہوں۔ بدن پھوڑوں کی کثرت سے سروِ چراغاں ہو گیا ہے''۔ عوارضِ فساد خون اور سروِ چراغاں جیسے تشبیہات غالب کی شگفتہ مزاجی اور زندہ دلی کا ثبوت ہے جس سے اُن کے اسلوب میں انفرادیت پیدا ہوئی۔ غالب نے شاعری کے انداز میں نثر میں بھی افعال کے استعمال میں جدت پیدا کی ہے اور ایک ہی جملے میں دو دو افعال بیان کرتے ہوئے دلچسپی پیدا کی ہے۔ جیسے حاتم علی مہر کے خط میں لکھا کہ ''ناچار مسّی بھی چھوڑ دی اور داڑھی بھی''۔ میر مہدی مجروح کے نام لکھے گئے خط میں لکھتے ہیں ''تونگر غرور سے مفلس سردی سے اکڑ رہا ہے''۔ غالب کے اسلوب میں محاوروں اور کہاوتوں کا استعمال بہت کم ہوا ہے۔ جہاں بھی کیا بے ساختہ اور برجستہ طور پر

کیا۔اس سے اُن کے نثری اسلوب میں شگفتگی، سلاست اور بے تکلفی پیدا ہوئی ہے۔غالب کے خطوط میں جو محاورے استعمال ہوئے ہیں ان کی کچھ مثالیں اس طرح ہیں۔

''دیکھا اس پنشن قدیم کا حال۔میں تو اس سے ہاتھ دھوئے بیٹھا ہوں''۔

''مجھے تو دربار و خلعت کے لالے پڑے ہیں تم کو پنشن کی فکر ہے''۔

''خزانے سے روپیہ آ گیا ہے۔میں نے آنکھ سے دیکھا ہو تو آنکھیں پھوٹیں''۔

''اب جو کبھی مجھ کو وہ اپنا رنگ یاد آتا ہے تو چھاتی پر سانپ سا پھر جاتا ہے''۔۳۸

غالب نے اپنے مکاتیب میں رنگ بھرنے کیلئے جا بجا اُردو اور فارسی اشعار کا استعمال کیا ہے۔اکثر اپنے اشعار استعمال کئے اور کبھی دوسروں کے۔بعض مرتبہ موقع محل کے اعتبار سے غالب نے فی البدیہہ نئے شعر بھی کہے۔غالب نے صوفی منیری کو لکھے گئے خط میں اپنی ضعیفی اور صحت کی خرابی کا ذکر کرنے کے بعد یہ شعر لکھا:

''عمر بھر دیکھا کیے مرنے کی راہ　　　مر گئے غیر دیکھئے دکھلائیں کیا''

میاں داد خاں سیاح کے نام لکھے گئے خط میں اپنی صحت کی خرابی کا ذکر کرنے کے بعد غالب نے برجستہ انداز میں ذوق کا یہ شعر نقل کیا ہے:

اب تو گھبرا کے یہ کہتے کہ مر جائیں گے　　　مر کے بھی چین نہ پایا تو کدھر جائیں گے

غالب نے واقعہ نگاری اور مرقع نگاری کے ذریعہ بھی اپنے اسلوب میں دلچسپی پیدا کی۔ رامپور میں قیام کے دوران انھوں نے علاء الدین خاں علائی کو لکھے گئے خط میں نواب کلب علی خاں کا سراپا اس انداز میں بیان کیا ہے:

''رئیس کی تصویر کھینچتا ہوں : قد۔رنگ، شکل، شمائل
بعینہ بھائی ضیاء الدین خاں۔عمر کا فرق، اور کچھ کچھ چہرہ اور لحیہ
متفاوت۔حلیم و خلیق۔باذل۔کریم۔متواضع۔متشرع۔متورع
۔شعر فہم، سینکڑوں شعر یاد۔نظم کی طرف توجہ نہیں، نثر لکھتے ہیں اور

> خوب لکھتے ہیں۔ جلالائے طباطبائی کی طرز برتتے ہیں۔ شگفتہ جبیں ایسے کہ اُن کے دیکھنے سے غم کوسوں بھاگ جائے۔ فصیح بیان ایسے کہ اُن کی تقریر سن کر ایک اور نئی روح قالب میں آئے۔ اَللّٰھُمَّ اقْدُرْ زَا وَہٗ ملاجَ لَہٗ“۔[۳۹]

غالب نے اپنے خطوط میں جا بجا اپنی شخصیت کا اظہار کیا ہے اور اپنی ضعیفی اور بیماری کے بیان سے ظرافت بھی پیدا کی ہے۔ حاتم علی مہر کے نام لکھے گئے خط میں غالب نے اپنی ذات کا مضحکہ اس انداز میں اُڑایا ہے:

> ”جب ڈاڑھی مونچھ میں سفید بال آ گئے، تیسرے دن چیونٹی کے انڈے گالوں پر نظر آنے لگے۔ اس سے بڑھ کر یہ ہوا کہ آگے کے دو دانت ٹوٹ گئے۔ ناچار مسّی بھی چھوڑ دی اور ڈاڑھی بھی۔ مگر یہ یاد رکھئے کہ اس بھونڈے شہر میں ایک وردی ہے عالم، ملا، حافظ، سیاطی، پنچہ بند، دھوبی، سقّا، بھٹیارہ، جولاپا، کنجڑا، منہ پر ڈاڑھی، سر پر بال، فقیر نے جس دن ڈاڑھی رکھی، اُسی دن سر منڈوایا“۔[۴۰]

غالب نے پُر لطف اندازِ گفتگو اور لطیفوں کے ذریعہ بھی اپنے اُسلوب کو دلکش بنایا ہے۔ اُن کے مزاج میں شگفتگی پائی جاتی ہے فحاشی نہیں۔ اُن کے خطوط میں کہیں کہیں معمولی اور سطحی قسم کی ظرافت بھی ملتی ہے جس کا مقصد محض ہنسنا ہنسانا ہے۔ علاء الدین خاں علائی کے نام لکھے گئے خط میں انھوں نے مہینوں کے نام سے مزاح پیدا کرنے کی کوشش کی ہے۔ غالب لکھتے ہیں کہ ”لو صاحب وہ مرزا رجب بیگ مرے ان کی تعریف آپ نے نہ کی۔ شعبان بیگ پیدا ہو گئے۔ کل اُن کی چھٹی ہو گئی آپ شریک نہ ہوئے“۔ ہرگوپال تفتہ کے نام لکھے گئے خط میں خط نہ آنے کی شکایت کرتے ہوئے غالب لکھتے ہیں ”کیوں صاحب کیا یہ آئین جاری ہوا ہے کہ سکندر آباد کے رہنے والے دلّی کے خاک نشینوں کو خط نہ

لکھیں۔ بھلا اگر یہ حکم ہوا ہوتا تو یہاں بھی تو یہ اشتہار ہو جاتا کہ زنہار کوئی خط سکندر آباد کو یہاں کی ڈاک میں نہ جائے''۔ غالب کے اُسلوب میں مزاحیہ عناصر کی موجودگی پر تبصرہ کرتے ہوئے خلیق انجم لکھتے ہیں:

''غالب کی ظرافت زندگی سے مفاہمت کے جذبے کے تحت پیدا ہوئی ہے وہ اپنی تمناؤں اور اُمیدوں کی ناکامی پر قہقہے لگانے کا حوصلہ رکھتے ہیں۔ وہ نہ صرف اپنی کمزوریوں اور صعوبتوں کا بے باکانہ اظہار کرتے ہیں بلکہ ان کا مذاق اُڑاتے ہیں اُن پر ہنستے ہیں اور ہمیں ہنسنے کی ترغیب دیتے ہیں۔ شاعری میں عرش سے پرے ایک مکان کا متمنی، خطوں میں ایک عام انسان نظر آتا ہے۔ ایک ایسا انسان جس کے پیر زمین پر مضبوطی سے جمے ہوئے ہیں اور جو مصائب و آلام کی تاریکیوں میں زندہ دلی اور شگفتگی کی پھلجھڑیاں چھوڑتا دکھائی دیتا ہے''۔[۱۴]

غالب نے اپنے خطوں میں جابجا دلّی کی بربادی اور جاگیرداری نظام کے خاتمے پر غم کا اظہار کیا ہے اور انگریزوں کے لائے ہوئے نئے نظام پر تعجب کا اظہار کیا ہے۔ انھوں نے اکثر اپنے خطوں میں جامع مسجد کے اطراف کے حالات بیان کئے ہیں۔ میر مہدی مجروح کے نام لکھے گئے خط میں غالب نے لکھا کہ ''جامع مسجد کے گرد پچیس پچیس فٹ گول میدان نکلے گا۔ دکانیں حویلیاں ڈھائی جائیں گی۔ دارالبقا فنا ہو جائے گا، رہے نام اللہ کا''۔ غالب نے اکثر خطوط میں کسی کی وفات پر تعزیتی جملے بھی کہے ہیں جو سرسری نوعیت کے ہوتے تھے۔ غالب کو تعزیتی خط لکھنے میں مشکل پیش آتی تھی۔ اس کی وجہ یہ ہے کہ غالب موت کے ذکر سے گھبراتے تھے۔ حکیم غلام نجف خاں کو لکھے گئے خط میں غالب لکھتے ہیں:

''کثیر الاحباب شخص ہوں۔ سینکڑوں بلکہ ہزاروں دوست

اس باسٹھ برس میں مرگئے۔ خصوصاً اس فتنہ وآشوب میں تو شاید
کوئی میرا جاننے والا نہ بچا ہوگا۔ اس راہ سے مجھ کو جو دوست باقی
ہیں بہت عزیز ہیں واللہ دعا مانگتا ہوں کہ اب ان احیاء میں سے
کوئی میرے سامنے نہ مرے۔ کیا معنی کہ جو میں مروں تو کوئی میرا
یادکرنے والا اور مجھ پر رونے والا بھی تو دنیا میں ہو"۔۴۲

غالب کے اسلوب کی یہ خصوصیات اردو نثر میں انھیں منفرد مقام عطا کرتی ہے۔ ان کا اسلوب انشاپردازی کا اچھا نمونہ ہے۔ غالب کے خطوط میں سے اگر آداب والقاب نکال دیئے جائیں تو بیشتر خطوں کا درمیانی حصہ اردو انشائیوں کی اچھی مثال قرار پاتا ہے۔ مجموعی طور پر مکتوب نگاری میں غالب کا اُسلوب مقفٰی و مسجع عبارت آرائی، تشبیہوں واستعاروں کا استعمال، شگفتہ اور ظریفانہ اندازِ گفتگو، چھوٹے جملوں میں بات کہنا، دہلی کی معیاری زبان کا استعمال، نثر میں اشعار واقعات اور لطیفوں کا استعمال وغیرہ خصوصیات کے سبب انفرادی حیثیت اختیار کرجاتا ہے۔ غالب کے اسلوب کی ایک خصوصیت یہ بھی ہے کہ غالب کی شاعری اور اُن کی نثر سے واقف کسی شخص کے سامنے اگر اُن کی نثر کا کوئی حصہ بغیر مصنف کے نام کے پیش کردیا جائے تو پڑھنے کے بعد وہ فوری کہے گا کہ یہ تو غالب کا سا اندازِ تحریر ہے۔ یہی اُن کے اسلوب کی انفرادیت ہے جس کے سبب اُردو نثر کی تاریخ میں غالب اونچا مقام رکھتے ہیں۔ غالب نے مکتوب نگاری اور اسلوب میں جو نیرنگی، شگفتگی اور دل کشی کے ذریعہ انفرادیت پیدا کی تھی وہ غالب کا مخصوص طرزِ بیان تھا جو اُن سے شروع ہوا اور ان ہی پر ختم ہوا لیکن مکاتیب غالب اور اُن کے دلکش اسلوبِ نگارش کا عام فائدہ یہ بھی ہوا کہ آگے چل کر مکتوب نگاری میں سادگی و بے تکلفی پیدا ہوئی اور روایتی خط لکھنے کے بجائے لوگوں نے اپنے خطوں میں فکر وفلسفہ اور کام کی باتیں پیش کیں۔ ابوالکلام آزاد کے خطوط اس بات کی اچھی مثال ہیں۔

خطوط غالب کا جائزہ

غالب کے خطوط بنام منشی ہر گوپال تفتہ

غالب نے اپنے جن احباب کو خط لکھے۔ ان میں سب سے زیادہ خط منشی ہر گوپال تفتہ کو لکھے۔ خلیق انجم نے اپنی کتاب ''غالب کے خطوط'' جلد اوّل میں منشی ہر گوپال تفتہ کے نام غالب کے لکھے گئے ۱۲۳ خط شامل کیے ہیں۔ غالب کے خط لکھنے کے انداز کے بارے میں یہ بات مشہور ہے کہ انھوں نے آداب والقاب کا روایتی طریقہ بالکل ہی ختم کر دیا تھا۔ وہ سیدھے خط شروع کر دیتے تھے۔ کبھی صاحب، کبھی بھائی یا مہاراج اور کبھی سیدھے خط شروع کر دیتے تھے۔ غالب کے ہر گوپال تفتہ کے نام لکھے گئے ابتدائی زمانے کے ایک اردو خط کا آغاز اس طرح ہوتا ہے:

> ''صاحب!
>
> دوسرا پارسل جس کو تم نے بہ تکلف خط بنا کر بھیجا ہے پہنچا۔ نہ اصلاح کو جگہ۔ نہ تحریرِ سطور کا پیچ و تاب سمجھ میں آتا ہے۔ تم نے الگ الگ دو ورقے پر کیوں نہ لکھا۔ اور چھدرا چھدرا کیوں نہ لکھا۔ ایک آدھ دو ورقہ زیادہ ہو جاتا تو ہو جاتا۔ بہرحال اب مجھے چُننے پڑے ہیں۔ سوالات۔ اگر کوئی سوال میری نظر نہ پڑے اور رہ جائے تو سطور کی موڑ توڑ کا گناہ سمجھنا۔ میرا قصور نہ جاننا''۔۴۳

غالب کے اس اندازِ مکتوب نگاری سے اندازہ ہوتا ہے کہ وہ خط نہیں لکھ رہے ہیں بلکہ سامنے بیٹھے کسی شخص سے گفتگو کر رہے ہیں۔ اس خط میں نثر میں غالب نے شاعرانہ انداز استعمال کیا ہے اور ''چھدرے چھدرے'' لفظ استعمال کیا ہے جس سے اندازہ ہوتا ہے کہ غالب بلند پایہ شاعر ہونے کے باوجود اپنے خطوں میں دہلی کے عام الفاظ بھی استعمال کرتے تھے۔

منشی ہرگوپال تفتہ کے نام ۱۸/ جون ۱۸۵۲ء کو لکھے گئے خط میں غالب نے درد بھرے انداز میں زین العابدین خاں کے انتقال کے بعد ان کے بچوں کی پرورش کی ذمہ داری کا ذکر کیا ہے۔ غالب اس خط میں لکھتے ہیں:

> ''کاشانۂ دل کے ماہِ دو ہفتہ۔ منشی ہرگوپال تفتہ۔ تحریر میں کیا کیا سحر طرازیاں کرتے ہیں۔ اب ضرور آ پڑا ہے کہ ہم بھی جواب اسی انداز سے لکھیں۔ سنو صاحب۔ یہ تم جانتے ہو کہ زین العابدین خاں مرحوم میرا فرزند تھا اور اب اس کے دونوں بچے کہ وہ میرے پوتے ہیں میرے پاس آ رہے ہیں اور دم بہ دم مجھ کو ستاتے ہیں اور میں تحمل کرتا ہوں۔ خدا گواہ ہے کہ میں تم کو اپنے فرزند کی جگہ سمجھتا ہوں۔ پس تمہارے نتائجِ طبع میرے معنوی پوتے ہوئے۔ جب اُن عالمِ صورت کے پوتوں سے کہ مجھے کھانا نہیں کھانے دیتے۔ مجھ کو دوپہر کو سونے نہیں دیتے۔ ننگے ننگے پاؤں میرے پلنگ پر رکھتے ہیں۔ کہیں پانی لڑھاتے ہیں کہیں خاک اُڑاتے ہیں۔ میں نہیں تنگ آتا............ حق تعالیٰ تمہارے عالمِ صورت کے بچوں کو جیتا رکھے اور ان کو دولت و اقبال دے اور تم کو ان کے سر پر سلامت رکھے''۔ ۴۴

اس خط میں پیش کردہ غالب کے جذبات سے اندازہ ہوتا ہے کہ انھوں نے اپنی معنوی اولاد

زین العابدین خاں مرحوم کے بچوں سے بے انتہا محبت کا اظہار کیا اور ان کی حتی المقدور پرورش کی۔ غالب مسلسل خط لکھتے تھے اور ان خطوں کے درمیان واقعات کا تسلسل بھی ہوتا تھا۔۱۰/ ڈسمبر ۱۸۵۲ء کو لکھے گئے خط میں جئے پور کے واقعہ کا ذکر کیا اور اس بات پر افسوس کیا کہ انگریز حکومت میں جہاں ان کا نام تھا وہیں اب بدنامی ہوگئی ہے۔ غالب نے یہ کہتے ہوئے اس واقعہ کی طرف اشارہ کیا جبکہ فریزر کے قتل کے سلسلہ میں انھیں بھی سازشی سمجھا گیا تھا۔۲/ مارچ ۱۸۵۴ء کو منشی ہرگوپال تفتہ کے نام لکھے گئے خط میں غالب نے اپنی بیماری کا ذکر کیا۔ چنانچہ وہ لکھتے ہیں:

''چار دن سے لرزے میں مبتلا ہوں اور مزہ یہ ہے کہ جس دن سے لرزہ چڑھا ہے کھانا مطلق میں نے نہیں کھایا۔ آج پنجشنبہ پانچواں دن ہے نہ کھانا دن کو میسر ہے اور نہ رات کو شراب۔ حرارت مزاج میں بہت ہے۔ ناچار احتراز کرتا ہوں بھائی۔ اس لطف کو دیکھو کہ پانچواں دن ہے کھانا کھائے ہرگز بھوک نہیں لگی اور طبیعت غذا کی طرف متوجہ نہیں ہوئی...... بعد اچھے ہونے کو ان کو دیکھوں گا اور تم کو بھیج دوں گا اتنی سطریں مجھ سے بہ ہزار جر ثقیل لکھی گئی ہیں''۔[45]

غالب کے اس اندازِ مکتوب نگاری سے اندازہ ہوتا ہے کہ اکثر انھوں نے دوست احباب سے اپنے حال چال بیان کئے ہیں۔ یہ انسان کی فطرت ہوتی ہے کہ جب وہ بیمار ہوتا ہے یا مصیبت میں پڑتا ہے تو وہ دوسروں سے اپنے حالات سنا کر پُرسکون محسوس کرتا ہے۔
ایک اور خط میں بیماری کے احوال بیان کرتے ہوئے غالب نے لکھا کہ:

بیمار کیا ہوا۔ توقع زیست کی نہ رہی۔ قولنج اور پھر ایسا شدید کہ پانچ پہر مرغِ نیم بسمل کی طرح تڑپا کیا۔ آخر عصارۂ ریوند اور ارنڈی کا تیل پیا۔ اس وقت تو بچ گیا...... آج صبح کو بعد دوا پینے کے تم کو یہ خط لکھا ہے یقین تو ہے کہ آج پیٹ بھر کر روٹی کھا سکوں گا۔

اس طرح غالب نے موقع بہ موقع دوستوں سے اپنے احوال بیان کیئے۔

۷/ ستمبر ۱۸۵۸ء کو منشی ہرگوپال تفتہ کے نام لکھے گئے ایک خط میں غالب نے نسخے لکھے جانے کیلئے کاغذ، سیاہی اور طریقہ تحریر کے بارے میں بعض فنی باتیں بیان کی ہیں۔ غالب لکھتے ہیں:

> ''کاغذ کے باب میں یہ عرض ہے کہ فرنچ کاغذ اچھا ہے۔ چھ جلدیں جو نذرِ احکام ہیں، وہ اس کاغذ پر ہوں اور باقی چاہو شیورام پوری پر اور چاہو نیلے کاغذ پر چھاپو اور یہ بات کہ دو جلدیں جو ولایت جانے والی ہیں، وہ اُس کاغذ پر چھاپی جائیں اور باقی شیورام پوری پر یا ٹیلے کاغذ پر، یہ تکلفِ محض ہے۔ یہاں کے حاکموں نے کیا کیا ہے کہ اُن کی نذر کی کتابیں اچھے کاغذ پر نہ ہوں، مگر جو ایسا ہی صرف اور خرچ زائد پڑتا ہو، تو خیر، دو جلدیں اس کاغذ پر چار جلدیں شیورام پوری پر ہوں۔ باقی جلدوں میں تمہیں اختیار ہے ہاں صاحب، اگر ہو سکے تو کاپی کی سیاہی ذرا اور سیاہ اور رخشندہ ہو اور آخر تک رنگ نہ بدلے''۔[۴۶]

غالب ضعیفی۔ بیماری اور معاشی تنگی کے سبب اخیر عمر میں زندگی سے مایوس ہو گئے تھے۔ جس کا ذکر انھوں نے اپنے خطوط میں بھی کیا۔ ۱۹/ ڈسمبر ۱۸۵۸ء کو ہرگوپال تفتہ کے نام لکھے گئے خط میں انھوں نے اس طرح کی مایوسی کا ذکر کیا ہے:

> ''مجھ کو دیکھو کہ نہ آزاد ہوں۔ نہ مقید۔ نہ رنجور ہوں نہ تندرست نہ خوش ہوں نہ ناخوش۔ نہ مردہ ہوں نہ زندہ۔ جیے جاتا ہوں۔ باتیں کیے جاتا ہوں۔ روٹی روز کھاتا ہوں۔ شراب گاہِ گاہِ پیے جاتا ہوں جب موت آئے گی مر رہوں گا۔ نہ شکر ہے نہ شکایت ہے۔ جو تقریر ہے بہ سبیلِ حکایت ہے۔ بارِ جہاں رہو

جس طرح رہو۔ ہر ہفتہ میں ایک بار خط لکھا کرو''۔ ۴۷

غالب کے خطوط میں جا بجا ان کے جذبات کی عکاسی ملتی ہے۔ ایسا لگتا ہے کہ وہ خط لکھ کر اور خط کے جواب پڑھ کر سکون و مسرت محسوس کرتے تھے۔ ۲۷/ ڈسمبر ۱۸۵۸ء کے خط میں ہر گو پال تفتہ کو خط لکھتے ہوئے غالب بڑے جذباتی ہو جاتے ہیں:

''کیوں صاحب!

روٹھے ہی رہو گے یا کبھی منو گے بھی؟ اور اگر کسی طرح نہیں منتے روٹھنے کی وجہ تو لکھو۔ میں اس تنہائی میں صرف خطوں کے بھروسے جیتا ہوں۔ یعنی جس کا خط آیا، میں نے جانا کہ وہ شخص تشریف لایا۔ خدا کا احسان ہے کہ کوئی دن ایسا نہیں ہوتا، جو اطراف و جوانب سے دو چار خط نہیں آ رہتے ہوں بلکہ ایسا بھی دن ہوتا ہے کہ دو دو بار ڈاک کا ہرکارہ خط لاتا ہے۔ ایک دو صبح کو اور ایک دو شام کو۔ میری دل لگی ہو جاتی ہے۔ دن اُن کے پڑھنے اور جواب لکھنے میں گزر جاتا ہے۔ یہ کیا سبب دس دس بارہ بارہ دن سے تمہارا خط نہیں آیا یعنی تم نہیں آئے۔ خط لکھو، صاحب۔ نہ لکھنے کی وجہ لکھو۔ آدھ آنے میں بخل نہ کرو۔ ایسا ہی ہے تو بیرنگ بھیجو''۔ ۴۸

غالب نے اپنے خطوط میں اپنے روز مرّہ زندگی کے حالات اور پنشن کے سلسلہ میں کی گئی کارروائیوں کا بھی ذکر کیا ہے۔ ایسے ہی ایک خط میں انھوں نے ہر گو پال تفتہ کو لکھا کہ لارڈ کیننگ صاحب میرا دربار و خلعت بند کر گئے۔ یہ ۱۸۶۳ء کی بات تھی۔ بعد میں لیفٹننٹ گورنر پنجاب دہلی آئے تھے انھوں نے میرٹھ میں دربار لگایا تھا اور غالب کو طلب کیا تھا۔ غالب کو فکر تھی کہ سفر کیونکر ممکن ہو۔ دوسری طرف قصیدے کی فرمائش تھی جس کو وہ پورا نہیں کر سکے تھے۔ یہ اور اس طرح کے روز مرّہ کے

واقعات انھوں نے اپنے دوست کو لکھے۔ایک خط میں ایک انگریز افسر ریٹی گن صاحب کی جانب سے انگریزی میں ہندوستان کے شعراء کا تذکرہ لکھنے کی فرمائش اور اس کے لیے غالب سے مدد کا ذکر کیا گیا ہے۔انگریز افسر نے غالب سے فرمائش کی تھی کہ وہ ان شعراء کا حال لکھیں جو وہ جانتے ہیں۔غالب کہتے ہیں کہ میں نے ۱۶ آدمی کے احوال لکھے جس میں منشی ہرگوپال تفتہ کے علاوہ دیگر کا ذکر ہے۔غالب اپنے احوال اس طرح لکھتے ہیں:

''نواب ضیاء الدین احمد خان بہادر رئیس لوہارو فارسی اور اُردو دونوں زبانوں میں شعر کہتے ہیں۔فارسی میں نیّر اور اردو میں رخشاں تخلص کرتے ہیں۔اسداللہ خاں غالب کے شاگرد۔نواب مصطفیٰ خاں بہادر علاقہ دار جہاں گیر آباد اردو میں شیفتہ اور فارسی میں حسرتی تخلص کرتے ہیں اردو میں مومن خان کو اپنا کلام دکھاتے تھے۔منشی ہرگوپال معزز قانون گو سکندر آباد کے فارسی شعر کہتے ہیں تفتہ تخلص کرتے ہیں اسداللہ خاں غالب کے شاگرد ہیں۔اصل یہ ہے کہ تذکرہ انگریزی زبان میں لکھا جاتا ہے۔اشعارِ ہندی اور فارسی کا ترجمہ شامل نہ کیا جائے۔صرف شاعر کا اور اس کے استاد کا نام۔شاعر کے مسکن و وطن کا نام معہ تخلص درج ہوگا۔خدا کرے کچھ تم کو فائدہ ہو جائے ورنہ بظاہر سوائے درد ہونے نام کے اور کسی بات کا احتمال نہیں''۔۴۹

غالب نے اس خط میں تذکرہ نویسی کے کچھ اُصول بیان کئے اور عملی طور پر دو تین شعراء کے احوال لکھ کر بتایا اور یہ بھی لکھا کہ اشعار کا ترجمہ نہ لکھا جائے۔غالب کے دور میں اور اس سے پہلے تذکرہ نویسی شروع ہوگئی تھی اور اس میں تذکرہ نویس اپنے انداز میں شعراء کے حالات جمع کرنے لگے تھے۔ ۱۸۶۶ء کے ایک خط میں غالب نے اپنے مسائل کا ذکر کرتے ہوئے دو شعر لکھے ہیں جو اس طرح ہیں:

کھچڑی کھائی۔ دل بہلائے
کپڑے پھاڑے گھر کو آئے
تاب لائے ہی بنے گی غالب
واقعہ سخت ہے اور جان عزیز

اس خط میں غالب کے رامپور جانے اور مراد آباد پہنچ کر بیمار ہونے کا ذکر ہے۔

تفتہ کے نام لکھے گئے بیشتر خطوط میں شاعری اور قصائد کی اصلاح کا ذکر ہے۔ اکثر خطوط سابقہ خط کے حوالے سے جواب میں لکھے گئے اور کبھی خود غالب نے پہل کی۔ جیسا کہ کہا گیا ہے غالب نے اپنی مکتوب نگاری میں اردو اِملا پر توجہ دی تھی اور وہ چاہتے تھے کہ لوگ بھی سند یافتہ زبان استعمال کریں۔ زبان و بیان کے جھگڑے کے جھگڑے ان کے دور میں بہت ہوئے۔ چنانچہ ہرگوپال تفتہ کے نام ۱۴/ مئی ۱۸۶۵ء کو لکھے گئے ایک خط میں غالب نے اپنے اِملا کے ضمن میں چند علمی باتیں کی ہیں غالب لکھتے ہیں:

''اہلِ ہند میں سوائے خسرو دہلوی کے کوئی مسلم الثبوت نہیں۔ میاں فیضی کی بھی کہیں کہیں ٹھیک نکل جاتی ہے۔ فرہنگ لکھنے والوں کا مدار قیاس پر ہے، جو اپنے نزدیک صحیح سمجھا، وہ لکھ دیا۔ نظامی وسعدی وغیرہ کی لکھی ہوئی فرہنگ ہو، تو ہم اس کو مانیں۔ ہندیوں کو کیوں کر مسلم الثبوت جانیں۔ گائے کا بچہ بہ زور سحر آدمی کی طرح کلام کرنے لگا۔ بنی اسرائیل اس کو خدا سمجھے۔ یہ جھگڑے قصے جانے دو، دو باتیں سنو۔ ایک تو یہ کہ ''ارغنوں'' کو بہ غینِ مضموم میں نے سبو سے لکھا۔ دراصل ''ارغنون'' بہ غینِ مفتوح اور مخفف اس کا ''ارغن'' اور مبدل منہ ''ارگن'' ہے۔ دوسرے یہ کہ جب موسوی خاں نے ''ایوائے'' کو

''ایوا'' لکھا تو اس لفظ کی صحت میں کچھ تامل نہ رہا''۔۵۰

غالب نے اس خط میں زبان کے سلسلہ میں امیر خسرو کو اہمیت دی ہے۔اسی طرح فارسی کے نظامی وسعدی کی فرہنگ کو اہم قرار دیا ہے جبکہ وہ ہندوستان کے کسی بھی ادیب کی زبان دانی کو قابلِ سند نہیں سمجھتے تھے۔ غالب نے اپنے ایک خط میں مذہب کے مقابلے میں دنیاداری کی اہمیت بیان کی ہے۔غالب کی زندگی اور ان کے عقائد سے ظاہر ہوتا ہے کہ انھوں نے مذہب کو کچھ زیادہ اہمیت نہیں دی تھی۔ چنانچہ ہرگوپال تفتہ کے نام لکھے گئے ایک خط میں غالب فلسفیانہ گفتگو کرتے ہوئے لکھتے ہیں:

''تم مشقِ سخن کر رہے ہو اور میں مشقِ فنا میں مستغرق ہوں۔ بوعلی سینا کے علم کو اور نظیری کو شعر کو ضائع اور بے فائدہ اور موہوم جانتا ہوں۔ زیست بسر کرنے کو کچھ تھوڑی سی راحت درکار ہے اور باقی حکمت اور سلطنت اور شاعری اور ساحری۔ سب خرافات ہیں۔ ہندوؤں میں اگر کوئی اوتار ہوا تو کیا اور مسلمانوں میں نبی بنا تو کیا دنیا میں نام آور ہوئے تو کیا اور گمنام جیے تو کیا۔ کچھ وجہ معاش ہو اور کچھ صحتِ جسمانی ہو۔ باقی سب وہم ہے اے یارِ جانی...... ہر کسی کا جواب مطابق سوال کے دیئے جاتا ہوں اور جس سے جو معاملہ ہے اس کو ویسا ہی برت رہا ہوں لیکن سب کو وہم جانتا ہوں یہ دریا نہیں ہے سراب ہے۔ ہستی نہیں ہے پندار ہے۔ ہم تم دونوں اچھے خاصے شاعر ہیں۔ مانا کہ سعدیؔ و حافظؔ کے برابر مشہور رہیں گے ان کو شہرت سے کیا حاصل ہوا کہ ہم کو تم کو ہوگا''۔۵۱

ہرگوپال تفتہ کے نام لکھے گئے ۱۰۰ سے زائد خطوط میں غالب نے اپنے شاگرد سے مہر ومحبت کا اظہار کیا اور ان سے اپنی زندگی کے حالات بیان کرتے رہے۔ان خطوط میں غالب کے جذبات ان

کے اندازِ بیان کی ندرت اور مختلف موضوعات پر غالب کے فلسفیانہ خیالات کا اظہار ملتا ہے۔ ان خطوط سے غالب کے عہد کے حالات خاص طور سے انگریز دورِ حکومت کے مسائل سے آگہی ہوتی ہے اور یہ بھی پتہ چلتا ہے کہ معاشی تنگی کے سبب غالب مذہب اور زندگی سے بیزار تھے اور وہ یہی چاہتے تھے کہ ان کی زندگی چین وسکون سے گزرے۔

خطوط بنام نواب علاء الدین احمد خاں علائی

نواب علاء الدین خاں علائی کے نام غالب نے جو خطوط لکھے وہ ۱۸۵۸ء کے بعد کے ہیں اور ان خطوط کی تعداد ۵۸ ہے۔ ۲۷/ رمضان ۱۱/ مئی ۱۸۵۸ء کو لکھے گئے ایک خط میں غالب لکھتے ہیں:

> ''آج بدھ کے دن ۲۷/ رمضان کو پہر دن چڑھے جس وقت کہ میں کھانا کھا کر باہر آیا تھا ڈاک کا ہرکارہ تمہارا خط اور شہاب الدین خان کا خط معاً لایا۔ مضمون دونوں کا ایک۔ ان دنوں مئی کے سب طرح کے رنج وعذاب فراہم ہیں۔ ایک داغِ سحر سوز یہ بھی ضرور تھا۔ سبحان اللہ میں نے اس کی صورت بھی نہیں دیکھی اور ولادت کی تاریخ سُنی یا اب رحلت کی تاریخ لکھنی پڑی۔ پروردگار تم کو جیتا رکھے اور نعم البدل عطا کرے'' ۔۵۲؎

غالب کے اس خط سے اندازہ ہوتا ہے کہ ۲۷/ رمضان کا دن تھا اور غالب نے دن میں کھانا کھانے کا ذکر کیا۔ اس خط سے اور غالب کے چند لطائف سے واضح ہوتا ہے کہ غالب روزے نہیں رکھتے تھے۔ یہ وہ زمانہ بھی ہے جبکہ غالب ضعیفی اور بیماری کے سبب پریشان تھے۔ نواب علاء الدین احمد خاں علائی کے نام لکھے گئے ایک خط میں غالب نے ایک فارسی اور دو اُردو غزلیں لکھی ہیں۔ یہ دونوں غزلیں بہت مشہور ہیں اور ان کے اُردو دیوان میں شامل ہیں۔ ایک غزل کا مطلع یہ ہے:

کوئی امید بر نہیں آتی　　کوئی صورت نظر نہیں آتی

اسی غزل کا مقطع اس طرح ہے:

کعبہ کس منہ سے جاؤ گے غالب　　شرم تم کو مگر نہیں آتی

اسی طرح دوسری اردو غزل کا مطلع یوں ہے۔

ے　نکتہ چیں ہے غم دل اس کو سنائے نہ بنے
کیا بنے بات جہاں بات بنائے نہ بنے

اسی غزل کا مقطع اس طرح ہے۔

ے　عشق پر زور نہیں ہے، یہ وہ آتش ہے غالب
کہ لگائے نہ لگے ار بجھائے نہ بجھے

غالب نے یہ خط ۱۸/ جولائی ۱۸۶۲ء کو لکھا تھا۔ غالب کے دور میں معلومات کی فراہمی کا ذریعہ اخبارات تو تھے لیکن ان کا بیشتر کلام اس طرح کی مکتوب نگاری سے ان کے دور میں ہی مشہور ہونے لگا تھا۔ غالب نے نواب علاء الدین کے نام ۲۷/ جولائی ۱۸۶۲ء کے لکھے گئے خط میں اپنے بوسیدہ گھر کا حال بڑے ہی دلچسپ انداز میں بیان کیا ہے اور اس خواہش کا اظہار کیا کہ وہ کسی محفوظ مکان میں رہیں۔ چنانچہ گھر کی حالتِ زار بیان کرتے ہوئے غالب لکھتے ہیں:

"میاں میں بڑی مصیبت میں ہوں۔ محل سرا کی دیواریں گر گئی ہیں۔ پاخانہ ڈھ گیا۔ چھتیں ٹپک رہی ہیں۔ تمہاری پھوپھی کہتی ہیں ہائے دبی، ہائے مری، دیوان خانے کا حال محل سرا سے بدتر ہے۔ میں مرنے سے نہیں ڈرتا۔ فقدانِ راحت سے گھبرا گیا ہوں۔ چھت چھلنی ہے۔ ابر دو گھنٹے برسے تو چھت چار گھنٹے برستی ہے۔ مالک اگر چاہے کہ مرمت کرے تو کیوں کر کرے؟ مینہ کھلے تو سب کچھ ہو اور پھر اثنائے مرمت میں، میں کس طرح بیٹھا رہوں؟ اگر تم سے ہو سکے تو برسات تک بھائی سے مجھ کو وہ حویلی، جس میں میر حسن رہتے تھے، اپنی پھوپھی کے رہنے کو اور کوٹھی میں

سے وہ بالا خانہ مع دالانِ زیریں، جو الٰہی بخش خاں مرحوم کا مسکن تھا، میرے رہنے کو دلوادو۔ برسات گزر جائے گی۔ مرمت ہو جائے گی، پھر صاحب اور میم اور بابا لوگ اپنے قدیم مسکن میں آ رہیں گے۔ تمہارے والد کے ایثار و عطا کے جہاں مجھ پر احسان ہیں ایک یہ مروت کا احسان میرے پایانِ عمر میں اور بھی سہی''۔[۵۳]

غالب کے اس خط سے اندازہ ہوتا ہے کہ ان کے خطوط میں انشا پردازی جھلکتی ہے اور غم کے موقع کو بھی انھوں نے دلچسپ پیرایے میں بیان کیا ہے۔ غالب کے حالات سے پتہ چلتا ہے کہ وہ زندگی بھر کرایے کے مکانات میں رہے۔ ایک خط میں انھوں نے ''فسانۂ عجائب'' کے مصنف رجب علی بیگ سرور کی وفات کا ذکر کیا ہے۔ یہ خط ۱۸۶۴ء کو لکھا گیا۔ غالب لکھتے ہیں:

''لو صاحب! وہ مرزا رجب بیگ مرے۔ ان کی تعزیت آپ نے نہ کی۔ شعبان بیگ پیدا ہوگئے۔ کل ان کی چھٹی ہوگئی۔ آپ شریک نہ ہوئے۔ میاں خدا جانے کس طرح یہ چار سطریں تجھ کو لکھی ہیں۔ شہاب الدین خان کی بیماری نے میری زیست کا مزہ کھودیا۔ میں کہتا ہوں کہ اس کے عوض میں مرجاؤں۔ اللہ اس کو جیتا رکھے۔ اس کا داغ مجھ کو نہ دکھائے۔ یا رب اس کو صحت دے۔ یارب اس کی عمر بڑھائے''۔[۵۴]

غالب نے ایک خط میں نثری تشبیہات کا استعمال کیا ہے اور اپنی معاشی بدحالی اور پریشانیوں کا ذکر جذباتی انداز میں کیا ہے۔ غالب لکھتے ہیں:

''خدا کا مقہور، خلق کا مردود، بوڑھا ناتواں بیمار فقیر نکبت میں گرفتار تمہارے حال میں غور کی اور چاہا کہ اس کا نظیر بہم

پہنچاؤں۔ واقعہ کربلا سے نسبت نہیں دے سکتا۔ لیکن واللہ تمہارا حال اس ریگستان میں بعینہ ایسا ہے جیسا مسلم بن عقیل کا حال کوفہ میں تھا۔ تمہارا خالق تمہاری اور تمہارے بچوں کی جان و آبرو کا نگہبان۔ میرے اور معاملات کلام و کمال سے قطع نظر وہ جو کسی کو بھیک مانگتے نہ دیکھ سکے اور خود در بہ در بھیک مانگے وہ میں ہوں"۔۵۵؎

غالب کے اس خط سے ان کی انسانی ہمدردی بھی ظاہر ہوتی ہے اور ان کے حالات سے پتہ چلتا ہے کہ معاشی تنگی کے باوجود جہاں تک ممکن ہوسکے وہ غریبوں کی مدد کرتے تھے۔ ایک اور خط میں غالب نے رامپور میں انگریز سرکار کی جانب سے منائے جانے والے جشن کا ذکر کیا ہے۔ اس طرح نواب علاء الدین خاں کو غالب نے ۵۰ سے زائد خط لکھے۔ اور ان خطوط میں اپنے حالات کے ساتھ اس دور کے حالات بھی بیان کئے اور جا بجا اپنی معاشی تنگی کا بھی ذکر کیا ہے۔ اتنی بڑی مقدار میں خطوط لکھنے کی غالب کی عادت سے اندازہ ہوتا ہے کہ غالب تنہائی پسند نہیں تھے بلکہ وہ لوگوں کے بیچ رہنا چاہتے تھے۔ دہلی میں جو کوئی دوست احباب تھے۔ وہ تو ان سے ملاقات کر لیتے تھے لیکن ہندوستان بھر میں بکھرے ہوئے غالب کے دوست احباب اور خود غالب خط کے ذریعہ ایک دوسرے سے رابطے میں رہتے تھے اور غالب کی مکتوب نگاری کی جدّت کے سبب ان کے خطوں میں شخصی حالات کے علاوہ غالب کی جانب سے بیان کردہ اُس دور کے حالات۔ زبان و بیان کے قصّے اور خود غالب کا پُر لطف اور ظریفانہ انداز تحریر ان کے خطوط کو منفرد انداز عطا کرتا ہے۔

خطوط بنام میر مہدی مجروحؔ

غالب نے جن احباب کو بہت زیادہ خطوط لکھے۔ ان میں ایک میر مہدی مجروحؔ بھی ہیں۔ غالب نے ۱۸۵۸ء تا ۱۸۶۳ء میر مہدی مجروحؔ کو تقریباً ۵۰ خط لکھے۔ ان خطوط میں بھی غالب کی محبت ٹپکتی ہے۔ خط کے آغاز میں وہ میر مہدی کو میاں، صاحب، سیّد صاحب، میری جان، میاں لڑکے، جانِ

غالب، میرن صاحب وغیرہ ناموں سے خطاب کرتے رہے۔ ان خطوط میں روبرو گفتگو کا سا انداز ہے۔ ۷/فبروری ۱۸۵۸ء کو لکھے گئے خط میں غالب گفتگو کے انداز میں لکھتے ہیں:

''تمہاری والدہ کا مرنا سُن کر مجھ کو بڑا غم ہوا۔ خدا تم کو صبر دے اور اس عفیفہ کو بخشے۔ میرا حقیقی بھائی مرزا یوسف خاں دیوانہ بھی مرگیا۔ کیسا پنشن اور کہاں اس کا ملنا۔ اگر زندگی ہے اور پھر مل بیٹھیں گے تو کہانی کہی جائے گی۔ تم کہتے ہو کہ آیا چاہتا ہوں۔ اگر آؤ تو بے ٹکٹ کے نہ آنا...... نثر کیا لکھوں اور نظم کیا کہوں گا۔ وہ نثر جو تم دیکھ گئے ہو وہی دو چار ورق اور بھی سیاہ کئے گئے ہیں۔ بھیجنا ممکن نہیں جب آؤ گے اور مجھ کو جیتا پاؤ گے تو دیکھ لوگے''۔

۵۶

اگست ۱۸۵۸ء کو میر مہدی مجروح کے نام لکھے گئے خط میں غالب نے ''قاطع برہان'' کے سلسلہ میں اپنے خیالات کا اظہار کیا۔ غالب نے ''برہان قاطع'' کے جواب میں جو کتاب لکھی تھی۔ اس کے جواب میں پیدا ہونے والے ہنگامے سے غالب بدمزاج ہو گئے تھے اور اپنی تحریروں سے غصہ کا اظہار کرنے لگے تھے۔ غالب نے جن غلطیوں کی طرف اشارہ کیا تھا، اسے سمجھنے والے شخص کی علمی صفات بیان کرتے ہوئے اپنے خط میں لکھتے ہیں:

''مگر یہ یاد رہے کہ جو صاحب اِس کو دیکھیں گے وہ ہرگز نہ سمجھیں گے۔ صرف ''برہانِ قاطع'' کے نام پر جان دیں گے۔ کئی باتیں جس شخص میں جمع ہوں گی وہ اس کو مانے گا۔ پہلے تو عالم ہو دوسرے فنِ لغت کو جانتا ہو۔ تیسرے فارسی کا علم خوب ہو اور اس زبان سے اس کو لگاؤ ہو۔ اساتذۂ سلف کا کلام بہت کچھ دیکھا ہو اور کچھ یاد بھی ہو۔ چوتھے منصف ہو، ہٹ دھرم نہ ہو۔

طبعِ سلیم و ذہنِ مستقیم رکھتا ہو۔ موج ذہن اور کج فہم نہ ہو۔ نہ یہ
پانچ باتیں کسی میں جمع ہونگی اور نہ کوئی میری محنت کی داد دے
گا''۔۵۷

غالب نے قاطع برہان کی تفہیم رکھنے والے کیلئے معیاری اور کڑی شرائط رکھیں اور انھیں احساس تھا کہ کم از کم دہلی میں اس معیار کا کوئی زبان داں نہیں ہے۔ یہی وجہ ہے کہ ''قاطع برہان'' پراعتراضات غالب کو اچھے نہیں لگتے تھے۔

۲۲/ڈسمبر ۱۸۵۸ء کو میر مہدی مجروح کے نام لکھے گئے خط میں غالب نے دہلی کے کچھ حالات لکھے ہیں اور انشاء پردازی کا اعلیٰ نمونہ پیش کیا:

''واہ واہ، سید صاحب۔ تم تو بڑی عبارت آرائیاں
کرنے لگے۔ نثر میں خود نمائیاں کرنے لگے۔ کئی دن سے
تمہارے خط کے جواب کی فکر میں ہوں۔ مگر جاڑے نے بے حس
وحرکت کر دیا ہے۔ آج جو بہ سبب ابر کے وہ سردی نہیں، تو میں
نے خط لکھنے کا قصد کیا ہے، مگر حیران ہوں کہ کیا سحر سازی کروں،
جو سخن پردازی کروں؟ بھائی تم تو اردو کے مرزا قتیل بن گئے ہو،
اردو بازار میں، نہر کے کنارے رہتے رہتے رودِ نیل بن گئے ہو۔
کیا قتیل کیا رودِ نیل۔ یہ سب ہنسی کی باتیں ہیں، لو سنو، اب
تمہاری دل کی باتیں ہیں۔

چوک میں بیگم کے باغ کے دروازے کے سامنے حوض
کے پاس جو کنواں تھا اس میں سنگ و خشت و خاک ڈال کر بند
کر دیا۔ بلی ماروں کے دروازے کے پاس کی کئی دکانیں ڈھا کر
راستہ چوڑا کر لیا۔ شہر کی آبادی کا حکم، خاص و عام کچھ نہیں۔ پنشن

داروں سے حاکموں کا کچھ کام نہیں۔ تاج محل، مرزا قیصر، مرزا جواں بخت کے سالے ولایت علی بیگ جے پوری کی زوجہ، ان سب کی الہ آباد سے رہائی ہوگئی۔ بادشاہ، مرزا جواں بخت، مرزا عباس شاہ، زینت محل کلکتے پہنچے اور وہاں سے جہاز پر چڑھائی گئی۔ دیکھیے، کیپ میں رہیں یا لندن جائیں۔ خلق نے ازروئے قیاس، جیسا کہ دلی کے خبر تراشوں کا دستور ہے یہ بات اُڑادی ہے۔ سو سارے شہر میں مشہور ہے کہ جنوری، شروع سال ۱۸۵۹ء میں لوگ عموماً شہر میں آباد کئے جائیں گے اور پنشن داروں کو جھولیاں بھر بھر روپے دیے جائیں گے۔ خیر آج بدھ کا دن ۲۲/ ڈسمبر کی ہے۔ اب شنبے کو بڑا دن اور اگلے شنبے کو جنوری کا پہلا دن ہے۔ اگر جیتے ہیں تو دیکھ لیں گے کہ کیا ہوا۔ تم اس خط کا جواب لکھو اور شتاب لکھو"۔ ۵۸؎

غالب کے اس خط میں دہلی کے حالات بیان کئے گئے اور غدر کے بعد دہلی میں ہونے والی تبدیلیوں کا ذکر کیا گیا۔ غالب کے خطوط کے بارے میں جو یہ کہا جاتا ہے کہ ان کے خط اپنے عہد کی تاریخ ہیں۔ اس خط میں شامل باتوں سے اس کی تصدیق ہوتی ہے۔ غالب کا اندازِ بیاں اس قدر دلچسپ ہوتا ہے کہ کسی کے بارے میں کہی گئیں انفرادی باتیں بھی لوگ پڑھنے لگتے ہیں۔ ۲/ جنوری ۱۸۵۹ء کے خط میں غالب نے لکھا کہ نواب مصطفیٰ خاں کو جو سات برس کی قید ہوئی تھی ان کا قصور معاف ہوا اور رہائی ملی۔ غالب نے اکثر خطوط میں اپنی پنشن کی مسدودی کا ذکر کیا ہے۔ ۸/ نومبر ۱۸۵۹ء کے خط میں ایک مرتبہ پھر غالب نے حکومت کی جانب سے کی جانے والی کارروائیوں کا ذکر کیا ہے اور لکھا کہ جامع مسجد کے گرد پچیس پچیس فٹ گول میدان نکلے گا۔ دکانیں حویلیاں ڈھائی جائیں گی۔ دارالبقا فنا ہو جائے گی۔ رہے نام اللہ کا۔ فروری ۱۸۶۰ء کے خط میں غالب نے رامپور کے میٹھے پانی کی

تعریف کی ہے۔ وہ لکھتے ہیں:

''آہا! میرا پیارا میر مہدی آیا۔ آؤ بھائی۔ مزاج تو اچھا ہے۔ بیٹھو یہ رامپور ہے۔ دالسُرور ہے جو لُطف یہاں ہے وہ اور کہاں ہے۔ پانی سبحان اللہ۔ شہر سے تین سو قدم پر ایک دریا ہے اور کوسی اس کا نام ہے۔ بے شبہ چشمۂ آبِ حیات کی کوئی سوت اس میں ملی ہے۔ خیر اگر یوں بھی ہے تو بھائی آبِ حیات عمر بڑھاتا ہے لیکن اتنا شیریں کہاں ہوگا''۔ ۵۹

غالب نے اپنے خطوط میں مورخ کی طرح اپنے دور کے دہلی کے حالات بیان کئے ہیں۔ غالب نے وہ دور دیکھا تھا جبکہ پرانی تہذیب اور قدریں مٹ رہی تھیں اور انگریز صنعتی ترقی کے ساتھ نئی تہذیب لا رہے تھے۔ غالب مغلیہ دور کی نشانی تھے۔ اپنی نظروں کے سامنے قدیم تہذیب کے آثار کو انھوں نے مٹتے ہوئے دیکھا اور اس کے حال اپنے خطوط میں لکھا چنانچہ میر مہدی کے نام ۱۸۶۰ء کو لکھے گئے خط میں غالب نے قدیم دہلی کی بدلتی تصویر اور تہذیب کا حال بڑے ہی غمزدہ انداز میں یوں کیا ہے:

خس کی ٹٹی، پُروا ہو، اب کہاں لطف؟ وہ تو اسی مکان میں تھا۔ اب میر خیراتی کی حویلی میں وہ چھت اور سمت بدلی ہوئی ہے۔ بہرحال، مے گزرد۔

مصیبتِ عظیم یہ ہے کہ قاری کا کنواں بند ہوگیا، لال ڈگی کے کنوئیں ایک قلم کھاری ہوگئے۔ خیر کھاری ہی پانی پیتے، گرم پانی نکلتا ہے، پرسوں میں سوار ہوکر کنوؤں کا حال معلوم کرنے گیا تھا۔ مسجد جامع ہوتا ہوا راج گھاٹ دروازے کو چلا۔ مسجد جامع سے راج گھاٹ دروازے تک بے مبالغہ ایک صحرا لق دق ہے۔ اینٹوں کے ڈھیر جو پڑے ہیں، اگر وہ اُٹھ جائے تو ہو،

کا مکان ہو جائے۔ یاد کرو مرزا گوہر کے باغیچے کے اس جانب کو
کئی بانس نشیب تھا۔ اب وہ باغیچے کے صحن کے برابر ہو گیا۔
یہاں تک کہ راج گھاٹ کا دروازہ بند ہو گیا۔ فصیل کے کنگورے
کھلے رہے ہیں باقی سب اٹ گیا۔ کشمیری دروازے کا حال تم
دیکھ گئے ہو۔ اب آہنی سڑک کے واسطے کلکتہ دروازے سے کابلی
دروازے تک میدان ہو گیا۔ پنجابی کڑا، دھوبی واڑہ، رام جی گنج،
سعادت خاں کا کڑہ، جرنیل کی بی بی کی حویلی، رام جی داس گودام
والے کے مکانات، صاحب رام کا باغ، حویلی ان میں سے کسی کا
پتہ نہیں ملتا۔ قصہ مختصر شہر صحرا ہو گیا تھا۔ اب جو کنویں جاتے رہے
اور پانی گوہر نایاب ہو گیا تو یہ صحرا صحرائے کربلا ہو جائے گا۔ اللہ
اللہ دلّی نہ رہی اور نہ دلّی والے اب تک یہاں کی زبان کو اچھا کہے
جاتے ہیں۔ واہ رے حسنِ اعتقاد، ارے بندۂ خدا، اردو بازار نہ
رہا، اردو کہاں، دلّی کہاں، واللہ اب شہر نہیں ہے، کیمپ ہے،
چھاؤنی ہے نہ قلعہ نہ شہر نہ بازار نہ نہر"۔٦٠

غالب نے ١٨٦١ء میں لکھے گئے خط میں دہلی میں پھیلی وبائے عام کا ذکر کیا اور اپنا یہ مشہور شعر لکھا کہ

ہو چکیں غالب بلائیں سب تمام ایک مرگِ ناگہانی اور ہے

غالب نے اپنا تاریخ وفات ١٢٧٧ھ نکالا تھا۔ اس کی تائید میں غالب لکھتے ہیں کہ بات غلط نہ تھی مگر میں نے وبائے عام میں مرنا اپنے لائق نہ سمجھا واقعی اس میں میری کسرِ شان تھی۔ وبا کی کمزوری کو مزاحیہ انداز میں بیان کرتے ہوئے غالب نے لکھا کہ وبا تھی کہاں۔ جو میں لکھوں کہ اب کم ہے یا زیادہ۔ ایک ٦٦ برس کا مرد اور ایک ٦٤ برس کی عورت ان دونوں میں سے ایک بھی مرتا تو ہم جانتے کہ ہاں وبا آئی تھی۔ تُف بریں وبا۔ ٢٦/ ستمبر ١٨٦٢ء کو میر مہدی مجروح کے نام لکھے گئے خط میں غالب نے دہلی میں ہونے

والی تیز بارش کا ذکر کیا ہے۔ غالب لکھتے ہیں:

> ''برسات کا حال نہ پوچھو۔ خدا کا قہر ہے۔ قاسم جان کی گلی۔ سعادت خان کی نہر ہے۔ میں جس مکان میں رہتا ہوں۔ عالم بیگ خاں کے کٹڑے کی طرف کا دروازہ گر گیا۔ مسجد کی طرف کے دالان کو جاتے ہوئے جو دروازہ تھا گر گیا۔ سیڑھیاں گرا چاہتی ہیں۔ صبح کے بیٹھنے کا حجرہ جھک رہا ہے۔ چھتیں چھلنی ہوگئی ہیں۔ مینہ گھڑی بر برسے تو چھت گھنٹہ بھر برسے۔ کتابیں، قلمدان سب توشہ خانے میں، فرش پر کہیں لگن رکھا ہے، کہیں چلمچی دھری ہوئی، خط کہاں بیٹھ کر لکھوں۔ پانچ چار دن سے فرصت ہے مالکِ مکان کو فکرِ مرمت ہے۔ آج ایک امن کی صورت نظر آئی۔ کہا کہ آؤ میر مہدی کے خط کا جواب لکھوں......
> بارے رفعِ مرض کا حال لکھو۔ خدا کرے تپ جاتی رہی ہو تندرستی حاصل ہوگئی ہو۔ میر صاحب کہتے ہیں ''تندرستی ہزار نعمت ہے''۔ ہائے پیش مصرعہ مرزا قربان علی بیگ سالک نے کیا خوب بہم پہنچایا ہے مجھ کو بہت پسند آیا ہے۔
>
> تنگدستی اگر نہ ہو سالک
>
> تندرستی ہزار نعمت ہے[61]

غالب نے اپنے خطوں میں جہاں کہیں دہلی کی تیز بارش کا ذکر کیا ہے وہاں یہ بھی لکھا کہ بارش کے سبب ان کے گھر کی چھت ٹپکتی ہے۔ اس خط میں غالب نے قربان علی بیگ سالک کے شعر کا ذکر کیا۔ اکثر لوگ سالک کی جگہ غالب لکھ کر ''تندرستی ہزار نعمت ہے'' سے متعلق شعر کو غالب سے منسوب کرتے ہیں جو درست نہیں ہے۔

میر مہدی مجروح کے نام لکھے گئے متعدد اُردو خطوط سے اندازہ ہوتا ہے کہ ان خطوط میں ذاتی حوال سے زیادہ دہلی کے بدلتے حالات کی تاریخ رقم ہے۔ چند ایک خطوط میں غالب نے اپنی پنشن اور ''قاطع برہان'' سے متعلق مباحث کا ذکر کیا ہے۔ غالب کے یہ خطوط صرف شخصی خطوط ہی نہیں بلکہ ان کی اپنی سوانح اور دہلی کی تاریخ یہی خطوطِ غالبؔ کی اہمیت ہے۔

خطوط بنام میاں داد خاں سیّاح

غالبؔ نے اپنے ایک دوست میاں داد خاں سیاحؔ کو ۱۸۶۰ء تا ۱۸۶۷ء کے درمیان ۳۵ خطوط لکھے۔ ۳۱/ جولائی ۱۸۶۰ء کو میاں داد خاں سیاح کے نام لکھے گئے خط میں غالب نے تاریخ گوئی کے فن سے متعلق اپنے خیالات کا اظہار کیا ہے۔ غالب لکھتے ہیں:

> ''اُردو زبان میں کوئی تاریخ میری نہ سنی ہوگی۔ فارسی دیوان میں دو چار تاریخیں ہیں ان کا حال یہ ہے کہ مادّہ اوروں کا ہے اور اشعار میرے ہیں۔ تم سمجھے کہ میں کیا کہتا ہوں۔ حساب سے میرا جی گھبراتا ہے اور مجھ کو جوڑ لگانا نہیں آتا۔ جب کوئی مادہ بناؤں گا حساب درست نہ پاؤں گا۔ دو ایک دوست ایسے تھے کہ اگر حاجت ہوتی تو مادہ تاریخ وہ مجھے ڈھونڈ لا دیتے۔ موزوں میں کرتا اور اگر آپ نے مادے کی فکر کی ہے اور یہی حساب جمل منظور رکھتا ہے تو ایسے ایسے تعمیے وتخرجے آگئے ہیں کہ وہ تاریخ ہنسی کے قابل ہوں گے''۔[۶۲]

غالب نے ایک اور خط میں تذکیر و تانیث کا ذکر کیا ہے۔ ۱۸۶۱ء کو غالب میاں داد خاں سیاح کے نام ایک خط میں لکھتے ہیں:

> ''گلشن بعض کے نزدیک مؤنث اور بعض کے نزدیک مذکر ہے۔ ''قلم'' وہی ''خلعت'' ان کا یہی حال ہے کوئی مونث کوئی

مذکر بولتا ہے۔ میرے نزدیک ''دہی'' اور ''خلعت'' مذکر ہے اور ''قلم'' مشترک۔ چاہو مذکر کہو۔ چاہو مؤنث۔ ''گلشن'' البتہ مذکر مناسب ہے۔ ''رکھتہ ہے'' بھائی جہاں الف دبتا ہے۔ میرے کلیجے میں ایک تیر لگتا ہے۔ ''رکھتا ہے گلشن بھی'' یہ الف دبتا ہوا دیکھ کر میں نے ''رکھتی ہے'' بنادیا۔ مگر ''گلشن'' مذکر مناسب ہے۔ ''پھلکی'' یا ''پھلکا'' تنہا بہ معنی محض ہے۔ ''ہلکی پھلکی'' ہلکا پھلکا'' یوں آئے تو درست، ورنہ لغو۔ اور یہ جو ''پھلکا'' تپلی چپاتی کو کہتے ہیں، یہ دوسرا لغت ہے۔ ''پھلکے'' کبھی کوئی نہ بولے گا۔ ''پانی وانی'' حقّہ وقّہ ''یوں کہیں گے نرا ''وانی'' اور نرا ''وقّہ'' نہ کہیں گے۔ ''ہلکا پھلکا''، ''ہلکی پھلکی''، کہیں گے سبک چیز کو۔ نرا ''پھلکا'' یا نری ''پھلکی'' نہ کہیں گے۔ تذکیر و تانیث کے باب میں مرزا رجب علی بیگ سے مشورہ کرلیا کرو اور دبتے ہوئے حروف بھی ان سے پوچھ لیا کرو''۔ ۶۳ے

غالب نے اپنے مکاتیب میں اکثر مقامات پر زبان و بیان سے متعلق نکات بیان کیے ہیں۔ دہلی کے بارے میں کہا جاتا ہے کہ وہ اردو زبان کا ٹکسال ہے وہاں کی زبان معیاری زبان مانی جاتی ہے اور غالب اس ٹکسالی زبان کے امین تھے۔ چنانچہ انھوں نے دوست احباب کے نام لکھے گئے خطوط میں زبان و بیان کے جو نکات بیان کیے ہیں اس سے اردو زبان کے معیار میں اضافہ ہوا ہے۔ ۱۷/ جون ۱۸۶۲ء کو میاں داد خاں سیاح کے نام لکھے گئے خط میں غالب نے آموں کی فرمایش کا ذکر کیا ہے۔ غالب کو آم بہت پسند تھے اور وہ لوگوں سے فرمایش کر کے آم منگاتے تھے۔ چنانچہ لکھتے ہیں:

''کیا فرمائش کروں اور کیا تم سے منگاؤں؟ وہاں کونسی چیز ہے کہ یہاں نہیں۔ آم مجھ کو بہت مرغوب ہیں۔ انگور سے کم عزیز

نہیں۔ لیکن بمبئی اور سورت سے یہاں پہنچنے کی کیا صورت؟
مالدے کا آم یہاں پیوندی اور ولایتی کر کے مشہور ہے اچھا ہوتا
ہے۔ کمال یہ کہ وہاں بہت اچھا ہوگا۔ سورت سے دلّی آم بھیجنے
محض تکلف ہے۔ روپیے کے آم اور چار روپے محصول ڈاک اور
پھر ۱۰۰ میں سے شاید ۱۰ پہنچیں۔ میرے سر کی قسم کبھی ایسا ارادہ نہ
کرنا۔ یہاں دیسی انواع واقسام کے بہت پاکیزہ اور لذیذ اور
خوشبو افراط سے ہیں، پیوندی آم بھی بہت ہیں۔ رامپور سے
نواب صاحب اپنے باغ کے آموں میں سے اکثر بہ سبیل
ارمغان بھیجتے رہتے ہیں۔ اے لو! آج بریلی سے ایک بہنگی ایک
دوست کی بھیجی ہوئی آئی۔ دو ٹوکرے ہر ٹوکرے میں ۱۰۰ آم، کلو
داروغہ نے میرے سامنے وہ ٹوکرے کھولے۔ ۲۰۰ میں سے ۸۳
آم اچھے نکلے اور ۱۰۷ آم بالکل سڑے ہوئے''۔[۶۴]

آموں کے بارے میں غالب کے ان خیالات سے پتہ چلتا ہے کہ وہ آم کے کس قدر دلدادہ تھے اور یہ کہ آم حاصل کرنے کے لئے وہ کچھ مانگنے سے بھی نہیں شرماتے تھے۔ یہ اور اس طرح کے خیالات غالب نے میاں دادخاں کے خطوط میں بیان کئے ہیں۔

۲۵/ اگست ۱۸۶۷ء کو لکھے گئے خط میں غالب نے اپنی تصویر کھینچنے کے سلسلہ میں فوٹو گرافر کے انتظار کا ذکر کیا ہے۔ غالب کے خیالات سے اندازہ ہوتا ہے کہ اس وقت فوٹو گرافی شروع ہو چکی تھی۔ غالب خواہشمند تھے کہ ان کی اچھی تصویر کھینچی جائے لیکن یہ کام نہیں ہوسکا اور غالب ضعیفی کے سبب دکان جا کر تصویر کھنچوانے سے اپنی معذرت کا ذکر کرتے ہیں۔ میاں دادخاں سیاح کے نام لکھے گئے ان خطوط میں غالب کی اردو دانی، آموں کی فرمایش اور دیگر اُمور کا ذکر ملتا ہے۔ اور عہد بہ عہد غالب کے دور کے حالات سے آگہی ہوتی ہے۔

خطوط بنام چودھری عبدالغفور سرور

غالب نے اپنے دوست چودھری عبدالغفور سرور کو ۱۸۵۸ء تا ۱۸۶۶ء کے درمیان تقریباً ۲۷ خط لکھے۔ ان خطوط میں غالب نے اپنے ذاتی احوال، زبان و بیان کے مسائل اور دیگر احوال بیان کیے ہیں۔ ۱۸۵۸ء کو لکھے گئے خط میں غالب نے رباعی کے بارے میں اپنے خیالات کا اظہار یوں کیا ہے:

> ''رباعی کے باب میں بیان مختصر یہ ہے کہ اس کا ایک وزن معین ہے۔ عرب میں دستور نہ تھا۔ شعرائے عجم نے بحرِ ہزج میں سے نکالا ہے۔ مفعول مفاعلن فعولن ہزج مسدس اقرب مقبوض مقصور۔ اس وزن پر فعلن بڑھا دیا ہے۔ مفعول، مفاعلن فعولن فعلن ضحافات۔ اس میں بعض کے نزدیک ۱۸ اور بعض کے نزدیک ۲۴ ہیں اور وہ سب جائز و رواں ہیں۔ اور اس بحر کا نام بحر رباعی ہے۔ رباعی سچ ہے کہ سوائے اس بحر کے اور بحر میں نہیں کہی جاتی۔ اور یہ جو مطلع اور حسنِ مطلع کو رباعی کہتے ہیں، اس راہ سے کہ مصرعے چار ہیں۔ کہو، ورنہ رباعی نہیں ہے، نظم ہے۔ قدماء کو بیشتر اس کا التزام تھا کہ ہر مصرعے میں قافیہ رکھتے تھے...... فقیر اس باب میں متعصب ہے اور وزن کے دو بیت تین قافیہ والی کو رباعی نہ کہیں''۔ ۶۵

رباعی کے بارے میں حالی کے خیالات فکر انگیز ہیں۔ چونکہ غالب کی طبیعت رباعی کی طرف مائل نہیں تھی اس لئے انھوں نے رباعی سے اپنے تعصب کا ذکر کیا اور یہ بھی وضاحت کر دی کہ غزل کے پہلے دو مطلعوں کو رباعی نہیں کہہ سکتے۔ نومبر ۱۸۵۸ء کے خط میں غالب نے غدر کے کچھ حالات بیان کیے اور لکھا کہ فسادات کے سبب وہ گھر تک ہی محدود ہو گئے تھے اور بے مشغلہ زندگی بسر نہیں ہوتی تھی۔ اس وقت غالب نے اپنی آپ بیتی لکھے جانے کا ذکر کیا ہے۔ غالب نے اپنے خطوط

میں جا بجا اپنے اہلِ زبان ہونے کا ذکر کیا ہے۔ مارچ ۱۸۵۹ء کو چودھری صاحب کے نام لکھے گئے خط میں غالب نے اپنے اہلِ زبان ہونے کا ذکر کچھ اس طرح کیا ہے:

''میں اہلِ زبان کا پیرو اور ہندیوں میں سوائے امیر خسرو دہلوی کے سب کا منکر ہوں۔ جب تک قدماء یا متاخرین میں مثل صائب وکلیم واسیر وحزیں کے کلام میں کوئی لفظ یا ترکیب نہیں دیکھ لیتا۔ اس کو نظم اور نثر میں نہیں لکھتا۔ جن لوگوں کے محقق ہونے پر اتفاقِ جمہور کو ان کا حال کیا گزارش کروں۔ ایک ان میں صاحبِ برہانِ قاطع ہے۔ اب ان دنوں میں 'برہانِ قاطع' کو دیکھ رہا ہوں اور اس کے فہم کی غلطیاں نکال رہا ہوں۔ اگر زیست باقی ہے تو ان نکات کو جمع کر کے اس نسخہ کا نام ''قاطع برہان'' رکھوں گا۔[٦٦]

غالب نے ۱۸۵۹ء جون میں لکھے گئے خط میں مولوی محمد باقر کی صحافتی خدمات کا ذکر کیا ہے۔ غالب کے دور میں اُردو صحافت انگریز حکومت سے برسرِ پیکار تھی۔ اور اِسے کڑی آزمائشوں کا سامنا تھا۔ مولوی محمد باقر بھی انگریزوں کے عتاب کا شکار ہوئے تھے۔ چنانچہ ان کی صحافتی خدمات بیان کرتے ہوئے غالب لکھتے ہیں:

''مولوی محمد باقر دہلوی کے مطبع میں سے ایک اخبار ہر مہینے میں چار بار نکلا کرتا تھا۔ مسمیٰ بہ ''دہلی اُردو اخبار'' بعض اشخاص سنینِ ماضیہ کے اخبار جمع کر رکھا کرتے ہیں۔ اگر احیاناً آپ کے یہاں یا کسی آپ کے دوست کے یہاں جمع ہوتے چلے آئے ہوں تو اکتوبر ۱۸۳۷ء سے دو چار مہینے کے آگے کے اوراق دیکھے جائیں، جس میں بہادر شاہ کی تخت نشینی کا ذکر اور میاں ذوقؔ کے

دو سکّے ان کے نام کے کہہ کر نذر کرنے کا ذکر مندرج ہو۔ بے تکلف وہ اخبار کے چھاپے کا اصل بجنسہ میرے پاس بھیج دیئے۔ آپ کو معلوم رہے کہ اکتوبر کی ساتویں آٹھویں تاریخ ۱۸۳۷ء میں یہ تخت پر بیٹھے ہیں اور ذوق نے اس مہینے میں یا ایک دو مہینے کے بعد سکے کہ گزارنے ہیں۔ احتیاطاً پانچ چار مہینے تک اخبار دیکھ لیے جائیں'' ۔۶۷ے

غالب نے ان خطوط میں مکتوب الیہ سے اپنے تعلقات یا ان کے احوال جاننے کے بجائے اپنے حالات لکھنے کو اہمیت دی ہے۔ خط عام طور پر مختصر ہوتا ہے لیکن غالب کے یہ خطوط اچھے خاصے انشائیے اور حالاتِ حاضرہ پر تبصرے ہیں۔۱۸۶۰ء کے ایک خط میں غالب نے لکھا کہ ان کا پنشن جاری ہوگیا ہے اور تین برس کے بقایاجات بھی مل گئے ہیں۔قرض کی ادائیگی کے بعد انھیں 87 روپے گیارہ آنے ملا کرتے تھے۔ تین مہینے کے بعد مکمل رقم ملنے کا امکان ظاہر کیا۔ڈسمبر ۱۸۶۳ء کو لکھے گئے خط میں غالب نے اپنی بیماری کی تفصیلات لکھی ہیں۔ چنانچہ غالب لکھتے ہیں:

''برس دن سے فسادِ خون کے عوارض میں مبتلا ہوں۔ ثبور و اورام میں لا رہا ہوں۔ برس دن میں اور جاع سہتے سہتے روح تحلیل ہوگئی۔ نشست و برخاست کی طاقت نہ رہی اور پھوڑے تو خیر، مگر دونوں پنڈلیوں میں ہڈیوں کے قریب دو پھوڑے ہیں، کھڑا ہوا اور پنڈلیوں کی ہڈیاں چرانے لگیں اور رگیں پھٹنے لگیں۔ بائیں پاؤں پر کفِ پا سے جہاں تک وہ پھوڑا ہے، پنڈلی پر ورم ہے۔ رات دن پڑا رہتا ہوں۔ پلنگ کے پاس حاجتی لگی رہتی ہے، کھسل پڑا، بعد رفعِ حاجت پھر لیٹ رہا۔ اسی صورت سے روٹی کھاتا ہوں۔ اشعار کی اصلاح یک قلم

موقوف۔ خطوط ضروری لیٹے لیٹے لکھتا ہوں۔ دو خط چودھری صاحب کے آئے اور ایک خط شاہ عالم صاحب کا اور دو خط حضرت صاحب کے آئے۔ جواب نہ لکھ سکا۔ آج اپنے کو طعنے دے کر مرد بنایا جب یہ عبارت لکھی''۔ ۶۸

غالب نے اپنی بیماری کے بیان میں جزئیات نگاری سے کام لیا ہے۔ بیماری کے باوجود انھوں نے تفصیلات بیان کی ہیں۔ اس سے اندازہ ہوتا ہے کہ انھیں مکتوب نگاری کا بہت شوق تھا اور بیماری کی حالت میں بھی انھوں نے اپنے کسی شاگرد یا دوست کے ذریعہ احباب کو خط لکھے اور آنے والے خطوط کا جواب دیا۔ چودھری عبدالغفور صاحب کو لکھے گئے تمام خطوط کے جائزے سے اندازہ ہوتا ہے کہ غالب نے ان خطوط میں زبان دانی کی بحث، قاطع برہان کا قصہ، فنِ رباعی پر اپنے خیالات کا اظہار، غدر کے حالات، اپنے بیماریوں کا ذکر اور کہیں کہیں اپنی شاعری کی مثالیں بھی پیش کی ہیں۔

خطوط بنام حکیم غلام نجف خان

غالب نے حکیم غلام نجف خاں کو ۱۸۵۷ء سے ۱۸۶۵ء کے بیچ ۲۳ خط لکھے۔ اکثر خطوط کا آغاز میاں۔ صاحب۔ یا بھائی سے کیا۔ ۱۸۵۸ء کو لکھے گئے خط میں غالب نے جذباتی انداز میں اپنے قید ہونے کا ذکر کیا ہے۔ غالب لکھتے ہیں:

''میرا دُکھ سنو۔ ہر شخص کو غم موافق اس کی طبیعت کے ہوتا ہے۔ ایک تنہائی سے نفور ہے ایک کو تنہائی منظور ہے۔ تاہُل میری موت ہے۔ میں کبھی اس گرفتاری سے خوش نہیں رہا۔ پٹیالہ جانے میں ایک سُبکی اور ذلّت تھی۔ اگر چہ مجھ کو دولت میسر آجاتی لیکن اس تنہائی چندروزہ اور تجرید مستعار کی کیا خوشی۔ خدا نے لاولد رکھا تھا۔ شکر بجالاتا تھا۔ خدا نے میرا شکر مقبول ومنظور نہ کیا۔ یہ بلا بھی قبیلہ داری کی شکل کا نتیجہ ہے یعنی جس لوہے کا طوق اسی لوہے کی

دو ہتھکڑیاں بھی پڑ گئیں۔ خیر اس کا کیا رونا ہے یہ قیدِ جاودانی ہے''۔ ۶۹؎

ایک اور خط میں غالب نے اپنے اس مکان کا ذکر کیا جو نہایت خستہ تھا اور غالب اس مکان سے خوش نہیں تھے۔ البتہ غالب نے پانی کی تعریف کی ہے اور اُس کے پھیکے شربت سے تشبیہہ دی ہے۔ فبروری ۱۸۶۰ء کے خط میں غالب نے زین العابدین کے بچوں کا حال بڑے مشفقانہ انداز میں بیان کیا ہے۔ غالب لکھتے ہیں:

''لڑکے دونوں اچھی طرح ہیں۔ کبھی میرا دل بہلاتے ہیں کبھی مجھ کو ستاتے ہیں۔ بکریاں۔ کبوتر۔ بٹیریں۔ تکل۔ کنکوا۔ سب سامان درست ہے۔ فروری مہینے کے دو دو روپے لے کر دس دن میں اُٹھا ڈالے۔ پھر پرسوں چھوٹے صاحب آئے کہ داداجان کچھ ہم کو قرضِ حسنہ دیں۔ ایک روپیہ دونوں کو قرضِ حسنہ دیا گیا۔ آج ۱۴ ہے مہینہ دور ہے۔ دیکھئے کئے بار قرض لے گیں''۔ ۷۰؎

غالب نے دیگر خطوط میں بھی ان بچوں کی عادتوں کا ذکر حکیم غلام نجف خاں سے کیا ہے۔ غالب کے ان مکاتیب کو دیکھنے سے اندازہ ہوتا ہے کہ وہ ذاتی احوال اور دل کی باتیں بھی خطوں میں بیان کردیتے تھے اور اکثر خطوط بالکل نئے انداز کے ہوتے تھے۔ یہ حیرت کی بات ہے کہ غالب نے سینکڑوں خطوط لکھے لیکن ان میں یکسانیت نہیں پائی جاتی۔ غالب کے خطوط کا تاریخ وار مطالعہ کیا جائے تو ان خطوط کے ذریعہ غالب کی سوانح۔ دہلی اور ہندوستان کی تاریخ اور انشا پردازی کی الگ الگ کتابیں مرتب کی جاسکتی ہیں۔ غالب اپنا غم بھلانے کے لئے بھی خط لکھتے تھے اور ان کی یہ اخلاقی عادت بھی رہی کہ وہ لوگوں میں مل جل کر رہتے تھے۔ تنہائی پسند نہیں تھے۔ غالب کی یہ عادات ان کے خطوں سے جھلکتی ہیں۔

خطوط بنام خواجہ غلام غوث خاں بے خبر

غالب نے اپنے سے زیادہ عمر والے ایک دوست خواجہ غلام غوث خاں بے خبر کو ۱۸۵۸ء سے ۱۸۶۶ء کے درمیان ۲۵ خط لکھے۔ ان خطوط میں غالب نے خواجہ غلام غوث خاں بے خبر کو پیر و مرشد۔ قبلہ۔ جنابِ عالی۔ حضور۔ قبلہ حاجات وغیرہ القاب سے مخاطب کیا ہے۔ جنوری ۱۸۵۹ء کے ایک خط میں غالب نے انشا پردازی کا دریا بہایا ہے اور پنشن بند ہونے کے حالات کو دلچسپ انداز میں یوں بیان کیا ہے۔ غالب لکھتے ہیں:

> ''کبھی آپ کو یہ بھی خیال آتا ہے کہ کوئی ہمارا دوست جو غالب کہلاتا ہے وہ کیا کھاتا پیتا ہے اور کیونکر جیتا ہے۔ پنشن قدیم ۲۱ مہینے سے بند اور میں سادہ لوح دل فتوحِ جدید کا آرزو منداس پنشن کا احاطہ پنجاب کے حکام پر مدار ہے۔ سو اُن کا یہ شیوہ اور یہ شعار ہے کہ نہ روپیہ دیتے ہیں نہ جواب نہ مہربانی کرتے ہیں نہ عتاب۔ خیر اس سے قطع نظر کہ اب سُنئے ادھر کی ۱۸۵۶ء سے بموجب تحریر وزیر عطیہ شاہی کا امیدوار ہوں۔ تقاضا کرتے ہوئے شرماؤں اگر گنہگار ہوں گنہگار ٹھہرتا تو گولی یا پھانسی سے مرتا۔ اس بات پر کہ میں بے گناہ ہوں مقید اور مقتول نہ ہونے سے آپ اپنا گواہ ہوں''۔[اے]

غالب نے خواجہ غلام غوث خاں بے خبر کے نام لکھے گئے بیشتر خطوط میں اُردو اشعار اور ان کی لفظیات سے بحث کی ہے۔ اکتوبر ۱۸۶۴ء کو لکھے گئے ایک خط میں غالب نے دہلی میں ہر سال ہونے والے تہذیبی میلے پھول والوں کی سیر کا ذکر کیا ہے۔ غالب لکھتے ہیں:

> ''اس شہر میں ایک میلا ہوتا ہے۔ پھول والوں کا میلا کہلاتا ہے۔ بھادوں کے مہینے میں ہوا کرتا ہے۔ امرائے شہر سے لے کر اہلِ حرفہ تک قطب صاحب جاتے ہیں۔ دو تین ہفتہ تک وہیں

رہتے ہیں۔ مسلمین اور ہنود دونوں فرقے کی شہر میں دکانیں بند
پڑی رہتی ہیں۔ بھائی ضیاء الدین خاں اور شہاب الدین خاں
اور میرے دونوں لڑکے سب قطب گئے ہوئے ہیں۔اب دیوان
خانے میں ایک میں ہوں اور ایک داروغہ اور ایک بیمار خدمت
گار۔ بھائی صاحب جب وہاں سے آئیں گے تو مقرر آپ کو خط
لکھیں گے۔ بڑے پہاڑ سے اُترے، چھوٹے پہاڑ پر چڑھ گئے
عدمِ تحریر کی وجہ یہ ہے''۔۲ے

۱۸۶۶ء کو لکھے گئے خط میں غالب نے اپنی بیماری کی شدت اور غذا میں کمی کا حال بیان کیا ہے۔غالب لکھتے ہیں:

''قبلہ پیری وصد عیب ساتویں دہا کے مہینے گن رہا ہوں۔
قولنج آگے دوری تھا اب دائمی ہوگیا ہے۔ مہینہ بھر میں پانچ
سات بار فضول مجتمع دفع ہو جاتے ہیں۔ اور یہی منشائے حیات
ہے۔ غذا کم ہوتے ہوتے اگر معدوم نہ کہوں تو بہ منزلہ مفقود
کہوں۔ پھر گرمی نے مار ڈالا۔ ایک حرارتِ غریبہ جگر میں پاتا
ہوں۔جس کی شدت سے بُھنا جاتا ہوں۔ اگرچہ جرعہ جرعہ پیتا
ہوں۔مگر صبح سے سوتے وقت تک نہیں جانتا کہ کتنا پانی پی جاتا
ہوں''۔ ۳ے

غالب نے ان خطوط میں ایک فارسی قصیدہ اور غزل بھی شامل کی ہے۔خواجہ غلام غوث خاں بے خبر کے نام لکھے گئے خطوط میں بھی غالب نے اپنی صحت شاعری اور زندگی سے متعلق باتیں بیان کی ہیں۔ پھول والوں کے میلے کے ذکر سے اندازہ ہوتا ہے کہ یہ تہذیبی روایت مغلیہ دور سے جاری تھی اور آج بھی دہلی میں اس کا سلسلہ جاری ہے۔ بہر حال غالب کے یہ خطوط اپنے عہد کی جیتی جاگتی تصویریں

پیش کرتے ہیں۔

خطوط بنام نواب حسین مرزا

غالب نے اپنے ایک دوست نواب حسین مرزا خاں کو ۱۸۵۹ء میں ۶ خطوط لکھے۔ غالب کے یہ خطوط خلیق انجم نے ''غالب کے خطوط جلد دوّم'' میں جمع کیے ہیں۔ غالب نے ان خطوط میں زیادہ تر غدر کے بعد کے حالات بیان کیے ہیں اور ان خطوں میں محمد قلی خاں کا زیادہ ذکر ملتا ہے۔ اکتوبر ۱۸۵۹ء کو لکھے گئے خط میں غالب لکھتے ہیں:

> ''محمد قلی خاں صاحب ہمہ تن مصروف ہیں۔ دیوالی کی تعطیل ہو چکی ہے۔ نوندرائے کی بی بی مرگئی ہے۔ وہ غمزدہ ہو رہا ہے۔ مگر خیر کام کرے گا۔ کاشی ناتھ بے پروا آدمی ہے۔ تم ایک خط تاکیدی اس کو بھی لکھ بھیجو...... ان سطور کی تحریر سے مراد یہ ہے کہ ابھی چُنی لال تمہارا قرض خواہ آیا تھا۔ تمہارا حال پوچھا تھا۔ کچھ سچ کچھ جھوٹ کہہ کر اس کو راہ پر لایا ہوں کہ ۱۰۰۔ ۲۰۰ روپے تم کو بھیج دو۔ بنیوں کی طرح تقریر اس کو سجھائی ہے کہ لالہ جس درخت کا پھل کھانا منظور ہوتا ہے تو اس کو پانی دیتے ہیں۔ حسین مرزا تمہارے کھیت ہیں۔ پانی دو تو اناج پیدا ہو۔ بھائی کچھ تو نرم ہوا ہے۔ تمہارے مکان کا پتہ لکھوا کر لے گیا ہے اور یہ کہہ گیا ہے کہ اپنے بیٹے رام جی داس سے صلاح کر کے جو بات ٹھہرے گی۔ آپ سے آ کر کہوں گا۔ اگر وہ روپیہ ہی بھیج دیں تو کیا کہنا اگر وہ خط لکھے اور تم اس کا جواب لکھو تو یہ ضرور لکھنا کہ اسد اللہ نے جو تم سے کہا ہے وہ سچ ہے اور وہ امر ظہور میں آنے والا ہے۔ بس زیادہ کیا لکھوں''۔[۴۷]

غالب نے ڈسمبر ۱۸۵۹ء کے ایک خط میں بیماری کے سبب زندگی سے مایوسی اور موت کا ذکر کیا ہے۔ غالب نے اخیر عمر میں اپنی بہت سی تاریخِ وفات نکالی تھیں لیکن وہ درست ثابت نہ ہوئیں۔ زندگی کے مصائب سے چھٹکارا پانے کے لئے اپنی موت کی یاد کو غالب نے اس طرح بیان کیا ہے:

''زندگی میری کب تک؟ سات مہینے یہ اور بارہ مہینے سال آئندہ کے اسی مہینے میں اپنے آقا کے پاس جا پہنچتا ہوں۔ وہاں نہ روٹی کی فکر، نہ پانی کی پیاس، نہ جاڑے کی شدت، نہ گرمی کی حدت، نہ حاکم کا خوف، نہ مخبر کا خطر، نہ مکان کا کرایہ دینا پڑے اور نہ کپڑا خریدنا پڑے۔ نہ گوشت گھی منگاؤں نہ روٹی پکواؤں۔ عالم نور اور سراسر سرور:

یارب! ایں آرزوے من چہ خوش است
تو بدیں آرزو مرا برساں''۔۵۷

خطوط بنام نواب امین الدین احمد خاں

غالب نے نواب امین الدین احمد خاں کو ۱۸۶۴ء تا ۱۸۶۷ء کے درمیان سات خطوط لکھے۔ جون ۱۸۶۴ء کے خط میں غالب نے اخبار کے نام سے شہر دہلی کے حالات بیان کیے۔ چنانچہ وہ لکھتے ہیں:

''۲۵/ مئی کو اوّل روز پہلے بڑے زور کی آندھی آئی پھر خوب مینہ برسا۔ وہ جاڑا پڑا کہ شہر کرّہ زم حریر ہوگیا۔ بڑے دریبے کا دروازہ ڈھایا گیا۔ قابل عطار کے کوچے کا بقیہ مٹایا گیا۔ کشمیری کڑے کی مسجد زمین کا پیوند ہوگئی۔ سڑک کی وسعت دوچند ہوگئی۔ اللہ اللہ گنبد مسجدوں کے ڈھائے جاتے ہیں اور ہنود کی دیوڑھیوں کی جھنڈیوں کے پرچم پھراتے ہیں۔ ایک شیر زور آور

اور پیل تن بندر پیدا ہوا ہے۔ مکانات جابجا ڈھاتا پھرتا ہے۔ فیض اللہ خاں بنگش کی حویلی پر جو گلدستے ہیں اُن میں سے ہلا ہلا کر ایک ایک کی بنا ڈھا دی اینٹ سے اینٹ بجا دی۔ واہ رے بندر یہ زیادتی اور پھر شہر کے اندر۔ ریگستان کے ملک سے ایک سردار زادہ کثیر العیال، عسیر الحال، عربی، فارسی، انگریزی تین زبانوں کا عالم دلّی میں وارد ہوا ہے۔ بلّی ماروں کے محلّے میں ٹھہرا ہے۔ بہ حسبِ ضرورت حکامِ شہر سے مل لیا ہے باقی گھر کا دروازہ بند کیے بیٹھا رہتا ہے........ اہلِ شہر حیران ہیں کہ کھاتا کہاں سے ہے اُس کے پاس روپیہ آتا کہاں سے ہے؟ کوئی کہتا ہے کہ یہ باپ سے پھر گیا ہے۔ میں جانتا ہوں کہ بے سبب باپ کی نظر سے گر گیا ہے''۔6؎

غالب نے اس خط میں بڑی تفصیل سے بارش کے سبب دہلی میں ہونے والی تباہی کا ذکر کیا ہے۔ غالب نے اگلے چند خطوں میں اپنی دو اُردو غزلیں شامل کی ہیں جن کے مطلع اور مقطع اس طرح ہیں:

(1) مطلع : میں ہوں مشتاقِ جفا مجھ پہ جفا اور سہی
تم ہو بے داد سے خوش، اس سے سوا اور سہی

مقطع : مجھ سے غالب یہ علائی نے غزل لکھوائی
ایک بیداد گر رنج فزا اور سہی

(2) مطلع : ممکن نہیں کہ بھول کے بھی آرمیدہ ہوں
میں دشتِ غم میں آہوے صیاد دیدہ ہوں

مقطع : پانی سے سگ گزیدہ ڈرے جس طرح اسدؔ
ڈرتا ہوں آئینے سے کہ مردم گزیدہ ہوں''7؎

خطوط بنام مرزا شہاب الدین احمد خاں ثاقب

غالب نے مرزا شہاب الدین احمد خاں ثاقب کو ۱۸۵۸ء تا ۱۸۶۶ء کے درمیان 9 خط لکھے ہیں۔ ان خطوط میں روز مرّہ کی گفتگو اور دور کے حالات بیان کیے ہیں۔ اکتوبر ۱۸۶۵ء کو لکھے گئے خط میں غالب نے غازی آباد کے سفر کا حال دلچسپ انداز میں بیان کیا ہے۔ غالب لکھتے ہیں:

"ہفتہ کے دن دو تین گھڑی دن چڑھے احباب کو رخصت کر کے راہی ہوا۔ قصد یہ تھا کہ پل کھوے رہوں وہاں قافلے کی گنجائش نہ پا کر ہاپوڑ کو روانہ ہوا۔ دونوں برخوردار گھوڑوں پر سوار چل دیئے۔ چار گھڑی دن رہے میں ہاپوڑ کی سرائے میں پہنچا۔ دونوں بھائیوں کو بیٹھے ہوئے اور گھوڑوں کو ٹہلتے ہوئے پایا۔ گھڑی بھر دن رہے قافلہ آیا۔ میں نے چھٹانک بھر گھی داغ کیا۔ دو شامی کباب اس میں ڈال دیئے۔ رات ہوگئی۔ شراب پی لی۔ کباب کھائے۔ لڑکوں نے ارہر کی کھچڑی پکوائی۔ خوب گھی ڈال کر آپ بھی کھائی اور سب آدمیوں کو بھی کھلائی۔ دن کے واسطے سادہ سالن پکوایا۔ ترکاری نہ ڈلوائی۔ بارے آج تک دونوں بھائیوں میں موافقت ہے۔ آپس کے صلاح و مشورے سے کام کرتے ہیں۔ اتنی بات زاید ہے کہ حسین علی منزل پر اُتر کر پاپڑ اور مٹھائی کے کھلونے خرید لاتا ہے۔ دونوں بھائی مل کر کھا لیتے ہیں۔ آج میں نے تمہارے والد کی نصیحت پر عمل کیا۔ چار بجے پانچ کے عمل میں ہاپوڑ سے چل دیا۔ سورج نکلے بابوگڑھ کی سرائے میں آ پہنچا۔ چارپائی بچھائی اس پر بچھونا بچھا کر حقہ پی رہا ہوں اور یہ خط لکھ رہا ہوں"۔ ۔۸؎

غالب کے اس خط سے اندازہ ہوتا ہے کہ اس دور کی تہذیب کیسی تھی اور لوگوں کے سفر و حضر میں کس قسم کے معمولات تھے۔ غالب نے جابجا اپنے کھانے کی پسند اور شراب نوشی کا ذکر کیا ہے اور اس خط سے بھی ان کی اس عادت کا ذکر ہوتا ہے۔

خطوط بنام مرزا حاتم علی مہؔر

غالب کے ایک خاص دوست مرزا حاتم علی مہؔر تھے۔ اور وہ منشی ہرگوپال تفتؔہ کے بعد مرزا حاتم علی مہؔر کے نام لکھے گئے خط بہت مشہور ہوئے۔ غالب نے انھیں ۱۸۵۸ء سے ۱۸۶۱ء کے درمیان ۱۹ خط لکھے۔ ۱۸۵۸ء کے خط میں غالب غدر کے بعد مغلیہ سلطنت کے زوال اور انگریزی حکومت کے ہندوستان پر قابض ہو جانے کا ذکر اس طرح کیا ہے۔

> ''حضرت یہاں دو خبریں مشہور ہیں ان کے باب میں آپ سے تصدیق چاہتا ہوں۔ ایک تو یہ کہ لوگ کہتے ہیں کہ آگرے میں اشتہار جاری ہوگیا ہے اور ڈھنڈورا پیٹ گیا ہے کہ کمپنی کا ٹھیکہ ٹوٹ گیا اور بادشاہی عمل ہندوستان میں ہوگیا۔ دوسری خبر یہ کہ اڈمنسٹن صاحب بہادر گورنمنٹ کلکتہ کے چیف سکریٹری اکبر آباد کے لیفٹننٹ گورنر بہادر ہوگئے ہیں۔ خبریں دونوں اچھی ہیں۔ خدا کرے سچ ہوں اور سچ ہونا ان کا آپ کے لکھنے پر منحصر ہے۔ ہاں صاحب ایک بات اور ہے اور وہ محلِ غور ہے میں نے حضرت ملکۂ معظّمہ انگلستان کی مدح میں ایک قصیدہ ان دنوں میں لکھا ہے۔ تہنیتِ فتحِ ہند اور عملداری شاہی ساٹھ بیت ہے''۔ ۹ے

نومبر ۱۸۵۸ء کے خط میں غالب نے مرزا حاتم علی مہر کے نام لکھے گئے خط میں اپنی مکتوب نگاری کی خصوصیات اور ایک مشہور اُردو غزل لکھی ہے۔ غالب لکھتے ہیں:

''میں نے وہ اندازِ تحریر ایجاد کیا ہے کہ مراسلہ کو مکالمہ بنا دیا

ہے۔ ہزار کوس سے بہ زبانِ قلم باتیں کیا کرو۔ ہجر میں وصال کے مزے لیا کرو۔ کیا تم نے مجھ سے بات نہ کرنے کی قسم کھائی ہے اتنا تو کہو کہ یہ کیا بات تمہارے جی میں آئی ہے۔ برسوں ہو گئے کہ تمہارا خط نہیں آیا۔ نہ اپنی خیر و عافیت لکھی۔ نہ کتابوں کا بیورا بھجوایا...... میرا کلام میرے پاس کبھی کچھ نہیں رہا۔ نواب ضیاء الدین خاں اور نواب حسین مرزا جمع کر لیتے تھے جو میں نے کہا انھوں نے لکھ لیا۔ ان دونوں کے گھر لُٹ گئے۔ ہزاروں روپے کے کتب خانے برباد ہو گئے۔ اب میں اپنے کلام کے دیکھنے کو ترستا ہوں۔ کئی دن ہوئے کہ ایک فقیر کہ وہ خوش آواز بھی ہے اور زمزمہ پرداز بھی ہے ایک غزل میری کہیں سے لکھوا لایا ہے اس نے وہ کاغذ جو مجھ کو دکھایا یقین سمجھنا کہ مجھ کو رونا آیا۔ غزل تم کو بھیجتا ہوں اور صلہ میں اس کے اس خط کا جواب چاہتا ہوں۔

غزل : درد منت کش دوا نہ ہوا
میں نہ اچھا ہوا بُرا نہ ہوا
جان دی ، دی ہوئی اسی کی تھی
حق تو یہ ہیکہ حق ادا نہ ہوا
کچھ تو پڑھیے کہ لوگ کہتے ہیں
آج غالبؔ غزل سرا نہ ہوا'' ۸۰

غالب نے حاتم علی مہؔر کے نام لکھے گئے بیشتر خطوط میں اپنے اُردو اشعار بیان کیے ہیں۔ ایک خط میں انھوں نے اپنی مشہور غزل کا یہ شعر بیان کیا۔

کسی کو دل کے ، کوئی نوا سنجِ فغاں کیوں ہو

نہ ہو جب دل ہی پہلو میں تو پھر منہ میں زباں کیوں ہو

ایک اور خط میں غالب نے یہ شعر لکھا:

ہر ایک بات پہ کہتے ہو تم کہ تو کیا ہے — تم ہی کہو کہ یہ اندازِ گفتگو کیا ہے

ایک خط میں غالب نے اپنی آزادروش کا کُھل کر ذکر کیا ہے۔ غالب کہتے ہیں:

''ہم کو یہ باتیں پسند نہیں۔ پینسٹھ برس کی عمر میں۔ پچاس برس عالمِ رنگ وبُو کی سیر کی ہے۔ ابتدائے شباب میں ایک مرشدِ کامل نے یہ نصیحت کی ہے کہ ہم کو زہد وورع منظور نہیں۔ ہم مانعِ فسق وفجور نہیں۔ پیو، کھاؤ، مزے اُڑاؤ مگر یہ یادرہے کہ مصری کی مکھی بنو۔ شہد کی مکھی نہ بنو۔ سو میرا اس نصیحت پر عمل رہا ہے، کسی کے مرنے کا وہ غم کرے جو آپ نہ مرے۔ کیسی اشک فشانی، کہاں کی مرثیہ خوانی، آزادی کا شکر بجالاؤ، غم نہ کھاؤ اور اگر ایسے ہی اپنی گرفتاری سے خوش ہو تو ''چنا جان'' نہ سہی ''منا جان'' سہی۔ میں جب بہشت کا تصور کرتا ہوں اور سوچتا ہوں کہ اگر مغفرت ہوگئی اور ایک قصر ملا اور ایک حور ملی۔ اقامت جاودانی ہے اور اس نیک بخت کے ساتھ زندگانی ہے۔ اس تصور سے جی گھبراتا ہے اور کلیجہ منہ کو آتا ہے۔ ہے ہے وہ حور اجیرن ہوجائے گی۔ طبیعت کیوں نہ گھبرائے گی۔ وہی زمردیں کاخ اور وہی طوبیٰ کی ایک شاخ! چشم بدُور وہی ایک حور، بھائی ہوش میں آؤ، کہیں اور دل لگاؤ''۔[81]

مرزا حاتم علی مہر کے نام لکھے گئے خطوط میں غالب کی ان سے محبت کا اظہار ہوتا ہے اور خطوط میں جا بجا غالب کی صاف دلی ٹپکتی ہے۔ انھوں نے ان خطوط میں اپنی غزلوں کے حوالے دیئے۔ اپنی

مکتوب نگاری کا انداز بیان کیا اور اپنے عہد کے حالات کے بیان کے ساتھ اپنی طرزِ زندگی کا بھی انداز ظاہر کیا۔ ایک اور خط میں عشق کے فلسفہ کو دلچسپ انداز میں بیان کرتے ہوئے غالب لکھتے ہیں:

''سنو صاحب! شعراء میں فردوسیؔ، فقراء میں حسن بصری اور عشاق میں مجنون۔ یہ تین آدمی تین فن میں سرِ دفتر اور پیشوا ہیں۔ شاعر کا کمال یہ ہے کہ فردوسی ہو جائے۔ فقیر کی انتہا یہ ہے کہ حسن بصری سے ٹکر کھائے اور عاشق کی نمود یہ ہے کہ مجنوں کی ہم طرحی نصیب ہو۔ لیلیٰ اس کے سامنے مری تھی۔ تمہاری محبوبہ تمہارے سامنے مری بلکہ تم اس سے بڑھ کر ہوئے کہ لیلیٰ اپنے گھر میں اور تمہاری معشوقہ تمہارے گھر میں مری۔ بھئی مغل بھی غضب ہوتے ہیں جس پر مرتے ہیں اس کو مار رکھتے ہیں۔ میں مغلچہ ہوں۔ عمر بھر میں ایک بڑی ستم پیشہ ڈومنی کو میں نے بھی مار رکھا ہے۔ خدا اُن دونوں کو بخشے اور ہم تم دونوں کو بھی کہ زخمِ مرگِ دوست کھائے ہوئے ہیں''۔۸۲

غالب نے ان خطوط میں اپنی شخصی زندگی کے راز بھی بیان کیے اور عشق کا فلسفہ بھی بیان کیا۔ ایک اور خط میں انھوں نے مرزا یوسف علی خاں کے دہلی میں رہنے کا ذکر کیا ہے۔ غالب کے یہ خطوط اُن کی زندگی اور شخصیت کے آئینہ دار ہیں۔

خط بنام مولوی ضیاء الدین خاں ضیاؔء دہلوی

غالب نے مولوی ضیاء الدین خاں ضیاء دہلوی کو ۱۸۶۶ء میں تین خط لکھے۔ ان میں پہلا خط کافی طویل ہے۔ اس خط میں غالب نے عربی اور فارسی فصاحت و بلاغت کے ضمن میں اپنے خیالات کا اظہار کیا ہے اور قواعد کے بعض اُصولوں پر بھی بحث کی ہے۔ اس ضمن میں غالب لکھتے ہیں:

''پارسیانِ سابق جو جانتے نہ تھے کہ فاعل کس کو کہتے ہیں اور

جمع کس مرض کا نام ہے، امر کا صیغہ کون جانور ہے اور اسمِ جامد کس قسم کے پتھر کو کہتے ہیں۔ انھوں نے کبھی نہ کہا ہوگا کہ ''دانا'' و ''بینا'' صیغۂ اسم فاعل اور ''نالاں'' و ''گریاں'' صیغہ فاعل یا حالیہ ہے۔ ایک جماعت نے کہہ دیا کہ الف نون افادۂ معنی فاعلیت کرتا ہے۔ ایک صف پکار اُٹھی کہ الف نون حالیہ ہے۔ خدا جانے اہلِ پارس صیغۂ امر کو اپنی زبان میں کیا کہتے ہوں گے اور الف فاعل کا ان کی لسانی میں کیا نام ہوگا۔ آخر یہ فن امورِ دینی میں سے تو نہیں ہے کہ جو امام اعظم کے قول کو نہ مانے وہ مرتد ہے۔ قوتِ قیاس کا مادہ اوروں میں تھا۔ ہم کو مبداء فیاض سے یہ قوت عطا نہیں ہوئی اور پھر الف نون حالیہ کے وجود کے اعتراف میں، میں ہی منفرد نہیں ہوں۔ بہ قول تمہارے اور اشخاص بھی ہیں۔ سوال اسی قدر ہے کہ الف نون حالیہ موجود ہے یا نہیں؟ سائل کا جواب تو وہیں تمام ہوا، جہاں تم نے فرمایا کہ سابقین ''افتاں'' و ''خیزاں'' کے الف نون کو حالیہ لکھ گئے۔ لاحقین نے کہا کہ یہ الف نون فاعل کا ہے۔ خیر ایک تردّد اگر پیدا ہوا تو تسمیہ میں پیدا ہوا۔ متاخرین کا قول، متقدمین کے کلام کا ناسخ اور الف نون حالیہ کے وجود کا مبطل تو نہیں ہوا۔ بہر حال، یہی لکھ دو کہ بعض لوگ اس الف نون کو فاعل کا الف نون بتاتے ہیں اور بعض الف نون حالیہ کہتے ہیں''۔[۸۳]

خطوط بنام نواب یوسف مرزا

غالب نے اپنے دوست نواب یوسف مرزا کو ۱۸۵۶ء تا ۱۸۶۰ء کے درمیان ۱۲ خطوط لکھے۔

غالب نے انھیں پیار بھرے القاب جیسے اۓ میری جان۔ اۓ میری آنکھیں۔ میاں۔ یوسف مرزا وغیرہ سے مخاطب کیا ہے۔ غالب کے خطوط کے بارے میں جیسا کہ کہا گیا ہے کہ ان کے خطوط مراسلہ نہیں بلکہ آپسی مکالمہ ہوتے ہیں۔ چنانچہ پہلے خط کا آغاز غالب نے بالکل گفتگو کے انداز میں کیا ہے۔ غالب لکھتے ہیں:

''کوئی ہے؟ ذرا یوسف مرزا کو بلائیو۔ لو صاحب وہ آۓ۔ میاں میں نے کل خط تم کو بھیجا ہے مگر تمہارے ایک سوال کا جواب رہ گیا ہے۔ اب سُن لو۔ تفضّل حسین خاں اپنے ماموں معید الدین خاں پاس میرٹھ ہیں۔ شاید دلّی آیا ہو۔ مگر میرے پاس نہیں آیا۔ والد اُن کے غلام علی خاں اکبرآباد میں ہیں۔ مکتب داری کرتے ہیں۔ لڑکے پڑھاتے ہیں۔ روٹی کھاتے ہیں'' ۸۴ے

غالب نے نومبر ۱۸۵۹ء کے ایک خط میں انھیں قلعہ کی جانب سے چودہ پارچے کا خلعت ملنے کا ذکر کیا ہے۔ نومبر ۱۸۵۹ء کے ہی ایک اور خط میں غالب نے یوسف مرزا کو لکھے گئے خط میں اپنی معاشی تنگی اور گھر میں زیادہ افراد کی موجودگی کا ذکر جذباتی انداز میں یوں کیا ہے:

''اب خاص اپنا دُکھ روتا ہوں، ایک بی بی دو بچے، تین چار آدمی گھر کے۔ کلو، کلیان، ایاز یہ باہر، مداری کے جورو بچے بہ دستور، گویا مداری موجود ہے۔ میاں گھمن گئے گئے مہینہ بھر سے آ گئے کہ بھوکا مرتا ہوں۔ اچھا بھائی تم بھی رہو۔ ایک پیسے کی آمد نہیں۔ بیس آدمی روٹی کھانے والے موجود۔ مقامِ معلوم سے کچھ آۓ جاتا ہے۔ وہ بہ قدر رسدِ رمق ہے۔ محنت وہ ہے کہ دن رات میں فرصت کم سے کم ہوتی ہے۔ ہمیشہ ایک فکر برابر چلی جاتی ہے۔ آدمی ہوں۔ دیو نہیں۔ بھوت نہیں۔ ان رنجوں کا تحمل کیوں

کر کروں؟ بڑھاپا، ضعفِ قویٰ، اب مجھے دیکھو تو جانو کہ میرا کیا
رنگ ہے۔ شاید کوئی دو چار گھڑی بیٹھتا ہوں ورنہ پڑا رہتا ہوں۔
گویا صاحبِ فراش ہوں، نہ کہیں جانے کا ٹھکانا، نہ کوئی میرے
پاس آنے والا''۔۸۵؎

غالب نے اپنے خطوط میں جا بجا اپنی پریشانیوں کا ذکر کیا ہے۔ غالب نے کبھی ملازمت نہیں کی تھی اور وہ سرکاری پنشن اور قلعہ سے ملنے والی تنخواہ سے گزارا کرتے تھے۔ وہ اس امید میں لوگوں کو اپنی پریشانیوں کا ذکر کرتے تھے کہ لوگ کسی طرح ان کی مالی مدد کریں۔ لیکن غدر کے بعد ہر طرف بے چینی و بدحالی تھی۔ اس لیے غالب کو بھی چین و سکون میسر نہیں ہوا۔ غالب نے اکثر خطوط میں اپنے دور کے حالات بھی بیان کیے ہیں۔ ایک خط میں انھوں نے ایک ہندو لڑکے برہما کی موت کا ذکر کیا ہے جس کا باپ شیو جی رام تھا۔ بعض خطوط میں رمضان اور شوال کا ذکر کیا ہے۔ ایک اور خط میں اپنے حقیقی بھائی کے انتقال کا ذکر کیا اس کے چار بچے اور بیوہ جے پور میں رہتے تھے۔ غالب کو افسوس تھا کہ تین سال سے انھیں مدد کیلئے ایک روپیہ بھی نہیں بھیج سکے۔ ایک خط میں یوسف مرزا کے والد کے انتقال پر غالب نے اظہار تعزیت کا جو انداز اختیار کیا وہ ان کا ہی حق تھا۔ غالب لکھتے ہیں:

''کیونکر تجھ کو لکھوں کہ تیرا باپ مر گیا اور اگر لکھوں تو پھر آگے
کیا لکھوں کہ اب کیا کرو۔ مگر صبر۔ یہ ایک شیوۂ فرسودہ ابنائے
روزگار کا ہے۔ تعزیت یوں ہی کیا کرتے ہیں اور یہی کہا کرتے
ہیں کہ صبر کرو۔ ہائے ایک کا کلیجہ کٹ گیا ہے اور لوگ اُسے کہتے
ہیں کہ تو نہ تڑپ۔ بھلا کیونکر نہ تڑپے گا۔ صلاح اِس امر میں نہیں
بتائی جاتی۔ دعا کو دخل نہیں دوا کا لگاؤ نہیں۔ پہلے بیٹا مرا پھر باپ
مرا۔ مجھ سے اگر کوئی پوچھے کہ بے سروپا کس کو کہتے ہیں تو میں
کہوں گا یوسف مرزا کو''۔۸۶؎

غالب نے تعزیت کے اس انداز میں واضح کیا کہ لوگ جھوٹ موٹ کی تسلّی دیتے ہیں جبکہ اگر کوئی غم میں مبتلا ہو تو کسی کے کچھ کہنے سے فوری غم دور نہیں ہوتا۔ غالب کی نثر کی یہ نیرنگیاں ان کے خطوط میں جا بجا بکھری ہوئی ہیں۔

خطوط بنام پیارے لال آشوب

غالب نے اپنے دوست پیارے لال آشوب کو ۱۸۶۵ء تا ۱۸۶۸ء کے درمیان پانچ خط لکھے جس میں آپسی تعلقات اور دور کے حالات کا ذکر کیا ہے۔ ایک خط میں غالب نے ایک شعر کی تشریح کی ہے۔ غالب لکھتے ہیں:

یک الف بیش نہیں صیقل آئینۂ ہنوز　　　چاک کرتا ہوں میں جب سے کہ گریباں سمجھا

پہلے یہ سمجھنا چاہیے کہ آئینہ عبارت فولاد کے آئینے سے ہے ورنہ حلبی آئینوں میں جوہر کہاں اور اُن کو صیقل کون کرتا ہے۔ فولاد کی جس چیز کو صیقل کرو گے بے شبہ پہلے ایک لکیر پڑے گی۔ اس کو الف صیقل کہتے ہیں۔ جب یہ مقدمہ معلوم ہو تو اب اس مفہوم کو سمجھئے۔

چاک کرتا ہوں میں جب سے کہ گریباں سمجھا
یعنی ابتدائے سنِ تمیز سے مشقِ جنوں ہے اب تک کمالِ فن نہیں حاصل ہوا۔ آئینہ تمام اوصاف نہیں ہوگیا۔ پس وہی ایک لکیر صیقل کی جو ہے سو ہے۔ چاک کی صورت الف کی سی ہوتی ہے اور چاک جیب آثارِ جنوں میں سے ہے"۔ [87]

خطوط بنام یوسف علی خاں عزیز

غالب نے یوسف علی خاں عزیز کو تین خطوط لکھے۔ اپنے تیسرے خط میں غالب نے تذکیر و تانیث کی بحث کی ہے۔ انھوں نے ایک بنیادی نکتہ بیان کیا ہے کہ تذکیر و تانیث کے اُصول تمام علاقوں میں یکساں نہیں ہے اور کہیں مذکر تو کہیں مونث استعمال ہوئے ہیں۔ لفظ تکیہ کی بحث کرتے ہوئے غالب لکھتے ہیں:

''تکیہ لفظ عربی الاصل ہے۔ فارسی وارد و میں مستعمل دونوں زبانوں میں ہم بہ معنی بالش اور ہم بہ معنی مکانِ فقیر آتا ہے۔ ایران میں تکیہ مرزا صائب مشہور ہے۔ ''گل تکیہ'' لفظ مرکب ہے۔ ہندی اور فارسی سے 'گل' مخفف 'گال' کا اور 'تکیہ' بمعنی ''بالش''۔ وہ چھوٹا گول تکیہ جو رخسار کے تلے رکھیں ''گل تکیہ'' کہلاتا ہے''۔ ۸۸ے

خطوط بنام مرزا قربان علی بیگ خاں سالکؔ

غالب نے اپنے ایک دوست مرزا قربان علی بیگ سالک کو ۱۸۶۴ء میں دو خط لکھے ہیں۔ دوسرے خط میں غالب نے ایک مرتبہ پھر جذباتی انداز میں اپنی پریشانیوں اور مسائل کا ذکر کیا ہے۔

''یہاں خدا سے بھی توقع باقی نہیں۔ مخلوق کا کیا ذکر۔ کچھ بن نہیں آتے۔ اپنا آپ تماشائی بن گیا ہوں۔ رنج و ذلّت سے خوش ہوتا ہوں۔ یعنی میں نے اپنے کو اپنا غیر تصّور کیا ہے۔ جو دُکھ مجھے پہنچتا ہے کہتا ہوں کہہ لو۔ غالب کے ایک اور جوتی لگی۔ بہت اِتراتا تھا کہ میں بڑا شاعر اور فارسی داں ہوں۔ آج دور دور تک میرا جواب نہیں۔ لے اب تو قرض داروں کو جواب دے۔ سچ تو یہ ہے کہ غالب کیا مرا۔ بڑا مُلحد مرا۔ بڑا کافر مرا۔ ہم نے ازراہِ تعظیم جیسا بادشاہوں کو بعد اُن کے جنت آرامگاہ و عرش نشیمن خطاب دیتے ہیں۔ چونکہ یہ اپنے کو شاہِ قلمرو ِسخن جانتا تھا۔ آیئے نجم الدولہ بہادر ایک قرض دار کا گریباں میں ہاتھ۔ ایک قرض دار بھوگ سنا رہا ہے...... بولے کیا بے حیاء بے غیرت کوٹھی سے شراب۔ گندھی سے گلاب۔ بزاز سے کپڑا۔ میوہ فروش سے

آم ۔صراف سے آدم ۔قرض لیے جاتا ہے۔ یہ بھی تو سونچا ہوتا
کہاں سے دوں گا''۔۸۹

خطوط بنام مولوی محمد عبدالرزاق شاکر

غالب نے اپنے ایک دوست مولوی محمد عبدالرزاق شاکر کو۱۸۶۵ءاوراس کے بعد ۱۰ خط لکھے۔ان خطوط میں اردواور فارسی زبان دانی کا ذکر ہے۔اکثر خطوں میں اشعار لکھ کراس کے متعلقات بیان کیئے گئے ہیں۔اپنے ایک خط میں غالب نے بیدل کے طرز میں شاعری کرنے اور اپنے کلام پر نظرثانی کرنے کا ذکر کیا ہے۔غالب لکھتے ہیں:

''قبلہ ابتدائے فکرِ سخن میں بیدلؔ و اسیرؔ و شوکتؔ کے طرز کا ریختہ لکھتا تھا۔ چنانچہ ایک غزل کا مقطع یہ تھا:

طرزِ بیدلؔ میں ریختہ لکھنا اسداللہ خاں قیامت ہے

پندرہ برس کی عمر سے پچیس برس کی عمر تک مضامینِ خیالی لکھا کیا۔دس برس میں بڑا دیوان جمع ہوگیا۔آخر جب تمیز آئی تو اس دیوان کو دور کیا۔اوراق یک قلم چاک کیئے۔دس پندرہ شعر واسطے نمونے کے دیوانِ حال میں رہنے دیئے''۔۹۰

غالب کے ان خیالات سے اندازہ ہوتا ہے کہ غالب نے بے شمار فارسی اشعار کہے تھے۔جو محفوظ نہیں رہ سکے اور خود غالب نے بھی بہت سے اشعار کو دیوان سے حذف کر دیا تھا۔

''غالب کے خطوط''مرتبہ خلیق انجم جلد دوّم میں بے شمار ایسی شخصیتوں کے نام ہیں جن کے نام غالب نے کبھی کبھار ایک یا دو خط لکھے تھے۔ان میں مولانا محمد نعیم الحق آزادؔ، فرقانی میرٹھی، مولانا عباس رفعت، محمود مرزا، عبدالحق، حکیم محبّ علی، مہاراجہ سردار سنگھ والیِ بیکانیر، شہزادہ بشیرالدین، حکیم غلام مرتضٰی خاں، مرزا باقر علی خاں کاملؔ، میر احمد حسین میکشؔ، میر سرفراز حسین، مرزا عباس بیگ، مولوی احمد حسن قنوجی، مرزا شمشاد علی بیگ رضوانؔ، منشی کیول رام ہشیارؔ، میر افضل علی میرن، منشی ہیرا سنگھ، محمد زکریا

خاں زکی دہلوی، منشی غلام بسم اللہ۔ میر بندہ علی خاں عرف مرزا میر۔ محمد محسن (صدر الصدور)۔ سید سجاد مرزا۔ نواب مصطفیٰ خاں بہادر شیفتہ۔ حکیم ظہیر الدین احمد خاں، میر محمد زکی زکی، مردان علی خاں رعنا، مولانا احمد حسین مینا مرزاپوری، شیخ لطیف احمد بلگرامی، بابو ہرگوبند سہائے نشاط شامل ہیں۔

جیسا کہ غالب کے حالات سے پتہ چلتا ہے کہ قلعہ سے وابستگی اور مغلیہ خاندان کی تاریخ نویسی پر ماموری کے بعد غالب نے اُردو مکتوب نگاری شروع کی تھی اور غدر کے بعد یہ سلسلہ کافی پھیل گیا تھا اوران کے مکتوب الیہ احباب کی فہرست طویل ہوتی گئی تھی۔

خطوط بنام نواب انورالدولہ سعدالدین خاں بہادر شفق

غالب نے اپنے دوست نواب انورالدولہ سعدالدین خاں بہادر شفق کے نام ۱۸۵۳ء تا ۱۸۶۴ء ۲۰ خطوط لکھے۔ ان خطوط میں غالب کا فارسی کلام شاعری کی اصلاح کی باتیں غدر کے بعد کے حالات اور دیگر مضامین پیش ہوئے ہیں۔ ۱۸۶۰ء کو لکھے گئے ایک خط میں غالب نے دہلی میں ہونے والے ایک حملے کا ذکر اس طرح کیا ہے:

> ''پانچ لشکر کا حملہ پہ در پہ اس شہر پر ہوا۔ پہلا باغیوں کا لشکر اس نے اہلِ شہر کا اعتبار لوٹا۔ دوسرا لشکر خاکیوں کا اس میں جان و مال و ناموس و مکان و مکین و آسمان و زمین و آثارِ ہستی سراسر لُٹ گئے۔ تیسرا لشکر کال کا اس میں ہزار ہا آدمی بھوکے مرے۔ چوتھا لشکر ہیضہ کا اس میں بہت سے پیٹ بھرے مرے۔ پانچواں لشک تَپ کا۔ اس میں تاب و طاقت عموماً لُٹ گئی۔ مرے آدمی کم لیکن جس کو تپ آئی اس نے پھر اعضاء میں طاقت نہ پائی۔ اب تک اُس لشکر نے شہر سے کوچ نہیں کیا۔ میرے گھر میں دو آدمی تپ میں مبتلا ہیں۔ ایک بڑا لڑکا اور ایک میرا داروغہ خدا اِن دونوں کو جلد صحت دے''۔ [91]

غالب نے خط کے اس حصّے میں دہلی میں اہلِ دہلی پر یکے بعد دیگرے آنے والے مصائب وآلام کا ذکر کیا ہے۔ غدر کے فوری بعد اہلِ دہلی اور ہندوستانیوں پر سماجی حالات کی تبدیلی کی وجہ سے مسائل پیدا ہوگئے تھے۔ جو ایک عرصہ کے بعد دور ہوئے۔ ایک اور خط میں انھوں نے شہر کی توسیع کے لئے ہونے والی کھدائیوں اور قدیم عمارتوں کے ڈھائے جانے کا ذکر کیا ہے اور لکھا کہ شاہجہانی عمارتیں توڑنے کے دوران کدال ٹوٹ گئے تو بارودی سرنگیں لگا کر مضبوط سنگین عمارتیں ڈھائی گئیں۔

جولائی ۱۸۶۰ء کے خط میں غالب نے ایک ڈاکیہ کا لطیفہ بیان کیا ہے۔ غالب لکھتے ہیں:

> ''ڈاک کا ہرکارہ جو بلّی ماروں کے محلے کے خطوط پہنچاتا ہے ان دنوں میں ایک بنیا پڑا لکھا حرف شناس کوئی فلاں ناتھ یا ڈھمک داس ہے میں بالا خانے پر رہتا ہوں۔ حویلی میں آکر اس نے داروغہ کو خط دیا۔ اس نے خط دے کر مجھ سے کہا کہ ڈاک کا ہرکارہ بندگی عرض کرتا ہے اور کہتا ہے کہ مبارک ہو۔ آپ کو جیسا کہ دلی کے بادشاہ نے نوابی کا خط دیا تھا اب کالیپسی سے خطاب ''کپتانی'' کا ملا۔ حیران کہ یہ کیا کہتا ہے۔ سرنامہ کو غور سے دیکھا۔ کہیں قبل از اسم ''مخدوم نیاز کیشاں'' لکھا تھا۔ اس خرّم ساق نے اور الفاظ سے قطع نظر کر کے کیشاں کو کپتان پڑھا''۔ ۹۲

ایک اور خط میں غالب نے نواب صاحب اور اپنے خیالات میں ہم آہنگی کا ذکر کیا ہے۔ غالب لکھتے ہیں:

> ''اُمورِ نفسانی میں اضداد کا جمع ہونا محالاتِ عادیہ میں سے ہے۔ کیوں کر ہو سکے کہ ایک وقتِ خاص میں ایک امرِ خاص موجب انشراح کا بھی ہو اور باعث انقباض کا بھی ہو۔ یہ بات میں نے آپ کے اس خط میں پائی کہ اس کو پڑھ کر خوش بھی ہوا اور غمگین

بھی ہوا۔ سبحان اللہ! اکثر اُمور میں تم کو اپنا ہم طالع اور ہمدرد پاتا
ہوں، عزیزوں کی ستم کشی اور رشتہ داروں سے ناخوشی۔ میرا ہم قوم تو
سراسر قلمروِ ہند میں نہیں۔ سمرقند میں دو چار یا دشتِ قپچاق میں سو دو سو
ہوں گے۔ مگر ہاں اقربائے سبی۔ پانچ برس کی عمر سے اُن کے دام
میں اسیر ہوں۔ اکسٹھ برس ستم اُٹھائے ہیں''۔۹۳

خطوط بنام نواب میر غلام بابا خاں

غالب کے بہت سے نوابوں کے ساتھ قریبی مراسم تھے اور وہ اپنی معیشت کو درست بنائے رکھنے کے لئے نوابوں سے میل جول رکھتے تھے۔ ایسے ہی ایک دوست نواب میر غلام بابا خاں تھے جنھیں غالب نے ۱۸۶۳ء تا ۱۸۶۸ء کے درمیان ۱۰ خطوط لکھے۔ ان خطوط میں آپسی مراسم خطوں کے جوابات۔ اپنی بیماری کا حال اور دیگر اُمور بیان کئے ہیں۔ اپنے انتقال سے دو سال قبل ۱۸۶۷ء کو لکھے گئے خط میں غالب نے اپنی ضعیفی اور بیماری کا حال بڑے ہی دُکھ بھرے انداز میں بیان کیا ہے جس سے غالب کی مصیبتوں کا اندازہ ہوتا ہے لیکن ان حالات میں بھی غالب نے اپنے دوستوں کے خطوط کا جوابی سلسلہ جاری رکھا۔ غالب اپنے حالات بیان کرتے ہوئے لکھتے ہیں:

''خط کے دیر دیر لکھنے کا سبب ضعف و نقاہت ہے۔ اگر میرے اوقات شبا روزے اور میرے حالات آپ دیکھیں تو عجب کریں گے کہ یہ شخص جیتا کیوں کر ہے۔ صبح سے شام تک پلنگ پر پڑا رہنا اور پھر دم بہ دم پیشاب کو اُٹھنا۔ ان مجموع مصائب میں سے ایک ادنیٰ مصیبت یہ ہے کہ ۱۲۸۳ء شروع ہوئی۔ ۱۲۱۲ھ میری ولادت ہے۔ اب کے رجب کے مہینے سے ستر ھواں سال شروع ہوگا۔ سترا، بہترا، بوڑھا بہرا اپاہج آدمی ہوں۔ جو عنایت تم میرے حال پر فرماتے ہو، صرف تمہاری خوبی

ہے میں کسی لائق نہیں''۔۹۴

بعد کے خط میں غالب نے لکھا کہ جب تک خیریت رہی اپنے ہاتھ سے خط لکھا۔ باضابطہ خطوط لکھنے کے لئے کسی نوکر کو رکھنے کا مقدور نہیں۔عزیزوں اور دوستوں میں سے کوئی صاحب آ گئے تو ان سے لکھا لیتا ہوں۔ غالب نے اپنے اوپر آنے والے مصائب کو ابرِ سیاہ اور ٹڈّی دل سے تشبیہ دی ہے۔تاہم اللہ پہ بھروسہ کا اظہار کیا۔اس طرح یہ خطوط غالب کے اپنے حالات کے بہت بڑے عکاس اور امین ہیں۔

خطوط بنام نواب میر ابراہیم خان

غالب نے اپنے دوست نواب میر ابراہیم خان کو۱۸۶۶ء تا۱۸۶۸ء کے درمیان پانچ خط لکھے۔جن میں سے دوخطوں میں اپنی بیماری کا حال بیان کیا ہے اور ایک خط میں اپنے فارسی قطعات لکھے ہیں۔ دیگر خطوط کے علاوہ ان خطوط میں بھی غالب نے اپنی بیماری اور گھٹتی غذا کا ذکر کیا ہے۔ چنانچہ غالب لکھتے ہیں:

''قبلہ! ضعف نے مضمحل کر دیا ہے۔حواس بجا نہیں۔اس مہینے یعنی رجب کی آٹھویں تاریخ سے تہتر واں برس شروع ہو گیا۔غذا بہ اعتبار آردو برنج مفقود۔میں صبح کو پانچ سات بادام کا شیرہ بارہ بجے آبِ گوشت۔شام کو چار کباب تلے ہوئے بس آگے خدا کا نام''۔۹۵

خطوط بنام صاحبِ عالم مارہروی

غالب نے اپنے ایک دوست صاحبِ عالم مارہروی کو۱۸۵۹ء تا۱۸۶۶ء پانچ خط لکھے۔ان خطوط میں شاعری اور زبان و بیان کی بحث۔ قاطع برہان کی پیشرفت بیماری اور غذا کا حال اور دیگر کیفیات نقل کی ہیں۔ضعیفی کے سبب بے کاری اور بے کاری میں خطوط لکھنے کا مشغلہ اپنانے کا ذکر کرتے ہوئے غالب لکھتے ہیں:

''کیا عرض کروں کہ میرا کیا حال ہے، اضمحلالِ قویٰ کا حال مختصر یہ ہیکہ اگر کوئی دوست ایسا کہ جس سے تکلف کی ملاقات ہے آجائے تو اُٹھ بیٹھتا ہوں ورنہ پڑا رہتا ہوں۔ جو کچھ لکھنا ہوتا ہے وہ بھی اکثر لیٹے لیٹے لکھتا ہوں۔ آج دوپہر کو میر عبدالعزیز صاحب آئے۔ میں بے کلاہ و پیرہن پلنگ پر لیٹا ہوا تھا اُن کو دیکھ کر اُٹھا۔ مصافحہ کیا۔ اُنھوں نے جناب شاہ عالم صاحب کا خط مع مسوداتِ اشعار دیا اور فرمایا کہ ''پرسوں جاؤں گا''۔ عرض کیا گیا کہ کل آخر روز آپ تشریف لائیں، خط کا جواب اور اصلاحی مسودہ لے جائیں۔ وہ تشریف لے گئے۔ میں لیٹ رہا۔ دن کے سونے کی عادت نہیں ہے۔ جی میں کہا آؤ بیکار کیوں رہو۔ خط کا جواب آج لکھ رکھو۔ اُٹھے کون۔ بکس کھولے کون؟ لڑکوں کی دوات قلم مونڈھے پر پلنگ کے پاس رکھ لی۔ ادب مقتضی اس کا ہوا کہ آغازِ نامہ بہ نامِ اقدس ہو''۔[۹۶]

خطوط بنام حکیم سید احمد حسن مودودی

غالب نے اپنے دوست حکیم سید احمد حسن مودودی کے نام ۱۸۶۱ء تا ۱۸۶۶ء کے درمیان ۱۱ خطوط لکھے۔ ان خطوط میں غزلوں کی اصلاح، بیماری کا حال۔ رامپور سے ملنے والے پنشن اور دیگر ذاتی احوال شامل ہیں۔ غالب نے ایک خط میں دہلی کی تباہی کا حال بیان کیا ہے:

''بادشاہ کے دم تک یہ باتیں تھیں۔ خود میاں کالے صاحب مغفور کا گھر اس طرح تباہ ہوا کہ جیسے جھاڑو پھیر دی۔ کاغذ کا پُرزہ ۔سونے کا تار۔ پشمینہ کا بال باقی نہ رہا۔ شیخ کلیم اللہ جہاں آبادیؒ کا مقبرہ اُجڑ گیا۔ مقبرہ کیا ایک اچھے گاؤں کی آبادی تھی۔ ان کی

اولاد کے لوگ تمام اس موضع میں سکونت پذیر تھے۔اب ایک جنگل ہے اور میدان میں قبر۔اس کے سوا کچھ نہیں۔ وہاں کے رہنے والے اگر گولی سے بچے ہوں گے تو خدا ہی جانتا ہوگا کہ کہاں ہیں؟ ان کے پاس شیخ کا کلام بھی تھا۔ کچھ تبرکات بھی تھے۔اب جب وہ لوگ ہی نہیں تو کس سے پوچھوں۔کیا کروں کہیں سے یہ مدعا حاصل نہ ہو سکے گا''۔۹۷

خطوط بنام سید بدرالدین احمد کاشف المعروف بہ فقیر

غالب نے اپنے دوست سید بدرالدین احمد کاشف کو ۱۸۵۳ء تا ۱۸۶۳ء پانچ خطوط لکھے۔ ان خطوط میں شخصی حالات کا ذکر ملتا ہے۔ایک خط میں غالب کے ہندی کلام کا ذکر ملتا ہے۔غالب لکھتے ہیں:

''آپ ہندی اور فارسی غزلیں مانتے ہیں۔ ہندی غزلیں قلعہ کے مشاعرے میں دو چار لکھی تھی۔سو وہ یا تمہارے دوست حسین مرزا صاحب کے پاس ہونگی یا ضیاء الدین خان صاحب کے پاس۔میرے پاس کہاں۔آدمی کو یہاں اتنا توقف نہیں کہ وہاں سے دیوان منگا کر نقل اُتروا کر بھیج دیں''۔۹۸

خطوط بنام منشی شیونارائن آرام

منشی شیونارائن آرام کو غالب نے ۱۸۵۸ء تا ۱۸۶۲ء کل ۳۶ خطوط لکھے۔غالب نے شیونارائن آرام کو مہاراج۔نورِ بصر،لختِ جگر۔ برخوردارِ اقبال۔ برخوردار کامگار۔صاحب بھائی۔میاں وغیرہ القاب سے یاد کیا ہے۔ ان خطوط سے غالب کے منشی کے نام محبت جابجا جھلکتی ہے۔ایک خط میں غالب اپنے خاندان اور منشی کے خاندان کے مراسم کا تفصیلی ذکر کیا ہے۔غالب لکھتے ہیں:

''تم کو ہمارے خاندان اور اپنے خاندان کی آمیزش کا حال

کیا معلوم ہے، مجھ سے سنو، تمہارے دادا کے والد عہدِ نجف خاں و ہمدانی میں میرے نانا صاحب مرحوم خواجہ غلام حسین خاں کے رفیق تھے۔ جب میرے نانا نے نوکری ترک کی اور گھر بیٹھے تو تمہارے پردادا نے بھی کمر کھولی اور پھر کہیں نوکری نہ کی۔ یہ باتیں میرے ہوش سے پہلے کی ہیں۔ مگر جب میں جوان ہوا تو میں نے یہ دیکھا کہ منشی بنسی دھر، خاں صاحب کے ساتھ ہیں اور انھوں نے جو کٹھیم گاؤں اپنی جاگیر کا سرکار میں دعویٰ کیا ہے تو بنسی دھر اُس امر کے منصرم ہیں اور وکالت اور مختاری کرتے ہیں۔ میں اور وہ ہم عمر تھے۔ شاید منشی بنسی دھر مجھ سے ایک دو برس بڑے ہوں یا چھوٹے ہوں۔ انیس برس کی میری عمر اور ایسی ہی عمر اُن کی۔ باہم شطرنج اور اختلاط اور محبت۔ آدھی آدھی رات گزر جاتی تھی چونکہ گھر اُن کا بہت دور نہ تھا۔ اس واسطے جب چاہتے تھے چلے جاتے تھے۔ پس ہمارے اور ان کے مکان میں مچھیا رنڈی کا گھر اور ہمارے دو کڑے درمیان تھے۔ ہماری بڑی حویلی وہ ہے کہ جواب لکھمی چند سیٹھ نے مول لی ہے اسی کے دروازے کی سنگین بارہ دری پر میری نشست تھی اور پاس اُس کے ایک کھٹیا والی حویلی۔ اور سلیم شاہ کے تکیہ کے پاس دوسری حویلی اور کالے محل سے لگی ہوئی ایک اور حویلی اور اُس سے آگے بڑھ کر ایک کڑا کہ وہ گڈریوں والا مشہور تھا اور ایک کڑہ کہ وہ کشمیرن والا کہلاتا تھا۔ اُس کڑے کے ایک کوٹھے پر میں پتنگ اُڑاتا تھا اور راجہ بلوان سنگھ سے پتنگ لڑا کرتے تھے۔ واصل خاں نامی ایک

سپاہی تمہارے دادا کا پیش دست رہتا تھا اور وہ کڑوں کا کرایہ اُوگاہ
کران کے پاس جمع کرواتا تھا''۔۹۹

غالب نے منشی شیونارائن آرام کے نام اپریل ۱۸۵۹ء میں اپنی ایک مشہور اُردو غزل بھی شامل کی ہے۔جس کا مطلع اور مقطع اس طرح ہے:

مطلع : ہر ایک بات پہ کہتے ہو تم کہ تو کیا ہے
تم ہی کہو کہ یہ اندازِ گفتگو کیا ہے

مقطع : ہوا ہے شہ کا مصاحب پھرے ہے اِتراتا
وگرنہ شہر میں غالب کی آبرو کیا ہے

مئی ۱۸۶۳ء کے خط میں غالب نے غدر کے بعد اپنی پنشن جاری ہونے کا حال بیان کیا ہے۔غالب لکھتے ہیں:

''غدر کے رفع ہونے اور دلّی کے فتح ہونے کے بعد میرا پنشن کھلا۔ چڑھا ہوا روپیہ دام دام ملا۔ آئندہ کو بہ دستور بے کم و کاست جاری ہوا۔ مگر لارڈ صاحب کا دربار اور خلعت جو معمولی و مقرری تھا مسدود ہوگیا۔ یہاں تک کہ صاحب سکریٹری بھی مجھ سے نہ ملے اور کہلا بھیجا کہ اب گورنمنٹ کو تم سے ملاقات کبھی منظور نہیں۔ میں فقیر متکبر مایوسِ دائمی ہوکر اپنے گھر بیٹھ رہا اور حکام شہر سے بھی ملنا میں نے موقوف کردیا''۔۱۰۰

خطوط بنام منشی نبی بخش حقیر

غالب نے منشی نبی بخش حقیر کے نام ۱۸۴۸ء سے ۱۸۵۸ء کے درمیان ۶۹ خط لکھے۔ غالب کا منشی نبی بخش حقیر کے نام پہلا خط ۹/ مارچ ۱۸۴۸ء کا ہے جس سے اندازہ ہوتا ہے کہ غالب نے ۱۸۵۰ء سے بہت پہلے اُردو مکتوب نگاری شروع کردی تھی۔ منشی جی کے نام لکھے گئے خطوط میں غالب کی اُردو غزل۔

متفرق اُردو اشعار اور دور کے حالات ملتے ہیں۔ ایک مشہور اُردو غزل جس کا مطلع ہے:

سب کہاں کچھ لالہ و گل میں نمایاں ہو گئیں
خاک میں کیا صورتیں ہوں گی کہ پنہاں ہو گئیں

اور ایک مشہور غزل جس کا مطلع ہے:

دیا ہے دل اگر اس کو بشر ہے کیا کہیے　　　ہوا رقیب تو ہو نامہ بر سے کیا کہیے

ان خطوط میں شامل ہے۔ مئی ۱۸۵۴ء کے خط میں غالب نے اپنی مشہور غزل شامل کی ہے جس کا مطلع ہے:

بازیچۂ اطفال ہے دنیا مرے آگے　　　ہوتا ہے شب و روز تماشہ مرے آگے

غالب نے کہیں لکھا تھا کہ انھیں رباعی گوئی پسند نہیں لیکن مئی ۱۸۵۵ء کو منشی جی کے نام لکھے گئے خط میں غالب نے اپنی دو رباعیاں شامل کی ہیں اور انھیں بہ نظرِ اصلاح دیکھنے کی بات کی ہے۔ غالب کی رباعیاں اس طرح ہیں:

۱۔ کہتے ہیں کہ وہ مردُم آزار نہیں
عشاق کی پُرسش سے اُسے عار نہیں
جو ہاتھ کہ ظلم سے اُٹھایا ہوگا
کیونکر مانوں کہ اس میں تلوار نہیں

۲۔ ہم گرچہ ہوئے سلام کرنے والے
کرتے ہیں درنگ کام کرنے والے
کہتے ہیں کہیں خدا سے اللہ اللہ
وہ آپ ہیں صبح و شام کرنے والے''[۱۰۱]

غالب کو قلعہ معلّی میں مغلیہ خاندان کی تاریخ لکھنے پر مامور کیا گیا تھا۔ منشی کے نام مئی ۱۸۵۲ء کو لکھے گئے خط میں غالب تاریخ نویسی کے اُصول بیان کرتے ہوئے لکھتے ہیں:

''اجزائے تواریخِ تیموریہ لکھے جاتے ہیں۔ اور قاعدہ یہ ہے کہ جو کوئی جُز لکھا جاتا ہے وہ میرے پاس آتا ہے۔ میں اس کے حاشیہ پر معنی لُغات لکھا جاتا ہوں۔ چنانچہ تین جُز لکھ چکا ہوں۔ یعنی تین جُز لکھے ہوئے میرے پاس آچکے ہیں اور میں ان کا حاشیہ لکھ چکا ہوں جب سب آچکے تو بہ سبیلِ پارسل ارسال کروں گا۔ چھوٹی تقطیع خوش آئندہ پر گیارہ سطر کے مسطر سے لکھے جاتے ہیں۔ یقین ہے کہ گیارہ بارہ جُز ہوں گے۔ گویا دوثُلث تحریر باقی ہے۔ خدا کرے جلد تمام ہوتا کہ میری شرمساری رفع ہو۔[۱۰۲]

اسی خط میں غالب نے اپنے زمانے کے مشہور شاعر مومن خاں شوقؔ کے انتقال پر افسوس کا اظہار کیا اور کہا کہ مومن خاں میرا ہم عصر تھا اور یار بھی۔ ہمارے ہم عمر مرے جاتے ہیں قافلہ چلا جاتا ہے اور ہم پا بہ رِکاب بیٹھے ہیں۔ منشی کے نام غالب کا یہ بیشتر خطوط انشا پردازی کی اچھی مثالیں ہیں۔ ان خطوط میں غالب نے روانی کے ساتھ اُردو نثر لکھی ہے اور اکثر خطوط کافی طویل واقع ہوئے ہیں۔ 1858ء کو لکھے گئے ایک خط میں غالب نے اپنی تھکاوٹ اور روز مرّہ کی مصروفیات کا ذکر کیا ہے۔ غالب لکھتے ہیں:

''بیس بائیس دن سے حضور والا روز دربار کرتے ہیں۔ آٹھ نو بجے جاتا ہوں۔ بارہ بجے آتا ہوں یا روٹی کھانے میں ظہر کی اذان ہوتی ہے یا ہاتھ دھونے میں۔ سب ملازمین کا حال یہی ہے اور کوئی روٹی کھا کر جاتا ہوگا مجھ سے بعد کھانا کھانے کے چلا نہیں جاتا۔ خلاصہ یہ کہ صبح کو جاتا ہوں۔ دوپہر کو آتا ہوں۔ کھانا کھا کر پانچ چار گھڑی دم لے کر جاتا ہوں۔ چراغ جلے آتا ہوں۔ بھائی تمہارے سر کی قسم رات کو مزدوروں کی طرح تھک کر

پڑ رہتا ہوں''۔۱۰۳؎

خطوط بنام نواب سید محمد یوسف علی خاں بہادر ناظم

غالب نے نواب صاحب کو لکھے گئے تقریباً تمام ہی خطوط میں حضرت ولی نعمت آیائے رحمت سلامت کے لقب سے مخاطب کیا ہے۔ خطوط میں اشعار کی اصلاح کا ذکر ہے۔ ایک طویل فارسی غزل اور دیگر اشعار شامل ہیں۔ نواب صاحب کے نام لکھے گئے بیشتر خطوط کے آخر میں غالب نے اپنا یہ شعر لکھا ہے:

تم سلامت رہو ہزار برس　　　ہر برس کے ہوں دن پچاس ہزار

اسی طرح کا ایک اور شعر غالب نے لکھا ہے:

تم سلامت رہو قیامت تک　　　دولت وعز و جاہ روز افزوں

اپنے ایک خط میں نواب صاحب کی جانب سے خلعت ملنے پر انھیں مخصوص انداز میں دعا دیتے ہوئے غالب لکھتے ہیں:

> ''بعد تسلیم تورے اور خلعت کے عطیے کا آداب بجا لاتا ہوں۔ خدا آپ کو سلامت رکھے اور اپنی اولاد کی اولاد کی شادیاں کرنی اور ان شادیوں میں تورے وخلعت کی تقسیم نصیب ہو۔ یہ تحریر نہیں، مکالمہ ہے۔ گستاخی معاف کروا کے اور آپ سے اجازت لے کے یہ طریقِ انبساط عرض کرتا ہوں کہ یہ سوا سو روپے، جو تورہ وخلعت کے نام سے مرحمت ہوئے ہیں۔ میں کال کا مارا اگر یہ سب روپیہ کھا جاؤں گا اور اس میں لباس نہ بناؤں گا تو میرا خلعت حضور پر باقی رہے گا یا نہیں''۔۱۰۴؎

خطوط بنام نواب کلب علی خاں بہادر

غالب نے اپنے احباب کو جو زیادہ خط لکھے۔ ان میں ایک رامپور کے نواب کلب علی خاں

بھی ہیں۔ جن کے نام چھوٹے بڑے تقریباً ۶۷ خط ہیں۔ غالب نے یہ خطوط ۱۸۶۵ء تا ۱۸۶۹ء کے درمیان لکھے۔ ان خطوط میں غالب کی غزلیں۔ قطعات یا وہاب کے نام سے فارسی قصیدہ اور دیگر اشعار شامل ہیں۔ ۱۸۶۶ء کو لکھے گئے خط میں غالب نے اپنی مشہور اُردو غزل شامل کی ہے۔ جس کا مطلع و مقطع اس طرح ہے:

"مطلع : دائم پڑا ہوا ترے در پر نہیں ہوں میں
خاک ایسی زندگی پہ کہ پتھر نہیں ہوں میں

مقطع : غالبؔ وظیفہ خوار ہوا دو شاہ کو دعا
وہ دن گئے جو کہتے تھے نوکر نہیں ہوں میں"۱۰۵

اسی خط میں غالب نے ایک قطعہ نواب صاحب کی یاد میں لکھا وہ اس طرح ہے:

"در پر امیر کلب علی خاں کے ہوں مقیم
شائستۂ گدائی ہر در نہیں ہوں میں
بوڑھا ہوا ہوں قابلِ خدمت نہیں اسدؔ
خیرات خوار محض ہوں نوکر نہیں ہوں میں"۱۰۵

غالب نے نواب کلب علی خاں کے خطوط کے آخر میں اکثر یہ شعر دہرایا ہے:

تم سلامت رہو ہزار برس　　　　ہر برس کے ہوں دن پچاس ہزار

غالب نے اکثر خطوط میں رامپور سے ملنے والی پنشن اور اس کے رسیدوں کا ذکر کیا ہے۔

مزید امداد کی اُمید کرتے ہوئے ایک خط میں غالب لکھتے ہیں:

"میں درِ دولت کا گدائے خاک نشین اور آپ کا غلام تفصیل
یہ کہ میرے پاس نقد جنس اسبابِ املاک اور میرے گھر میں زیورِ
زرینہ وسیمینہ کا نام ونشان نہیں۔ ہت اُدھار قرض کوئی دیتا نہیں۔
آپ روپیہ عنایت فرمائیں تاکہ کام سرانجام پائے اور بوڑھے

فقیر کی برادری میں شرم رہ جائے۔ دوسری بات یہ کہ سو روپیے
آپ کی سرکار سے بہ طریقِ خیرات اور باسٹھ روپے آٹھ مہینہ
انگریزی سرکار سے بعوضِ جاگیر پاتا ہوں۔ عالم الغیب جانتا ہے
کہ اس میں میرا بڑا مشکل سے گزر ہوتا ہے۔ بہو کو کہاں سے
کھلاؤں گا۔ حسینِ علی خاں کی کچھ تنخواہ مقرر ہو جائے۔ لیکن توقیعِ
تنخواہ اس کے نام جاری نہ ہو بلکہ اس کی زوجہ حسن جہاں بیگم
بنت اکبرعلی خاں کے نام وہ تنخواہ مقرر ہو اور اس کی مُہری رسید سے
ملا کرے''۔ ١٠٦؎

خلیق انجم نے ''غالب کے خطوط'' جلد سوّم کے آخر میں غالب کے مکاتیب کے عکس شامل کیے ہیں۔ یہ خطوط نواب سید محمد یوسف علی خاں بہادر ناظم۔ نواب کلب علی خاں بہادر کے نام لکھے گئے تھے۔ غالب کے خطوط کے عکس سے معلوم ہوتا ہے کہ ان کی نثر پختہ تھی اور وہ الفاظ خوش خط لکھتے تھے۔ قارئین کو ان خطوط کے پڑھنے میں بہت کم دشواری ہوتی ہے۔ جلد سوّم میں غالب نے جن احباب کو خط لکھے ان میں نواب میر غلام بابا خاں۔ منشی محمد ابراہیم خلیل۔ نواب میر ابراہیم خاں۔ شاہ عالم۔ منشی سخاوت حسین۔ منشی بہاری لال مشتاق۔ ظہیر الدین کی طرف سے اُن کے چچا کے نام منشی عبداللطیف تفضّل حسین خاں وغیرہ شامل ہیں۔

خطوط بنام سید غلام حسنین قدر بلگرامی

غالب نے اپنے دوست سید غلام حسنین بلرامی کو ١٨٥٧ء تا ١٨٦٣ء ٢٢ خط لکھے۔ غالب کے یہ خطوط خلیق انجم کے مرتبہ ''غالب کے خطوط'' جلد چہارم میں شامل ہیں۔ ان خطوط میں غالب نے اپنے خاندانی حالات اور شاعری کی بحث سے متعلق باتیں بیان کی ہیں۔ ایک اور خط میں اپنی بیماری کا حال بیان کیا ہے۔ ١٨٦٣ء کو لکھے گئے خط میں غالب اپنی کچھ رشتہ داری ان الفاظ میں بیان کرتے ہیں:

''صاحب! تم سے پہلے یہ پوچھا جاتا ہے کہ جب تم جانتے

ہو کہ مرزا عباس میری حقیقی بہن کا بیٹا ہے تو پھر میں مرزا کی اولاد کا
نانا کیونکر بنا؟ مرزا کی بیوی میری بہو ہے بیٹی نہیں۔ تم نے جو لکھا
ہے کہ میرے نواسے کی شادی ہے کیا سمجھ کر لکھا۔ میں مرزا کی
اولاد کا نانا کیونکر بنا۔ بھانجے کی اولاد پوتا پوتی ہے نا نواسا نواسی۔
مجھ کو اُس کی اولاد کا جدِّ فاسد لکھنا ٹکسال باہر بات ہے۔ میرے
آنے کی یہ صورت ہے کہ مرزا کی استدعا سے قطع نظر میرا دل بھی
پتھر یا لوہے کا نہیں جو اپنے بچوں کو دیکھنے کو نہ چاہے۔ ایک بہن
اس کی مجموع اولاد دو ہاں۔ میرا تو وہ خانہ باغ ہے۔ بہار کے موسم
میں باغ کی سیر کو جی نہ چاہے گا بشرطِ صحت آؤں گا۔ انشاء
اللہ''۔ ۱۰۷

دیگر خطوط میں غالب نے زبان و بیان کی بحث کی ہے اور رسم الخط اور تلفظ سے متعلق بعض مسائل پر اپنے خیالات ظاہر کیے۔

خطوط بنام مولوی نعمان احمد

غالب نے اپنے ایک دوست مولوی نعمان احمد کو ۱۸۶۶ء میں پانچ خطوط لکھے۔ غالب نے جس دور میں اردو مکتوب نگاری شروع کی تھی۔ اسی وقت ''قاطع برہان'' کے مباحث چل رہے تھے اور اکثر لوگ غالب کی تاویلات غلط قرار دے رہے تھے اور جواب میں غالب مختلف حوالوں سے اپنی بات کے دلائل پیش کر رہے ہیں۔ لفظ ''قِران'' کے استعمال کی بحث کرتے ہوئے غالب لکھتے ہیں:

''قران'' کے باب میں عرض یہ ہے کہ زہرہ و مشتری کا ایک
برج اور درجہ و دقیقہ میں برابر ہونا ''قران السعدین'' ہے اور یہ
قرانات جزئیہ میں سے ہے اور اکثر واقع ہوتا ہے اور یہ
قران...... جب سلطنت موعود نہیں۔ اگر کسی بادشاہ کے ہنگامِ

ولادت یہ ''قران'' آپڑا ہوگا بہ شرط آنکہ برج طالع میں یا ''اوتاد ثلثہ'' یا ''مائل اوتاد'' میں واقع ہو کہ نظر اُس کی ''طالع موعود'' پر ہو تو وہ افادۂ صحت عیش و عشرت کرتا ہے اور بس وہ ''قرانات'' اور ہیں، جو موجبِ تغیر اوضاعِ عالم و انتقالِ سلطنت ہوتے ہیں۔ ازاں جملہ ایک یہ ''قران'' تھا کہ زحل و مریخ سرطان میں فراہم ہوئے تھے۔ سراسر ہندوستان کی خاک اُڑادی۔ قصہ مختصر جو بادشاہ ''صاحب قران'' کہلاتا ہے بہ اعتبار افراطِ جاہ و جلال و قوتِ حال کہلاتا ہے۔ ''طالع ولادت'' میں ''قران السعدین'' واقع ہونا ضروری نہیں۔ صاحب قران مرادف شہنشاہ ہے۔ سو بھی صرف سلاطین تمریہ میں وہ شخص صاحب قران کہلائے ہیں امیر تمر اور شاہ جہاں۔ تتبعِ کلام اساتذہ سے معلوم ہوگا کہ خاقانی نے اپنے کو صاحب قران لکھا ہے اسی طرح فقیر نے بھی لکھا ہے''۔[۱۰۸]

خطوط بنام مولوی عبدالغفور خاں نساخ

غالب نے ۱۸۶۴ء میں مولوی عبدالغفور خاں نساخ کو ایک خط لکھا جس میں اپنی شاعری اور دیگر مصروفیات کا تذکرہ کیا۔ اس خط میں ایک لحاظ سے ان کی مختصر ادبی آپ بیتی آ گئی ہے۔ غالب لکھتے ہیں:

''خاکسار نے ابتدائے سنِ تمیز میں اُردو زبان میں سخن سرائی کی ہے۔ پھر اوسط عمر میں بادشاہِ دہلی کا نوکر ہو کر چند روز اُسی روش پر خامہ فرسائی کی ہے۔ نظم و نثر فارسی کا عاشق اور مائل ہوں۔ ہندوستان میں رہتا ہوں مگر تیغِ اصفہانی کا گھائل ہوں۔

جہاں تک زور چل سکا فارسی زبان میں بہت کچھ بکا۔ اب نہ فارسی کا فکر نہ اردو کا ذکر۔ نہ دنیا میں توقع نہ عقبیٰ کی اُمید میں ہوں ......ایک کم سّتر برس دنیا میں رہا اب اور کہاں تک رہوں گا۔ ایک اُردو کا دیوان ہزارہ بارسو بیت کا۔ ایک فارسی کا دیوان دس ہزار کئی سو بیت کا۔ تین رسالے نثر کے یہ پانچ نسخے مرتب ہو گئے۔ اب اور کیا کہوں گا۔ مدح کا صلہ نہ ملا۔ غزل کی داد نہ پائی۔ ہرزہ گوئی میں ساری عمر گنوائی۔ سچ تو وہ ہے کہ قوتِ ناطقہ پر وہ تصرف اور قلم میں وہ زور نہ رہا۔ طبیعت میں وہ مزہ سر میں وہ شور نہ رہا۔ پچاس پچپن برس کی مشق کا ملکہ کچھ باقی نہ رہا۔ اس سبب سے فنِ کلام میں گفتگو کر لیتا ہوں...... جب تک میں جیتا ہوں نامہ و پیام سے شاد اور بعد میرے مرنے کے دعائے مغفرت سے یاد فرما کے رہیے گا''۔ ۱۰۹

خطوط بنام مولوی کرامت علی

غالب نے مولوی کرامت علی کو ایک تفصیلی خط لکھا جس میں انھوں نے چند فارسی اشعار اور تراکیب کے استعمال سے متعلق اپنے خیالات پیش کیے ہیں۔ ''غیرتِ پروانہ'' ترکیب پر اپنے خیالات ظاہر کرتے ہوئے غالب لکھتے ہیں:

''پروانے کی غیرت دن کو بھی مبارک سمجھنی چاہیے۔ پروانے کی غیرت وہ غیرت نہیں کہ جو پروانے میں ہو یا پروانے کو ہو بلکہ وہ غیرت کہ جو اور کو آتی ہو پروانے پر۔ یعنی رشک۔ حاصل معنی یہ کہ میں تو دن رات عشق میں جلتا ہوں۔ رات کو جو پروانے کو جلتا ہوا دیکھتا تھا تو مجھ کو اس پر رشک آتا تھا دن کو ایسا کوئی نہ تھا کہ مجھ کو

اُس پر رشک آئے۔ لواب وہی غیرت اور وہی رشک جو پروانے
پر شب کو تھا اب دن کو بھی مبارک ہو۔ یعنی میرے صبح کے نالوں
سے مرغِ سحر کے پروں میں آگ لگ گئی اور میں اپنی مستی اور
بیخودی میں یہ نہیں جانتا کہ یہ میرے نالے کے سبب سے ہے۔
مجھ کو وہ رنج اور غصّہ تازہ ہو گیا جو رات کو پروانے کو دیکھ کر کھاتا
تھا۔ اب مرغِ سحر کو جلتے ہوئے دیکھ کر جلتا ہوں کہ بھائی یہ کون
ہے جو میری طرح جلتا ہے''۔۱۱۰

خطوط بنام مرزا رحیم بیگ

غالب نے ایک طویل خط مرزا رحیم بیگ کے نام لکھا۔ یہ خط ۱۵ صفحات پر مشتمل ہے اور اس میں فارسی الفاظ کے استعمال سے متعلق بہت سی زبان و بیان کی بحث شامل ہے اور ''قاطع برہان'' کے ضمن میں غالب نے جو اعتراضات اُٹھائے تھے ان کی وضاحت بھی کی ہے۔ سارا کا سارا خط زبان و بیان کی بحث میں ڈوبا ہوا ہے۔ غالب اپنی فارسی دانی پر ناز کرتے ہوئے لکھتے ہیں:

''اگر مجھ سے کوئی کہے کہ غالب تیرا بھی مولد ہندوستان
ہے۔ میری طرف سے جواب یہ ہے کہ بندہ ہندی مولد و پارسی
زبان ہے۔ زبان دانی فارسی میری ازلی دستگاہ ہے اور یہ عطیۂ
خاص منجانب اللہ ہے۔ فارسی زبان کا ملکہ مجھ کو خدا نے دیا ہے۔
مشق کا کمال میں نے استاد سے حاصل کیا ہے۔ ہند کے
شاعروں میں اچھے اچھے خوش گو اور معنی یاب ہیں لیکن یہ کون احمق
کہے گا کہ یہ لوگ دعوۂ زبان دانی کے باب ہیں۔ رہے فرہنگ
لکھنے والے خدا اُن کے پیچ سے نکالے۔ اشعارِ قدما آگے دھر
لیے اور اپنے قیاس کے مطابق چل دیئے۔ وہ بھی نہ کوئی ہم قدم

نہ کوئی ہمراہ بلکہ سُو بہ سُو پراگندہ وتباہ۔ رہنما ہوتو راہ بتائے اُستاد ہوتو شعر کے معنی سمجھائے۔ نہ آپ شیرازی نہ استاد اصفہانی۔ زہے رگِ گردن وہ خہے دعوہ زبان دانی۔ میرا یہ قول خاص ہے نہ عام ہے۔ مجموع فرہنگ نگاروں کے محقق ہونے میں کلام ہے"۔

خطوط بنام قاضی عبدالجمیل جنون بریلوی[111]

غالب نے اپنے اس دوست کے نام ۱۸۵۴ء تا ۱۸۶۶ء تیس خط لکھے۔ ان خطوط میں اشعار کی اصلاح، زبان و بیان کی نزاکتیں اور خطوط کے جوابات کا ذکر ہے۔ غالب نے ایک خط میں قاصد کے حوالے سے کچھ امکانات شاعرانہ انداز میں بیان کیے ہیں۔ غالب کی شاعری میں اکثر قاصد اور نامہ بر کا ذکر آیا ہے۔ قاصد کے ذریعہ معشوق کو خط روانہ کرنے کے جو مسائل اور جو امکانات ہیں اس ضمن میں غالب لکھتے ہیں:

> "یعنی شاعر کو ایک قاصد کی ضرورت ہوئی، مگر کھٹکا یہ کہ قاصد کہیں معشوق پر عاشق نہ ہو جائے۔ ایک دوست اس عاشق کا ایک شخص کو لایا۔ اور اُس نے عاشق سے کہا کہ یہ آدمی وضعدار اور معتمد علیہ ہے۔ میں ضامن ہوں کہ یہ ایسی حرکت نہ کرے گا۔ خیر اُس کے ہاتھ خط بھیجا گیا۔ قضارا عاشق کا گمان سچ ثابت ہوا۔ قاصد مکتوب الیہ کو دیکھ کر والہ وشیفتہ ہو گیا۔ کیسا خط؟ کیسا جواب؟ دیوانہ بن، کپڑے پھاڑ جنگل کو چل دیا۔ اب عاشق اس واقعے کے وقوع کے بعد ندیم سے کہتا ہے کہ غیب داں تو خدا ہے، کسی کے باطن کی کسی کو کیا خبر۔ اے ندیم تجھ سے تو کچھ کلام نہیں لیکن اگر نامہ بر کہیں مل جائے تو اس کو میرا اسلام کہیو کہ کیوں صاحب،

تم کیا کیا دعوے عاشق نہ ہونے کے کر گئے تھے اور انجام کار کیا
ہوا"۔۱۱۲

غالب نے قاضی عبدالجمیل جنون بریلوی کے نام لکھے گئے دیگر خطوط میں اصلاح شدہ غزلوں کے اشعار بھی شامل ہیں۔ جون ۱۸۶۴ء کو لکھے گئے خط میں غالب نے قاضی صاحب کی طرف بھیجے گئے ایک سو بیس آموں کے ملنے کا ذکر کیا ہے اور آخر میں اس بات پر افسوس کا اظہار کیا کہ ستر برس کی زندگی میں کوئی کام دین کا نہ کیا۔

خطوط بنام محمد حبیب اللہ ذکا

غالب نے محمد حبیب اللہ ذکاء کو ۱۸۶۳ء تا ۱۸۶۷ء کے درمیان ۱۶ خط لکھے۔ ان خطوط میں بھی کلام کی اصلاح۔ لفظوں کے استعمال اور غالب کے اپنے حالات بیان کیے گئے ہیں۔ ایک خط کا جواب بھیج دینے کا ذکر کرنے کے بعد غالب نے اپنی ضعیفی اور خوراک کا ذکر کیا ہے۔ غالب لکھتے ہیں:

"میں نہیں جانتا کہ تم کو مجھ سے اتنی ارادت اور مجھ کو تم سے اتنی محبت کیوں ہے؟ ظاہراً معاملہ عالمِ ارواح ہے۔ اسبابِ ظاہری کو اس میں دخل نہیں۔ تمہارے خط کا جواب معِ اوراقِ مسودہ روانہ ہو چکا ہے، وقت پر پہنچے گا۔ ستّر ابہتّر اا ردو میں ترجمۂ پیر خرف ہے۔ میری تہتر برس کی عمر ہے پس میں "اخرف" ہوا۔ حافظ گویا کبھی تھا ہی نہیں۔ سامعہ باطل بہت دن سے تھا۔ رفتہ رفتہ وہ بھی حافظے کی مانند معدوم ہو گیا۔ اب مہینہ بھر سے یہ حال ہے کہ جو دوست آتے ہیں رسمی پُرسشِ مزاج سے بڑھ کر جو بات ہوتی ہے وہ کاغذ پر لکھ دیتے ہیں۔ غذا مفقود ہے۔ صبح کو قند اور شیرۂ بادام مقشر، دوپہر کو گوشت کا پانی، سر شام تلے ہوئے کباب چار سوتے وقت پانچ روپے بھر شراب اور اسی قدر

گلاب۔ خرف ہوں، پوچ ہوں، عاصی ہوں، فاسق ہوں،
روسیاہ ہوں''۔۱۱۳

خطوط بنام منشی سیل چند

غالب نے اپنے ایک دوست منشی سیل چند کے نام ۱۸۶۵ء تا ۱۸۶۸ء سات خط لکھے ہیں۔ اپنے ایک خط میں انھوں نے بادشاہ کی صحتیابی سے متعلق استفسار کیا ہے اور زین العابدین خاں کے اشعار کی اصلاح نہ کرنے کا ذکر کیا ہے۔ غالب لکھتے ہیں:

''عجیب اتفاق ہے کہ حضور اپنے خط میں اپنے مزاجِ مبارک کا حال کچھ نہیں لکھتے اور میرا دھیان لگا ہوا ہے۔ خدا کے واسطے تم مفصل حال لکھو کہ کیا عارضہ باقی ہے اور صورت کیا ہے۔ دربار بدستور ہوتا ہے یا نہیں۔ سوار ہوتے ہیں یا نہیں۔ زین العابدین خاں نے جۓ پور سے اپنے اشعار اصلاح کے واسطے میرے پاس بھیجے۔ میں نے اصلاح دینے سے انکار کر دیا اور اشعار مسترد کر دیئے۔ ان کا خط اور اس کی پشت پر اس کے جواب کا مسودہ اس خط میں لپیٹ کر تم کو بھیجتا ہوں پڑھ لو۔ اگر موقع اور محل پاؤ تو حضور کو بھی پڑھوا دو''۔۱۱۴

خطوط بنام سید محمد عباس علی خاں بیتاب

غالب نے اپنے ایک دوست اور شاگرد سید محمد علی خاں بیتاب کے نام لکھے گئے ایک خط میں اُن کے ۱۰۰ سے زاید اشعار کی اصلاح لکھ بھیجی ہے۔ اصل شعر لکھ کر انھوں نے جابجا کانٹ چھانٹ کی اور شعر کی اصلاح کی۔ غالب کے اصلاح کا انداز ذیل کے چند اشعار سے ہوتا ہے۔

دی جان کس عذاب سے بیتاب نے مگر نکلا نہ کبھی منہ سے کبھی جز ثنائے عشق

کہہ بیٹھے اُن کو جاں جو اک روز پیار میں جھنجھلا کے بولے جاں نہیں کیا اب تمہیں عزیز
ہم اُس کو دیکھتے تھے اکثر اس انجمن میں بیتاب کا بھی رُندو، معلوم ہے پتا کچھ
ظالم ابھی تو آنکھ کا آنسو تھما نہیں ۱۱۵ پھر بیٹھے بیٹھے چھیڑ نکالی خدا سے

غالب نے اپنے احباب کو جو خطوط لکھے تھے ان میں یہ واحد خط ہے جس میں صرف غالب نے اشعار کی اصلاح لکھی ہے۔

خطوط بنام منشی نول کشور

غالب نے منشی نول کشور مالک مطبع نول کشور کے نام ۱۸۶۳ء میں دو خط لکھے۔ دوسرے خط میں انھوں نے ۱۷/ ستمبر ۱۸۶۳ء کے ''اودھ اخبار'' میں الور سے متعلق ایک خبر کا ذکر کیا ہے اور اسی حوالے سے ایک اور جگہ شیر کو پکڑ کر لانے اور اُسے رکھنے کا ذکر ان الفاظ میں کیا ہے:

''سنہ ۵۶ میں محمد مردان علی خاں صاحب نے کہ اس وقت تحصیل دارِ کوہ مری دار القرار گورنمنٹ پنجاب کے تھے اور اب ایک سرکارِ پنجاب میں اہل کار ہیں۔ خود ایک شیر ژیاں جنگل کوہ مری سے زندہ یوں گرفتار کیا تھا کہ پتھروں کا ایک چھوٹا سا صندوق کے طور کا فقط اسی قدر کوٹھا بنایا کہ شیر اُس میں سما سکے اور شکار لگا دیا تھا۔ ایک شیر مردم خوار اُس میں قضا کار آ لگا۔ کئی سو آدمی خاں صاحب کے ساتھ اُس علاقے کے جمع تھے۔ ایک کو یارا پاس جانے تک کا نہ ہوا۔ اور اِن شیر دل جری نے رستمانہ اُس کے اوپر بیٹھ کر رسّے سے پھنسایا اور پتھر اُس کے منہ سے ہٹا کر خود ایک چوبی صندوق میں گرفتار کر کے قید کر لیا۔ اُس وقت شیر کا گرج اور شور و غوغا کوسوں تک آدمیوں کے زہرے کو آب کرتا تھا۔ اور لطف یہ کہ جس دن شیر لگا اُسی دن اس شجاعتِ خداداد اور جرات سے

اس کو گرفتار کیا اور وہ چار ماہ پالا پھر قضا سے مر گیا۔ یہ بات طشت از باب اظہر من الشّمس ہے۔ وہ شیر پورے قد کا تھا۔ خان ممدوح سے صرف شیر کا پکڑ لانا اس لیے کچھ بعید نہ تھا کہ اُن کی شجاعت کئی وقت میں ظہور میں آ چکی ہے''۔[116]

غالب کے اس خط سے اندازہ ہوتا ہے کہ وہ قصّہ گوئی میں بھی ماہر تھے اور جزئیات کے ساتھ قصّے بیان کرتے تھے۔

خطوط بنام سید فرزند احمد صغیر بلگرامی

غالب نے ۱۸۶۴ء تا ۱۸۶۵ء کے درمیان سید فرزند احمد صغیر بلگرامی کو پانچ خط لکھے۔ ان خطوط میں اشعار کی اصلاح کی مثالیں اور لفظوں کے استعمال سے متعلق غالب کی وضاحتیں شامل ہیں۔ اپنے ایک خط میں غالب نے لاچار لفظ استعمال کرنے کی ممانعت کی ہے۔ غالب لکھتے ہیں:

> ''جا بجا لاچار لکھا ہے اور لاچار غلط ہے کس لئے کہ چار لفظ فارسی ہیں اور جیم فارسی اس کی دلیل ہے اگر چہ 'لا' عربی کا حرف نفی ہے مگر فارسی کا حرفِ نفی 'نا' ہے۔ لا کا لگانا کاتب کی جہالت ہے۔ یہ قصّہ آپ کے خط سے نہیں معلوم ہوتا شاید کسی کاتب سے لکھوایا ہے۔ ہائے خدا کی مار کاتبانِ ناہنجار پر میرا دیوان ''پنج آہنگ'' اور ''مہر نیمروز'' ستیاناس کر کے چھوڑ دیا۔ غزلیاتِ فارسی اصلاح ہو کر جاتی ہے۔ لو بس میں اب نواب ضیاء الدین خان سے باتیں کر رہا ہوں۔ تمہارے خط کے جواب میں اتنی دیر اُن کو چپ کا بٹھا رکھا ہے اور وہ بھی تم کو سلامِ اشتیاق آمیز پہنچاتے ہیں اور منشی صاحب بہت بہت بندگی کہتے ہیں''۔[117]

خطوط بنام نواب زین العابدین خاں عرف کلّن میاں

غالب نے نواب زین العابدین خاں کو ۱۸۵۸ء اور ۱۸۶۵ء میں دو خط لکھے۔ پہلے خط میں اپنی پنشن کی مسدودی اور اس کی کارروائی کے سلسلہ میں کلکتہ جانے آنے کا ذکر کیا اور دوسرے خط میں نواب صاحب کے اشعار کی اصلاح سے اپنی معذوری کا ذکر کیا۔ اس کی وجہ بیان کرتے ہوئے غالب لکھتے ہیں:

''آپ نے اپنے اشعار بہ توقع اصلاح بھیجے ہیں آپ کو معلوم رہے کہ میں خاص خدمتِ اصلاحِ اشعار پر جناب نواب صاحب قبلہ کا نوکر ہوں اور آپ حضور کے عزیزوں میں اور فرزندوں میں ہیں۔ پس میں بے حکم حضور کے آپ کی خدمت بجا نہیں لاسکتا۔ ناچار کاغذِ اشعار مسترد بھیجتا ہوں۔ یہ امر یقین ہے کہ موجبِ ملالِ خاطر اقدس نہ ہوگا۔ بندگی بے چارگی زیادہ اس سے کیا لکھوں کہ مدعائے ضروری الاظہار اسی قدر تھا''۔[۱۱۸]

خطوط بنام عبدالرحمٰن تحسین

غالب نے اپنے ایک شاگرد عبدالرحمٰن تحسین کو ۶۲-۱۸۶۱ء کے درمیان نو خط لکھے ہیں۔ غالب کے اخلاق و عادات کے بارے میں یہ بات ملتی ہے کہ جو لوگ غالب کو خط لکھ کر اصلاح طلب کرتے تھے تو غالب کو خرچ اور تکلیف سے بچانے کے لئے جوابی خط یا اسٹامپ ٹکٹ روانہ کرتے تھے۔ یہ بات غالب کو پسند نہیں تھی اور اس ضمن میں انھوں نے کئی لوگوں سے اظہارِ ناراضگی کیا تھا۔ چنانچہ عبدالرحمٰن تحسین کو لکھے گئے خط میں غالب کہتے ہیں:

''صاحب! پہلے تم کو اصلاح دی جاتی ہے۔ اسٹامپ کے ٹکٹ بھیجنے کے باب میں میں زراملّا نہیں۔ صرف تم ہی سے راہ و رسم مراسلت نہیں۔ دو چار خط ہر روز اطراف و جوانب سے آتے ہیں اور ان کے جواب اِدھر سے جاتے ہیں۔ ٹکٹوں کا بھیجنا خلافِ دستور و منافیِ ادب تھا۔ اب اگر ایسی حرکت کرو گے تو ہم

آزُردہ ہوں گے اور کبھی کوئی خط تمہارا نہ لیں گے‘‘۔۱۱۹

’’غالب کے خطوط‘‘ جلد چہارم میں غالب کی جانب سے اپنے دوست احباب کو جو متفرق خطوط لکھے گئے اُن میں منشی جواہر سنگھ جوہر۔شاہ فرزند علی صوفی منیری۔عزیز الدین۔ولایت علی خاں ولایت وعزیز صفی پوری۔مفتی محمد عباس۔فرخ مرزا۔حکیم غلام رضا خاں۔قاضی محمد نورالدین۔حسین خاں فائق۔محمد حسین خاں۔خلیفہ احمد علی احمد رامپوری۔مظہر علی اور عبداللہ۔میر ولایت علی۔حکیم غلام نجف خاں۔محمد حسین خاں۔حکیم ظہیر الدین دہلوی وغیرہ شامل ہیں۔غالب کے خطوط مرتبہ خلیق انجم کی چار جلدوں میں غالب نے مختلف احباب کے نام جو خطوط لکھے تھے ان میں سے تقریباً ۸۸۶ خطوط شامل کئے گئے۔خلیق انجم نے یہ خطوط شخصیت کے اعتبار سے ترتیب دیئے کہ غالب نے کس شخص کو کب کب خطوط لکھے تھے۔اس طرح قاری کو اندازہ ہوتا ہے کہ غالب نے کس کو کیا لکھا تھا۔خلیق انجم نے’’غالب کے خطوط‘‘ جلد پنجم مطبوعہ ۲۰۱۰ء میں اِشاریہ کے طور پر غالب کے تمام خطوط کی فہرست تاریخ اور سن کے اعتبار سے ترتیب دی ہے اور اس ترتیب میں مکتوب الیہ کا نام۔سنِ تصنیف اور خط کی پہلی عبارت کے علاوہ جلد نمبر اور صفحہ نمبر بھی دیا گیا ہے۔اس ترتیب میں غالب کا پہلا خط ۱۸۴۷ء میں اور غالب کا آخری خط ۱۸۶۹ء میں لکھا گیا۔خلیق انجم نے’’خطوطِ غالب‘‘ کی تالیف میں دونوں سہولتیں دے کر غالب کے خطوط پر تحقیق کرنے والوں کے لئے نئی راہ فراہم کی ہے۔’’غالب کے خطوط‘‘ جلد پنجم میں خلیق انجم نے ہر سال غالب نے کتنے خط لکھے ہیں یہ تعداد بتاتے ہوئے لکھتے ہیں:

> ’’غالب کے اُردو خطوط کی فہرست تاریخ وار مرتب کرنے سے ہم اس نتیجے پر پہنچے ہیں کہ ہر سال لکھے گئے خطوط کی تعداد کے اعتبار سے یہ فہرست اس طرح ہوگی کہ غالب کا پہلا دستیاب خط ۱۸۴۷ء کا ہے۔اس سال کا ہمیں صرف ایک خط ملا ہے۔غالب نے اُردو میں جو خطوط لکھے ہیں۔۱۸۴۷ء کے بعد اُن کی ہر سال تعداد بڑھتی گئی۔۱۸۴۷ء اور ۱۸۵۰ء میں چار چار خطوط

ملتے ہیں۔۱۸۴۹ء کا کوئی خط نہیں ملا۔۱۸۵۶ء اور ۱۸۵۷ء کے نو نو خطوط ملے ہیں۔۱۸۵۱ء اور ۱۸۵۲ء کے بارہ بارہ خطوط،۱۸۵۴ء کے بائیس،۱۸۶۸ء کے اٹھائیس،۱۸۵۳ء کے انتیس،۱۸۵۵ء کے بیالیس،۱۸۶۲ء کے چھیالیس،۱۸۶۴ء کے پچاس،۱۸۶۱ء کے ترپن،۱۸۶۷ء کے چوّن،۱۸۶۳ء کے چوّن،۱۸۶۳ء کے پچپن،۱۸۶۰ء کے ستاون،۱۸۶۶ء کے اڑسٹھ،۱۸۶۵ء کے اسّی،۱۸۵۹ء کے اکیاسی،۱۸۸۵ء کے ۱۰۸ خطوط ہیں۔۱۸۴۷ء کا صرف ایک اور ۱۸۵۸ء کے سب سے زیادہ خطوط یعنی ۱۰۸ ہیں"۔[۱۲۰]

غالب نے اپنے دوست احباب کو جو اردو میں مکاتیب لکھے اور جو مکاتیب مختلف ذرائع سے اب تک دستیاب ہوئے ہیں ان کی تعداد ۸۸۶ ہے۔ذیل میں وہ فہرست دی جارہی ہے جس سے پتہ چلتا ہے کہ غالب نے کس کو کتنے خط لکھے تھے۔

	مکتوب الیہم	جلد	کُل خطوط
۱	آرام،منشی شیونرائن	۳	۳۶
۲	آزاد،مولانا محمد نعیم الحق آزاد	۲	۲
۳	آشوب،ماسٹر پیارے لال	۲	۵
۴	احمد حسن مودودی،سید	۳	۱۱
۵	احمد رام پوری،خلیفہ احمد علی	۴	۱
۶	افضل علی میرن،میر	۲	۳
۷	امین الدین احمد خاں،نواب	۲	۸
۸	مرزا میر (عرف) میر بندہ علی خاں	۲	۱
۹	بیتابؔ،سید محمد عباس علی خاں	۲	۲

۱۰	بےخبر،خواجہ غلام غوث خاں	۲	۲۵
۱۱	تحسین،عبدالرحمٰن	۴	۹
۱۲	تفتہ،منشی مرزا ہرگوپال	۱	۱۲۳
۱۳	تفضّل حسین خاں	۳	۱
۱۴	توفیق،شہزادہ بشیرالدین	۲	۴
۱۵	ثاقب،مرزا شہاب الدین	۲	۱۰
۱۶	جنون بریلوی،قاضی عبدالجمیل	۴	۳۰
۱۷	جوہر،منشی جواہر سنگھ	۴	۳
۱۸	حسین مرزا(عرف)ذوالفقار حیدر خاں	۳	۶
۱۹	حقیر،منشی نبی بخش	۳	۷۰
۲۰	خلیل،وفوق،منشی محمد ابراہیم	۳	۱
۲۱	درد،منشی ہیرا سنگھ	۲	۲
۲۲	ذکا،محمد حبیب اللہ	۴	۱۷
۲۳	رحیم بیگ،مرزا	۴	۱
۲۴	رضوان،مرزا شمشاد علی بیگ	۲	۲
۲۵	رعنا،مروان علی خاں	۲	۲
۲۶	رفعت شروانی،محمد عباس	۲	۲
۲۷	زکی دہلوی،سید محمد زکریاں خاں	۲	۱
۲۸	زکی،میر محمد زکی	۱	۲
۲۹	زین العابدین خاں،عرف کلّن میاں	۴	۲
۳۰	سالک،مرزا قربان علی بیگ خاں	۲	۲

۳۱	سجادؔ، سید معین الرحمٰن حیدر عرف سید سجاد مرزا	۲	۲
۳۲	سردار سنگھ مہاراجہ	۲	۱
۳۳	سرفراز حسین، میر	۲	۲
۳۴	سرورؔ، چودھری عبدالغفور	۲	۲۷
۳۵	سیاح، میاں داد خاں	۲	۳۵
۳۶	سیل چند، منشی	۴	۷
۳۷	شائقؔ، شاہ عالم مارہروی	۳	۳
۳۸	شاکر، مولوی عبدالرزاق شفق، انور الدولہ	۲	۱۰
۳۹	سعداللہ خاں	۳	۲۰
۴۰	شیفتہؔ، نواب مصطفیٰ خاں بہادر	۲	۱
۴۱	صاحبِ عالم مارہروی	۳	۶
۴۲	صوفی منیری، شاہ فرزند علی (عرف) سید ابو محمد جلیل الدین حسین	۴	۱
۴۳	صغیر بلگرامی، سید فرزند احمد	۴	۶
۴۴	ضیاءؔ، مولوی ضیاء الدین احمد	۲	۳
۴۵	ظہیر الدین احمد خاں، حکیم	۲	۲
۴۶	ظہیر الدین کی طرف سے اُن کے چچا کے نام	۴	۱
۴۷	عباس بیگ، مرزا	۲	۱
۴۸	عبدالحق (یہ خط دراصل حکیم غلام نجف خاں کے نام ہے)	۲	۱
۴۹	عبداللطیف، منشی	۳	۲
۵۰	عرشی قنوج، احمد حسن	۲	۲

۵۱	عزیزؔ وصادقؔ، عزیز الدین	۴	۱
۵۲	عزیزؔ، مرزا یوسف علی خاں	۲	۳
۵۳	علائی، نواب علاء الدین احمد خاں	۱	۵۸
۵۴	غلام نجف خاں	۴	۲
۵۵	غلام نجف خاں	۲	۲۳
۵۶	غلام مرتضٰی خاں، حکیم	۲	۱
۵۷	غلام رضا خاں، حکیم	۴	۱
۵۸	غلام بسم اللہ، منشی	۲	۱
۵۹	(صاحب میں کل تمہارا مسہل) نامعلوم	۴	۱
۶۰	خاں صاحب، جمیل المناقب عمیم الاحسان	۴	۱
۶۱	غلام بابا خاں، میر	۳	۱۰
۶۲	فائقؔ رضوی، قاضی محمد نور الدین حسین خاں	۴	۱
۶۳	فرخ مرزا، مرزا امیر الدین احمد خاں	۴	۱
۶۴	فرقانیؔ میرٹھی	۲	۱
۶۵	قدرؔ بلگرامی، سید غلام حسین	۴	۲۲
۶۶	کاشفؔ، سید بدر الدین احمد عرف فقیرؔ	۳	۵
۶۷	کاملؔ، مرزا باقر علی خاں	۲	۳
۶۸	کرامت علی، مولوی	۴	۱
۶۹	کلب علی خاں، نواب	۳	۷۶
۷۰	لطیف احمد بلگرامی، شیخ	۲	۱
۷۱	مجروحؔ، میر مہدی حسین	۲	۵۰

۷۲	محمد حسین خاں،(مدیر دبدبہ سکندری)	۳	۴
۷۳	محمد عباس مفتی	۴	۱
۷۴	مدہوشؔ، مفتی سخاوت حسین انصاری	۳	۱
۷۵	مشتاقؔ، بہاری لال	۳	۲
۷۶	مہرؔ، مرزا حاتم علی	۲	۱۹
۷۷	میکش، میر احمد حسین	۲	۲
۷۸	مینا مرزا پوری، احمد حسین	۲	۲
۷۹	ناظم، نواب یوسف علی خاں	۳	۴۰
۸۰	نامعلوم		
۸۱	(جناب عالی، نامہ وداد پیام)	۴	۱
۸۲	نامعلوم	۲	۱
۸۳	(میاں، وہ عرضی کا کاغذ افشاں کیا ہوا)	۲	۱
۸۴	نامعلوم (حضرت میرا کیا حال پوچھتے ہو)		
۸۵	نساخؔ، مولوی عبدالغفور خاں	۴	۱
۸۶	نشاطؔ، بابو ہرگوبند سہائے	۲	۲
۸۷	نعمان احمد، مولوی	۴	۴
۸۸	نول کشور، منشی	۴	۲
۸۹	نیرؔ، رخشاں، ضیاء الدین احمد خاں	۲	۱
۹۰	وفا، میر ابراہیم خاں نواب	۳	۵
۹۱	ولایت علی میر	۴	۲
۹۲	ولایتؔ وعزیز، صفی پوری ولایت علی خاں	۴	۲

۹۳	ہشیار، منشی کیول رام	۲	۱
۹۴	یوسف مرزا، نواب	۲	۱۲
	۱۲۱	کُل خطوط	۸۸۶

خطوطِ غالب کا تنقیدی جائزہ

غالب کے خطوط ان کے عہد میں ''عودِ ہندی''۔ ''اردوئے معلّٰی'' اور بعد میں ''مکاتیب غالب'' کے نام سے شائع ہوئے۔ بیسویں صدی میں بھی محققین غالب نے مختلف انداز میں غالب کے خطوط شائع کیے۔ اوران پر تعارفی مقدمے اور تبصرے بھی لکھے۔ ان مجموعوں میں غالب کے دستیاب خطوط کے عکس بھی پیش کیے گئے۔ خطوطِ غالب کا ایک تحقیقی کام خلیق انجم نے بھی کیا ہے۔ انھوں نے پانچ جلدوں میں ''غالب کے خطوط'' کے عنوان سے مکاتیب غالب شائع کیے۔ خلیق انجم نے ہندوستان کے مشہور کتب خانوں کے علاوہ برٹش لائبریری لندن اور انڈیا آفس لائبریری لندن سے بھی استفادہ کیا۔ خلیق انجم خطوطِ غالب کے اس مرتبہ کام میں اندازِ تحقیق اور خطوط کی پیشکشی کے طریقے کو بیان کرتے ہوئے کہتے ہیں:

> ''غالب کے خطوط میں جن لوگوں۔ کتابوں۔ اخباروں اور مختلف مقاموں کا ذکر آیا ہے۔ ان پر جہانِ غالب کے عنوان سے حواشی لکھے گئے ہیں۔ متن کے ماخذ کے تحت ہر خط کے بارے میں بتایا گیا ہے کہ خط کا بنیادی متن کہاں سے لیا گیا ہے اور کس متن سے اس کا موازنہ کر کے اختلافاتِ نسخ بیان کیے گئے ہیں۔ غالب کے خطوط میں جتنے بھی فارسی اور اردو اشعار یا مصرعے نقل ہوئے ہیں ان کا اشاریہ ''اشعار کا اشاریہ'' کے عنوان سے ترتیب دیا گیا ہے۔ پورے متن کا مکمل اشاریہ مکتوب الیہ کے حالات جہانِ غالب، اشعار کا اشاریہ اور متن کا اشاریہ

> آخر میں شامل کیے گئے ہیں...... غالب کے اصل خطوط کے تمام دستیاب عکس اس مجموعے میں اس طرح شامل کیے گئے ہیں کہ جس مکتوب الیہ کے نام کا وہ خط جس کی اصل کا عکس دستیاب ہو گیا ہے جہاں نقل ہوا ہے اس کے ساتھ خط کا عکس بھی دے دیا ہے''۔
>
> ۱۲۲

محققِ غالب مولانا امتیاز علی خاں عرشی نے پہلی بار ''مکاتیبِ غالب'' کو تاریخ وار ترتیب دیا تھا۔ بعد میں اسی طرح کا کام غلام رسول مہر، آفاق دہلوی، مہیش پرشاد اور خلیق انجم نے بھی کیا۔ غالب کی عادت تھی کہ وہ ہر خط پر تاریخ ضرور لکھتے تھے۔ ہوسکتا ہے یہ عادت انھیں پنشن کے ضمن میں لکھے گئے خطوط کی وجہ سے پڑی ہو۔ غالب نے بعض خطوط میں ہجری اور بعض میں عیسوی تاریخ لکھی ہے۔ کچھ خطوط بغیر تاریخ کے بھی ملے ہیں جن کی تاریخ کا فیصلہ خط میں موجود داخلی شہادتوں کے ذریعہ کیا گیا۔ غالب کے دور میں ابتداء میں مرزا ہر گوپال تفتہ اور منشی شیو نارائن نے غالب سے ان کے خطوط مرتب کر کے شائع کرنے کی اجازت مانگی۔ غالب نے انھیں منع کر دیا تھا۔ دو سال بعد چودھری عبدالغفور سرور نے اپنے نام لکھے گئے غالب کے خطوط کو جمع کیا اور انھیں ''مہرِ غالب'' کے نام سے ۱۸۶۲ء میں مرتب کر کے تیار کیا۔ لیکن اس مجموعے میں مزید خطوط شامل کرنے کی کوشش میں یہ مرتبہ مجموعہ شائع نہیں ہوسکا۔ غلام غوث خاں بے خبر نے غالب سے ان کے خطوط جمع کر شائع کرنے کی اجازت مانگی۔ غالب نے اس دفعہ انھیں اجازت دے دی۔ اپنی جانب سے خطوط کی نقلیں فراہم کی اور ''مہرِ غالب'' کے خطوط بھی اس مجموعے میں شامل کر دیئے گئے۔ ۱۸۶۵ء تک خطوط جمع کرنے کا یہ سلسلہ جاری رہا۔ خطوط کا یہ مجموعہ ۱۰/ رجب ۱۲۸۵ھ مطابق ۲۷/ اکتوبر 1868ء کو شائع ہوا۔ ۱۲۳

''عودِ ہندی'' کی اشاعت کے بعد غالب کے مزید خطوط جمع کیے گئے اور ''اردوئے معلّٰی'' کے نام سے خطوطِ غالب کا دوسرا ایڈیشن ۲۱/ ذی قعدہ ۱۲۸۵ھ مطابق ۶/ مارچ ۱۸۶۹ء کو شائع ہوا۔ یعنی غالب کی وفات کے 19 دن بعد اس کی اشاعت عمل میں آئی۔ اس مجموعے میں ۴۷۰ خطوط شامل

ہیں۔ خلیق انجم نے اپنی کتاب میں اُردو کے دیگر محققین مولانا امتیاز علی خاں عرشی، غلام رسول مہر، مہیش پرشاد، مرزا محمد عسکری، آفاق حسین اور سید مرتضیٰ حسین فاضل کی جانب سے مرتبہ خطوطِ غالب کے ایڈیشنوں کا تعارف بھی پیش کیا ہے اور خطوطِ غالب کی ترتیب کے اپنے کام کے آغاز میں غالب کی نثر کی مختلف خصوصیات بیان کی ہے۔ اس ضمن میں وہ لکھتے ہیں:

> ''غالب کی اردو تحریروں میں پرانی اِملا بھی ملتی ہے اور وہ تبدیلیاں بھی نظر آتی ہیں جو اس عہد کے اِملا میں ہو رہی تھیں۔ غالب نے اپنے بعض شاگردوں کے نام خطوط میں اِملا کے بارے میں ہدایتیں دی ہیں۔ جنھیں پڑھ کر اندازہ ہوتا ہے کہ غالب کی کوشش تھی کہ ان کے شاگرد صحیح اِملا لکھیں۔ غالب کے خطوط میں اُردو اِملا کے بارے میں ہدایتیں پڑھ کر یہ تاثر پیدا ہوتا ہے کہ غالب اُردو اِملا پر بہت توجہ دیتے تھے۔ لیکن دلچسپ بات یہ ہے کہ غالب اس سلسلہ میں خاصے غیر محتاط تھے''۔[۱۲۴]

غالب کے خطوط میں غالب کے عہد کی دہلی کی تاریخ، تہذیب وتمدن اور غالب کے جذبات واحساسات سمائے ہوئے ہیں۔ خطوطِ غالب کا پس منظر بیان کرتے ہوئے خلیق انجم غالب کے خطوط کی تاریخی وتہذیبی اہمیت اس انداز میں بیان کرتے ہیں:

> ''غالب کے خطوط کی نثر میں صرف منقطی استدلال ہی نہیں بلکہ اس میں ٹھہرا ہوا جذبہ اور ایک منفرد طرزِ فکر واحساس ہے جو موجِ تہ نشین کی طرح جاری وساری نظر آتا ہے۔ ان خطوط میں غالب کی خلاقانہ صلاحیت، اور نثر کے ہم آہنگ متوازن شاعرانہ صناعی بھرپور امکانات کے ساتھ جلوہ گر ہے۔ ان میں تجربات اور احساسات کی رنگا رنگی ہے۔ اجتماعی تجربے ہیں اور ذاتی

وارداتیں بھی۔ ایک فرد کی آواز بھی ہے اور پورے عہد کی گونج بھی۔ خطوطِ غالب اس عہد کے ہندوستان کی تاریخ میں رونما ہونے والی اہم ترین سیاسی، سماجی اور تہذیبی، فکری اور جذباتی تبدیلیوں کا ردِ عمل بھی ہیں اور ایک فرد کی مایوسیوں، شکستوں اور ناکامیوں کی داستان بھی۔ غرض انسان کی روزمرہ زندگی اوراس کے مسائل کی گونج بھرپور طریقے پر اردو نثر میں پہلی بار خطوطِ غالب ہی میں سنائی دیتی ہے۔۱۲۵؎

مرزا غالب کی ان تحریروں میں بات چیت کا انداز نمایاں ہے۔ جو اس چیز کو واضح کرتا ہے کہ انھوں نے واقعی مراسلہ کو مکالمہ اور خط کو ملاقات کا ایک اچھا ذریعہ بنادیا۔ جس میں وہ پریشانیوں کے باوجود ہنستے ہیں اور گفتگو کرتے وقت خط میں شوخی وظرافت سے بھی کام لیتے ہیں جس سے پڑھنے والے کی دلچسپی دوبالا ہوجاتی ہے۔ جیسے:

''دھوپ بہت تیز ہے روزہ رکھتا ہوں مگر روزے کو بہلائے رکھتا ہوں۔ کبھی پانی پی لیا۔ کبھی حقہ پی لیا۔ کبھی کوئی روٹی کا ٹکڑا لگالیا، یہاں کے لوگ عجب فہم اور طرفہ روش رکھتے ہیں۔ میں روزہ بہلاتا رہتا ہوں اور یہ صاحب فرماتے ہیں کہ تو روزہ نہیں رکھتا۔ یہ نہیں سمجھتے کہ روزہ رکھنا اور چیز ہے اور روزہ بہلانا اور بات ہے''۔۱۲۶؎

اس کے علاوہ غالب کے خطوط میں ان کے حالات کو بھی دیکھا جاسکتا ہے۔ مثلاً ان کی پنشن بند ہونے کا معاملہ، نیز ان کی ضعیفی، کمزوری اور لاچاری کا تذکرہ بھی اکثر خطوط میں نظر آجاتا ہے۔ جیسا کہ قاضی عبدالجمیل صاحب کو لکھے اپنے ایک خط میں مرزا غالب اپنی ذاتی واردات اور کیفیات کو نہایت شاعرانہ اور بے تکلف اشاروں اور کنایوں میں بیان کرجاتے ہیں:

"میں زندہ ہوں لیکن نیم مردہ، آٹھ پہر پڑا رہتا ہوں......
حیران ہوں کہ کوئی صورت زیست کی نہیں، پھر میں کیوں جیتا ہوں۔ رُوح میری جسم میں اس طرح گھبراتی ہے جس طرح طائرِ قفس میں کوئی شغل، کوئی اختلاط، کوئی جلسہ، کوئی مجمع پسند نہیں، کتاب سے نفرت، شعر سے نفرت، جسم سے نفرت، روح سے نفرت"۔ ۱۲۷

محمد حبیب اللہ ذکا کو لکھتے ہیں کہ:

"میرے محبوب، تم کو میری خبر بھی ہے؟ آگے ناتواں تھا، اب نیم جاں ہوں، آگے بہرا تھا، اب اندھا ہوا چاہتا ہوں، رامپور کے سفر کا وہ آوردہ ہے، رعشہ وضعف بصر، جہاں چار سطریں لکھیں، انگلیاں ٹیڑھی ہوگئیں، صرف سوجھنے سے رہ گئے، اکہتر برس جیا، بہت جیا، اب زندگی برسوں کی نہیں مہینوں اور دنوں کی ہے"۔ ۱۲۸

ان اقتباسات میں غالب کافی مشکلات میں گھرے ہوئے دکھائی دے رہے ہیں۔ وہ اپنی صحت کی خرابی اور مسلسل بیمار ہونے کے سبب اپنی زندگی سے اُکتا گئے ہیں اور موت کے آرزومند ہیں۔

غالب کا یہ انداز بھی دیکھئے جس میں وہ قافیہ پیمائی سے بھی کام لیتے ہیں کبھی کچھ جملے مقفیٰ و غیر مقفیٰ اور کبھی کبھی پورا خط مقفیٰ تحریر کر جاتے ہیں۔ بعض خطوط میں غالب نے استعاروں اور تشبیہات کا بھی استعمال کیا ہے۔ اکثر اپنی بات کو مؤثر انداز میں پیش کرنے کی غرض سے اشعار کا سہارا بھی لیتے ہیں۔ ملاحظہ ہو:

"نہ تم میری خبر لے سکتے ہو۔ نہ میں تم کو
مدد دے سکتا ہوں۔ اللہ اللہ، دریا سارا تیر چکا

ہوں، ساحل نزدیک ہے، دو ہاتھ لگائے اور

بیڑا پار ہے۔ عمر بھر دیکھا کیے مرنے کی راہ

مر گئے پر دیکھیے دکھلائیں کیا"۔[۱۲۹]

اس خط کا انداز استعاراتی ہے "دریا سارا تیر چکا ہوں" سے مراد ہے کہ تمام زندگی گزار چکا ہوں۔ "ساحل نزدیک ہے" کا مطلب ہے کہ موت کے دن قریب ہیں۔ "بیڑا پار ہے" اب موت آجائے گی۔ اسی طرح ایک اور خط میں تحریر کرتے ہیں کہ

"حواس کھو بیٹھا۔ حافظے کو رو بیٹھا، اگر اُٹھتا ہوں تو اتنی دیر

میں اُٹھتا ہوں کہ جتنی دیر میں ایک قد آدم دیوار اُٹھے"۔[۱۳۰]

اس خط میں قافیہ اور تشبیہہ سے کام لیا گیا ہے۔ حواس کھو بیٹھا، حافظے کو رو بیٹھا، قافیہ ہے اور اپنے اُٹھنے کو قد آدم دیوار اُٹھنے سے تشبیہ دی ہے۔

غالب کے تعزیتی خطوط میں بھی ان کا ایک ایسا اُسلوب بیان سامنے آتا ہے جو بہت ہی انوکھا اور ہمدردی اور درد و غم سے پُر ہے۔ مثلاً جب غالب کسی کو تعزیتی خطوط تحریر کرتے ہیں تو اس میں کوئی ایسی بات ضرور کہہ دیتے ہیں جس کو پڑھ کر متعلقین کو تسلی پہنچے اور اس کا دل ہلکا ہو جائے اور ساتھ ہی ساتھ وہ اس میں اپنے انداز کو بھی برقرار رکھتے ہیں۔ یوسف مرزا کے والد کا انتقال ہو گیا۔ غالب ایک تعزیتی خط میں یوسف مرزا کو تحریر کرتے ہیں:

"یوسف مرزا کیوں کر تجھ کو لکھوں کہ تیرا باپ مر گیا اور اگر لکھوں تو پھر آگے کیا لکھوں کہ اب کیا کرو، مگر صبر، یہ ایک شیوۂ فرسودہ ابنائے روزگار کا ہے۔ تعزیت یوں ہی کیا کرتے ہیں اور یہی کہا کرتے ہیں کہ صبر کرو، ہائے ایک کا کلیجہ کٹ گیا ہے اور لوگ اسے کہتے ہیں کہ تو نہ تڑپ، بھلا کیوں کر نہ تڑپے گا۔ صلاح اس امر میں نہیں بتائی جاتی، دعا کو دخل نہیں، دوا کا لگاؤ نہیں، پہلے

بیٹا مرا پھر باپ مرا، مجھ سے اگر کوئی پوچھے کہ بے سروپا کس کو کہتے ہیں تو میں کہوں گا کہ یوسف مرزا کو۔ تمہاری دادی لکھتی ہیں کہ رہائی کا حکم ہو چکا تھا۔ یہ بات سچ ہے اگر سچ ہے تو جواں مرد ایک بار دونوں قیدوں سے چھوٹ گیا نہ قید حیات رہی نہ قید فرنگ''۔

۱۳۱

گزشتہ صفحات میں غالب کی نثر سے متعلق بعض خوبیوں سے روشناس کرایا گیا اور اب اس نتیجہ پر پہنچے کہ اردو نثر سے مراد ان کے وہ خطوط ہیں جو اردو میں کسی خزانے سے کم حیثیت نہیں رکھتے ہیں۔ ظاہر ہے کہ ان کی نثر کا بیشتر حصہ ان کے خطوط پر مشتمل ہے اور یہ خطوط زیادہ دلچسپ اور پُر لطف ہیں۔ ان خطوط میں وہ اپنی شوخی وظرافت اور مؤثر طرز بیان سے اُردو نثر میں چار چاند لگا دیتے ہیں۔ ان کے خطوط کے بارے میں یہ کہا جا سکتا ہے کہ یہ خطوط ہی ان کو بہترین نثر نگار کی حیثیت سے روشناس کراتے ہیں۔ انھوں نے خطوط میں عام بات چیت کی زبان کو استعمال کیا ہے جیسا کہ گزشتہ صفحات میں کیا جا چکا ہے کہ غالب نے اپنے خطوط میں کبھی القاب و آداب کا لکھنا ضروری سمجھا اور کبھی اس کی ضرورت محسوس نہیں کی۔ اسی طرح سے انھوں نے سلام و پیام بھیجنے کی صورت بھی بول دی اور پرانے اُصولوں کو تبدیل کیا۔ وہ اپنے خطوط میں ماحول کا نقشہ ہو بہو کھینچ دیتے ہیں۔ چاہے یہ ان کی دلی کیفیت ہو یا پھر گرد و پیش کے حالات و واقعات ہوں، اس کو پیش کرنے میں وہ کافی بے باک دکھائی دیتے ہیں۔

اگر خطوط میں ان کے ''اسالیب بیان'' پر نظر ڈالی جائے تو پتہ چلتا ہے کہ غالب کے خطوط کا انداز بہت ہی دلچسپ ہے جو باتوں کا مزہ دیتا ہے۔ ان کے خطوط میں جدّت، سادگی، شگفتگی، طنز و مزاح، شوخی و رنگینی اور جزئیات نگاری وغیرہ پائی جاتی ہے۔ کہنے کا مقصد یہ ہے کہ ان کا انداز بے حد بے تکلف ہے جو نثر کی خوبصورتی کو بڑھاتا ہے۔

حواشی

سلسلہ نشان	کتاب کا نام	مصنف/مرتب کا نام	صفحہ نمبر
۱.	''یادگارِ غالب'' (حصہ اردو)	الطاف حسین حالیؔ بہ تصحیح و ترتیب مالک رام	ص ۱۹۸
۲	پنج آہنگ	غالب۔ مرتبہ: محمد مہاجر	ص ۱۷۶۔۱۷۷
۳	پنج آہنگ	غالب۔ مرتبہ: محمد مہاجر	ص ۱۸۷
۴	یادگارِ غالب (حصہ اردو)	الطاف حسین حالی	ص ۱۹۷
۵	''غالب کے خطوط'' جلد اوّل	مرزا غالب مرتبہ: خلیق انجم	ص ۱۲۶۔۱۲۷۔۱۳۵
۶	غالب کے خطوط۔ جلد اوّل	مرزا غالب مرتبہ: خلیق انجم	ص ۱۰۹
۷	غالب کے خطوط۔ جلد اوّل	مرزا غالب مرتبہ: خلیق انجم	ص ۱۱۰
۸	''مطالعہ ادب''۔ حصہ دوم عثمانیہ یونیورسٹی۔ حیدر آباد	ڈاکٹر مجید بیدار	ص ۵۴
۹	''یادگارِ غالب''	الطاف حسین حالی	ص ۱۵۶
۱۰	غالب کے خطوط۔ جلد اوّل	مرزا غالب مرتبہ: خلیق انجم	ص ۱۲۰
۱۱	غالب کے خطوط۔ جلد اوّل	مرزا غالب مرتبہ: خلیق انجم	ص ۱۲۳

۱۲	غالب کے خطوط۔ جلد اوّل	مرزا غالب مرتبہ: خلیق انجم	ص۱۴۳تا۱۴۸
۱۳	غالب کے خطوط۔ جلد اوّل	مرزا غالب مرتبہ: خلیق انجم	ص۱۵۱
۱۴	یادگارِ غالب	الطاف حسین حالی	ص۱۵۸
۱۵	غالب کی اُردو نثر اور دوسرے مضامین	حامد حسن قادری	ص۳۶
۱۶	غالب کے خطوط۔ جلد اوّل	مرزا غالب مرتبہ: خلیق انجم	ص۱۵۸
۱۷	یادگارِ غالب	الطاف حسین حالی	ص۱۶۵
۱۸	یادگارِ غالب	الطاف حسین حالی	ص۱۶۱
۱۹	یادگارِ غالب	الطاف حسین حالی	ص۱۶۷
۲۰	یادگارِ غالب	الطاف حسین حالی	ص۱۶۹
۲۱	-	رشید احمد صدیقی	-
۲۲	غالب کے خطوط۔ جلد دوّم	مرزا غالب مرتبہ: خلیق انجم	ص۵۰۰
۲۳	غالب کے خطوط۔ جلد دوّم	مرزا غالب مرتبہ: خلیق انجم	ص۵۲۴
۲۴	غالب کے خطوط۔ جلد دوّم	مرزا غالب مرتبہ: خلیق انجم	ص۵۴۰
۲۵	یادگارِ غالب (حصہ اُردو)	الطاف حسین حالی بہ تصحیح و ترتیب۔ مالک رام	ص۱۹۹

۲۶	اُردوئے معلیٰ	مرزا غالب	ص ۵۷
۲۷	اُردوئے معلیٰ	مرزا غالب	ص ۳۲۲
۲۸	عودِ ہندی	مرزا غالب مرتبہ: چودھری عبد الغفور سرور	ص ۷۹
۲۹	اُردوئے معلیٰ	مرزا غالب	ص ۴۷
۳۰	اُردوئے معلیٰ	مرزا غالب	ص ۶۷
۳۱	عودِ ہندی	مرزا غالب مرتبہ: چودھری عبد الغفور سرور	ص ۱۳۲
۳۲	عودِ ہندی	مرزا غالب مرتبہ: چودھری عبد الغفور سرور	ص ۱۹۲۔۱۹۳
۳۳	اُردوئے معلیٰ	مرزا غالب	ص ۱۷۰
۳۴	اُردوئے معلیٰ	مرزا غالب	ص ۱۷۲
۳۵	اُردوئے معلیٰ	مرزا غالب	ص ۳۱۳
۳۶	غالب کے خطوط۔ جلد اوّل	مرزا غالب۔ مرتبہ: خلیق انجم	ص ۱۶۷
۳۷	غالب کے خطوط۔ جلد اوّل	مرزا غالب۔ مرتبہ۔ خلیق انجم	ص ۱۶۳۔۱۶۴
۳۸	غالب کے خطوط۔ جلد اوّل	مرزا غالب۔ مرتبہ: خلیق انجم	ص ۱۸۲
۳۹	خط۔ بنام نواب علاء الدین خاں علائی غالب کے خطوط۔ جلد اوّل	مرزا غالب مرتبہ: خلیق انجم	ص ۱۹۵
۴۰	خط بنام مرزا حاتم علی مہر بحوالہ۔ غالب کے خطوط۔ جلد اوّل	مرزا غالب مرتبہ: خلیق انجم	ص ۲۵۲
۴۱	غالب کے خطوط۔ جلد اوّل	مرزا غالب۔ مرتبہ: خلیق انجم	ص ۲۰۶۔۲۰۷

۴۲	خط بنام۔ حکیم غلاف نجف خاں بحوالہ۔ غالب کے خطوط ۔ جلداوّل	مرزا غالب مرتبہ: خلیق انجم	ص۲۲۱
۴۳	خطوط بنام: منشی ہرگوپال تفتہ بحوالہ غالب کے خطوط ۔ جلداوّل	مرزا غالب مرتبہ: خلیق انجم	ص۲۳۳
۴۴	خط بنام۔ منشی ہرگوپال تفتہ بحوالہ غالب کے خطوط ۔ جلداوّل	مرزا غالب مرتبہ: خلیق انجم	ص۲۴۵
۴۵	خط بنام۔ منشی ہرگوپال تفتہ بحوالہ۔ غالب کے خطوط ۔ جلداوّل	مرزا غالب مرتبہ: خلیق انجم	ص ۲۶۳۔۲۶۴
۴۶	خط بنام منشی ہرگوپال تفتہ بحوالہ: غالب کے خطوط ۔ جلداوّل	مرزا غالب مرتبہ: خلیق انجم	ص۲۹۲
۴۷	خط ۔ بنام منشی ہرگوپال تفتہ بحوالہ غالب کے خطوط ۔ جلداوّل	مرزا غالب مرتبہ خلیق انجم	ص۲۹۲
۴۸	خط بنام منشی ہرگوپال تفتہ بحوالہ۔ غالب کے خطوط ۔ جلداوّل	مرزا غالب مرتبہ خلیق انجم	ص ۳۰۶۔۳۰۷
۴۹	خط بنام منشی ہرگوپال تفتہ بحوالہ۔ غالب کے خطوط ۔ جلداوّل	مرزا غالب مرتبہ: خلیق انجم	ص۳۰۷
۵۰	خط بنام منشی ہرگوپال تفتہ بحوالہ غالب کے خطوط ۔ جلداوّل	مرزا غالب مرتبہ: خلیق انجم	ص۳۴۷
۵۱	خط بنام منشی ہرگوپال تفتہ بحوالہ۔ غالب کے خطوط ۔ جلداوّل	مرزا غالب مرتبہ: خلیق انجم	ص۳۵۲

۵۲	خط بنام منشی ہرگوپال تفتہ بحوالہ۔ غالب کے خطوط۔ جلد اوّل	مرزا غالب مرتبہ: خلیق انجم	ص ۳۵۷
۵۳	خط بنام نواب علاء الدین احمد خاں علائی بحوالہ غالب کے خطوط۔ جلد اوّل	مرزا غالب مرتبہ: خلیق انجم	ص ۳۶۴
۵۴	خط بنام نواب علاء الدین احمد خاں علائی بحوالہ غالب کے خطوط۔ جلد اوّل	مرزا غالب مرتبہ: خلیق انجم	ص ۳۹۸۔۳۹۹
۵۵	خط بنام۔ نواب علاء الدین احمد خاں علائی بحوالہ غالب کے خطوط۔ جلد اوّل	مرزا غالب مرتبہ: خلیق انجم	ص ۴۱۵
۵۶	خط بنام۔ نواب علاء الدین احمد خاں علائی بحوالہ غالب کے خطوط۔ جلد اوّل	مرزا غالب مرتبہ خلیق انجم	ص ۴۱۷
۵۷	خط بنام۔ میر مہدی مجروح بحوالہ غالب کے خطوط۔ جلد دوّم	مرزا غالب مرتبہ: خلیق انجم	ص ۴۹۱۔۴۹۲
۵۸	خط بنام۔ میر مہدی مجروح بحوالہ۔ غالب کے خطوط۔ جلد دوّم	مرزا غالب مرتبہ: خلیق انجم	ص ۴۹۵
۵۹	خط بنام۔ میر مہدی مجروح بحوالہ غالب کے خطوط۔ جلد دوّم	مرزا غالب مرتبہ: خلیق انجم	ص ۵۰۰
۶۰	خط بنام۔ میر مہدی مجروح بحوالہ غالب کے خطوط۔ جلد دوّم	مرزا غالب مرتبہ: خلیق انجم	ص ۵۱۷

۶۱	خط بنام ۔ میر مہدی مجروح بحوالہ غالب کے خطوط ۔ جلد دوّم	مرزا غالب مرتبہ: خلیق انجم	ص۵۲۴
۶۲	خط بنام ۔ میر مہدی مجروح بحوالہ ۔ غالب کے خطوط ۔ جلد دوّم	مرزا غالب مرتبہ: خلیق انجم	ص ۵۳۶۔۵۳۷
۶۳	خط بنام ۔ میاں دادخاں سیاح بحوالہ ۔ غالب کے خطوط ۔ جلد دوّم	مرزا غالب مرتبہ: خلیق انجم	ص۵۴۸
۶۴	خط بنام ۔ میاں دادخاں سیاح بحوالہ ۔ غالب کے خطوط ۔ جلد دوّم	مرزا غالب مرتبہ: خلیق انجم	ص۵۵۳
۶۵	خط بنام ۔ میاں دادخاں سیاح بحوالہ ۔ غالب کے خطوط ۔ جلد دوّم	مرزا غالب مرتبہ: خلیق انجم	ص۵۵۸
۶۶	خط بنام ۔ چودھری عبدالغفور سرور بحوالہ غالب کے خطوط ۔ جلد دوّم	مرزا غالب مرتبہ: خلیق انجم	ص۵۸۲
۶۷	خط بنام ۔ چودھری عبدالغفور سرور بحوالہ غالب کے خطوط ۔ جلد دوّم	مرزا غالب مرتبہ: خلیق انجم	ص۵۹۴
۶۸	خط بنام ۔ چودھری عبدالغفور سرور بحوالہ ۔ غالب کے خطوط ۔ جلد دوّم	مرزا غالب مرتبہ: خلیق انجم	ص۵۹۸
۶۹	خط بنام ۔ چودھری عبدالغفور سرور بحوالہ ۔ غالب کے خطوط ۔ جلد دوّم	مرزا غالب مرتبہ: خلیق انجم	ص۶۱۶۔۶۱۵
۷۰	خط بنام ۔ حکیم غلام نجف خاں بحوالہ ۔ غالب کے خطوط ۔ جلد دوّم	مرزا غالب مرتبہ: خلیق انجم	ص۶۲۶

۷۱	خط بنام۔حکیم غلام نجف خاں بحوالہ۔غالب کے خطوط۔جلد دوّم	مرزا غالب مرتبہ: خلیق انجم	ص۶۳۱
۷۲	خط بنام۔غلام غوث خاں بے خبر بحوالہ۔غالب کے خطوط۔جلد دوّم	مرزا غالب مرتبہ: خلیق انجم	ص۶۴۳
۷۳	خط بنام۔غلام غوث خاں بے خبر بحوالہ غالب کے خطوط۔جلد دوّم	مرزا غالب مرتبہ: خلیق انجم	ص۶۵۹
۷۴	خط بنام غلام غوث خاں بے خبر بحوالہ غالب کے خطوط۔جلد دوّم	مرزا غالب مرتبہ: خلیق انجم	ص۶۶۹
۷۵	خط بنام۔نواب حسین مرزا بحوالہ۔غالب کے خطوط۔جلد دوّم	مرزا غالب مرتبہ: خلیق انجم	ص ۶۷۷۔۶۷۸
۷۶	خط بنام نواب حسین مرزا بحوالہ۔غالب کے خطوط۔جلد دوّم	مرزا غالب مرتبہ: خلیق انجم	ص۶۸۳
۷۷	خط بنام۔نواب امین الدین احمد خاں بحوالہ غالب کے خطوط۔جلد دوّم	مرزا غالب مرتبہ: خلیق انجم	ص۶۸۵
۷۸	خط بنام۔نواب امین الدین احمد خاں بحوالہ غالب کے خطوط۔جلد دوّم	مرزا غالب مرتبہ: خلیق انجم	ص ۶۸۷۔۶۹۰
۷۹	خط بنام ۔ مرزا شہاب الدین احمد خاں ثاقبؔ بحوالہ۔غالب کے خطوط۔جلد دوّم	مرزا غالب مرتبہ: خلیق انجم	ص۶۹۷
۸۰	خط بنام۔مرزا حاتم علی مہر بحوالہ۔غالب کے خطوط۔جلد دوّم	مرزا غالب مرتبہ: خلیق انجم	ص۷۵۴

۸۱	خط بنام۔مرزا حاتم علی مہر بحوالہ غالب کے خطوط۔جلد دوّم	مرزا غالب مرتبہ:خلیق انجم	ص۷۱۰ تا ۷۱۱
۸۲	خط بنام۔مرزا حاتم علی مہر بحوالہ غالب کے خطوط۔جلد دوّم	مرزا غالب مرتبہ:خلیق انجم	ص۷۲۲
۸۳	خط بنام۔مولوی ضیاء الدین خاں ضیاء دہلوی بحوالہ غالب کے خطوط۔جلد دوّم	مرزا غالب مرتبہ:خلیق انجم	ص۷۴۶
۸۴	خط بنام یوسف مرزا بحوالہ۔غالب کے خطوط۔جلد دوّم	مرزا غالب مرتبہ:خلیق انجم	ص۷۶۷
۸۵	خط بنام یوسف مرزا بحوالہ غالب کے خطوط۔جلد دوّم	مرزا غالب مرتبہ:خلیق انجم	ص۷۷۶
۸۶	خط بنام یوسف مرزا بحوالہ غالب کے خطوط۔جلد دوّم	مرزا غالب مرتبہ:خلیق انجم	ص۷۸۳
۸۷	خط بنام پیارے لال آشوب بحوالہ۔غالب کے خطوط۔جلد دوم	مرزا غالب مرتبہ:خلیق انجم	ص۷۹۷
۸۸	خط بنام یوسف علی خاں عزیز بحوالہ غالب کے خطوط۔جلد دوّم	مرزا غالب مرتبہ:خلیق انجم	ص۷۰۴
۸۹	خط بنام قربان علی بیگ خاں سالکؔ بحوالہ غالب کے خطوط۔جلد دوّم	مرزا غالب مرتبہ:خلیق انجم	ص۸۲۰
۹۰	خط بنام مولوی محمد عبدالرزاق شاکر بحوالہ غالب کے خطوط۔جلد دوّم	مرزا غالب مرتبہ:خلیق انجم	ص۸۴۶

۹۱	خط بنام نواب انورالدولہ سعدالدین خاں بہادر شفق۔ بحوالہ غالب کے خطوط۔جلد سوّم	مرزا غالب مرتبہ:خلیق انجم	ص۹۸۹
۹۲	خط بنام نواب انورالدولہ سعدالدین خاں بہادر شفق بحوالہ غالب کے خطوط۔جلد سوّم	مرزا غالب مرتبہ:خلیق انجم	ص۹۹۲
۹۳	خط بنام نواب انورالدولہ سعدالدین خاں بہادر شفق بحوالہ غالب کے خطوط۔جلد سوّم	مرزا غالب مرتبہ:خلیق انجم	ص۹۹۵
۹۴	خط بنام نواب میر غلام بابا خاں بحوالہ غالب کے خطوط۔جلد سوّم	مرزا غالب مرتبہ:خلیق انجم	ص۱۰۱۱
۹۵	خط بنام۔نواب میرابراہیم خاں بحوالہ۔غالب کے خطوط۔جلد سوّم	مرزا غالب مرتبہ:خلیق انجم	ص۱۰۱۵
۹۶	خط بنام صاحبِ عالم مارہروی بحوالہ غالب کے خطوط۔جلد سوّم	مرزا غالب مرتبہ:خلیق انجم	ص۱۰۲۱
۹۷	خط بنام سید حکیم احمد حسن مودودی بحوالہ غالب کے خطوط۔جلد سوّم	مرزا غالب مرتبہ:خلیق انجم	ص۱۰۳۳
۹۸	خط بنام سید بدرالدین احمد کاشف المعروف بہ فقیر بحوالہ غالب کے خطوط۔جلد سوّم	مرزا غالب مرتبہ:خلیق انجم	ص۱۰۴۲

۹۹	خط بنام منشی شیونرائن آرام بحوالہ۔غالب کے خطوط۔جلد سوّم	مرزا غالب مرتبہ: خلیق انجم	ص ۱۰۵۵
۱۰۰	خط بنام شیونرائن آرام بحوالہ غالب کے خطوط۔جلد سوّم	مرزا غالب مرتبہ: خلیق انجم	ص ۱۰۸۵،۱۰۸۶
۱۰۱	خط بنام منشی نبی بخش حقیر بحوالہ غالب کے خطوط۔جلد سوّم	مرزا غالب مرتبہ: خلیق انجم	ص ۱۱۵۹
۱۰۲	خط بنام منشی نبی بخش حقیر بحوالہ غالب کے خطوط۔جلد سوّم	مرزا غالب مرتبہ: خلیق انجم	ص ۱۱۱۰
۱۰۳	خط بنام منشی نبی بخش حقیر بحوالہ۔غالب کے خطوط۔جلد سوم	مرزا غالب مرتبہ: خلیق انجم	ص ۱۱۷۵
۱۰۴	خط بنام۔نواب یوسف علی خاں ناظم بحوالہ غالب کے خطوط جلد سوم	مرزا غالب مرتبہ: خیق انجم	ص ۱۱۹۴
۱۰۵	خط بنام نواب کلب علی خاں بہادر بحوالہ غالب کے خطوط۔جلد سوّم	مرزا غالب مرتبہ: خلیق انجم	ص ۱۲۲۷
۱۰۶	خط بنام نواب کلب علی خاں بہادر بحوالہ۔غالب کے خطوط۔جلد سوّم	مرزا غالب مرتبہ: خلیق انجم	ص ۱۲۴۹
۱۰۷	خط بنام۔سید غلام حسنین قدر بلگرامی بحوالہ۔غالب کے خطوط۔جلد چہارم	مرزا غالب مرتبہ: خلیق انجم	ص ۱۴۲۳
۱۰۸	خط بنام۔مولوی نعمان احمد بحوالہ۔غالب کے خطوط۔جلد چہارم	مرزا غالب مرتبہ: خلیق انجم	ص ۱۴۵۵

١٠٩	خط بنام مولوی عبدالغفور خاں نساخؔ بحوالہ غالب کے خطوط ۔جلد چہارم	مرزا غالب مرتبہ: خلیق انجم	ص ١٤٦٤
١١٠.	خط بنام مولوی کرامت علی بحوالہ غالب کے خطوط ۔جلد چہارم	مرزا غالب مرتبہ: خلیق انجم	ص ١٤٦٤
١١١	خط بنام مرزا رحیم بیگ بحوالہ غالب کے خطوط ۔جلد چہارم	مرزا غالب مرتبہ: خلیق انجم	ص ١٤٧٧
١١٢	خط بنام قاضی عبدالجمیل جنون بریلوی۔ بحوالہ غالب کے خطوط ۔جلد چہارم	مرزا غالب مرتبہ: خلیق انجم	ص ١٥١٤
١١٣	خط بنام ۔محمد حبیب اللہ ذکا بحوالہ۔ غالب کے خطوط ۔جلد چہارم	مرزا غالب مرتب: خلیق انجم	ص ١٥٣٢
١١٤	خط بنام ۔منشی سیل چند بحوالہ۔ غالب کے خطوط ۔جلد چہارم	مرزا غالب مرتبہ: خلیق انجم	ص ١٥٣٩
١١٥	خط بنام سید محمد عباس علی خاں بےتابؔ بحوالہ: غالب کے خطوط ۔جلد چہارم	مرزا غالب مرتبہ: خلیق انجم	ص ١٥٤٨
١١٦	خط بنام منشی نول کشور بحوالہ۔ غالب کے خطوط ۔جلد چہارم	مرزا غالب مرتبہ: خلیق انجم	ص ١٥٧٥
١١٧	خط بنام ۔سید فرزند احمد صغیر بلگرامی بحوالہ۔ غالب کے خطوط ۔جلد چہارم	مرزا غالب مرتبہ: خلیق انجم	ص ١٥٨١
١١٨	خط بنام ۔نواب زین العابدین خاں عرف کلّن میاں بحوالہ: غالب کے خطوط ۔جلد چہارم	مرزا غالب مرتبہ: خلیق انجم	ص ١٥٨٤

۱۱۹	خط بنام عبدالرحمٰن تحسین بحوالہ غالب کے خطوط۔جلد چہارم	مرزا غالب مرتبہ: خلیق انجم	ص۱۵۹۰
۱۲۰	غالب کے خطوط۔جلد پنجم	خلیق انجم	ص۱۰،۱۱
۱۲۱	غالب کے خطوط۔جلد پنجم	خلیق انجم	ص۹
۱۲۲	غالب کے خطوط۔جلد چہارم	خلیق انجم	ص۱۴۱۲تا ۱۴۱۴
۱۲۳	غالب کے خطوط۔جلد چہارم	خلیق انجم	ص۱۲،۱۰
۱۲۴	غالب کے خطوط۔جلد چہارم	خلیق انجم	ص۲۶
۱۲۵	غالب کے خطوط۔جلد چہارم	خلیق انجم	ص۶۲_۶۳
۱۲۶	غالب کے خطوط۔جلد چہارم	خلیق انجم	ص۱۴۰_۱۴۱
۱۲۷	بحوالہ ''غالب کے خطوط'' جلد سوّم	مرزا غالب۔مرتبہ: خلیق انجم	ص۱۳۰
۱۲۸	بحوالہ ''اُردوئے معلّٰی''	مرزا غالب	ص۵۸_۵۹
۱۲۸	غالب کے خطوط۔جلد چہارم	مرزا غالب،مرتبہ: خلیق انجم	ص۱۵۲۹
۱۳۰	بحوالہ ''عودِ ہندی''	مرزا غالب مرتبہ: چودھری عبدالغفور سرور	ص۴۷
۱۳۱	بحوالہ ''اُردوئے معلّٰی''	مرزا غالب	ص289
۱۳۲	بحوالہ ''اُردوئے معلّٰی''	مرزا غالب	ص325

☆ باب چہارم

غالب کی متفرق اُردو نثری تحریروں کا جائزہ

اردو ادب کی تاریخ میں شاعری کے علاوہ غالب کا جو نثری سرمایہ محفوظ رہا اس کا بیشتر حصہ مکاتیب غالب پر مشتمل ہے۔ اردو نثر میں غالب نے جو متفرق تحریریں چھوڑی ہیں ان میں دوست احباب کی کتابوں پر لکھے گئے تبصرے اور تقریظیں شامل ہیں۔ اس کے علاوہ قاطع برہان کے نام سے جو بحث چلی تھی اس سے متعلق تحریریں ہیں اور ''ازالہ حیثیت عرفی'' مقدمہ کے ضمن میں لکھی گئی ان کی تحریریں شامل ہیں۔ غالب کی اردو نثر کا یہ سرمایہ بکھرا ہوا تھا جسے خلیل الرحمٰن داؤدی نے ''مجموعہ نثر غالب اُردو'' کے نام سے جمع کیا۔ ہندوستان میں ''انجمن ترقی اردو'' نے ۱۹۶۷ء میں شائع کیا اس کتاب کی عکسی نقل اردو ادب کے انٹرنیٹ پر موجود ذخیرہ ''ریختہ ڈاٹ کام'' پر موجود ہے۔۔ ذیل میں غالب کی دیگر نثری تحریروں کا تعارف پیش کیا جا رہا ہے۔

ا۔ لطائفِ غیبی :-

''لطائف غیبی'' ۴۴ صفحات کا ایک رسالہ ہے۔ جو ''مطبع اکمل المطابع دہلی'' سے ۱۸۶۴ء میں شائع ہوا۔ اس کی قیمت آٹھ آنے مقرر تھی۔ یہ رسالہ ۱۸۶۴ء میں صرف ایک بار شائع ہوا۔ مرزا غالب نے ''قاطع برہان'' کے جواب میں یہ رسالہ بعنوان ''لطائف غیبی'' خود لکھا۔ لیکن اسے اپنے عزیز شاگرد ''میاں داد خان سیاح'' کے نام سے شائع کیا۔ ''غالب'' پر کام کرنے والے تمام محققین اس بات سے اتفاق کرتے ہیں کہ یہ تصنیف مرزا غالب کی فکر کا نتیجہ ہے۔ اس مجموعے میں ۲۰ لطائف ہیں۔ خلیل الرحمٰن داؤدی اپنی کتاب ''مجموعہ نثر غالب اردو'' میں ''لطائفِ غیبی'' کے نسخے کے بارے میں لکھتے ہیں کہ

''لطائفِ غیبی'' عرصہ دُراز سے نایاب ہے اس کا ایک انتہائی نادر نسخہ مولانا عبدالمجید سالک صاحب کے پاس تھا۔ وہ نسخہ نواب سعیدالدین احمد خاں ابن نواب ضیاءالدین احمد خاں نیر درخشاں کا تھا۔ جو انہیں زمانۂ طالب علمی میں نواب علاؤالدین احمد خاں علائی نے دیا تھا۔ پاکستان میں اگرچہ اس کے دو تین نسخوں کا سراغ ملتا ہے لیکن ان سے نسخہ لے کر اشاعت کیلئے متن نقل کرنا بہت ہی دشوار کام ہے۔ بہر حال کسی نہ کسی طرح مجھے اس کا متن حاصل ہو گیا اور اب اس نعمتِ غیر مترقبہ کو ''مجلس ترقی ادب لاہور'' کے ذریعہ عام کر رہا ہوں۔'' [1]

خلیل الرحمٰن داؤدی کے خیال کے مطابق ''لطائفِ غیبی'' ایک نایاب کتاب ہے جسے انہوں نے بڑی جستجو سے شائع کیا۔ جیسا کہ کہا گیا اس رسالے میں غالب کے ''قاطع برہان'' کے ضمن میں لکھے گئے لطائف ہیں اور ''قاطع برہان'' کی بحث ہے۔ اس رسالے میں موجود غالب کی نثر کا جائزہ اس حوالے سے لیا جا سکتا ہے۔

''جس شخص کا بادشاہی دفتر میں اسداللہ خاں نام لکھا گیا ہو اور نواب گورنر جنرل بہادر کے محکمۂ محتشمہ سے ''خان صاحب بس یار مہربانی دوستانی مرزا اسد اللہ خان'' لکھا جاتا ہو۔ اگر ایک شخص گمنام رعایائے دہلی میں سے اس کا نام بگاڑ کر لکھے تو اس نامور کا کیا بگڑا۔ مگر لکھنے والے کا حق مال بغض ثابت ہو گیا۔ اس سے زیادہ گرم ایک فقرہ اور سنئے۔ منشی جی قاطع کی عبارت کو برا بتاتے ہیں اور پھر کہیں کہیں اسی انداز کے ایک دو جملے لاتے ہیں۔ فقرہ پورا کب لکھ سکتے ہیں۔ دو چار لفظ جمع

کئے اور ٹھیک نکل گئی جیسے پڑھا طوطا دن بھر میں کبھی اللہ پاک ذات اللہ بول اٹھتا ہے اور باقی تمام دن ٹیں ٹیں کہا کرتا ہے۔ مانا کہ قاطع برہان کے جواب میں لکھنے سے منشی جی کی مراد یہ تھی کہ کج محمول سے باہر آئیں اور ایک صاحب نام ونشان کے مقابل ہو کر خود بھی نام پائیں۔ یہ نہ سمجھیں کہ مشہور نہ ہوں گے مگر اشتہاری ہو جائیں گے۔'' ۲

''لطائف غیبی'' رسالے میں موجود غالب کی اس تحریر سے اندازہ ہوتا ہے کہ جس طرح ان کی شخصیت میں ظرافت تھی۔ اسی طرح ان کی تحریر میں بھی ظرافت ہے اور ظرافت کے ساتھ ضرورت پڑنے پر انہوں نے طنز کے تیر بھی چلائے ہیں۔ سارے رسالے میں غالب کی نثر کا یہی انداز ہے۔

۲۔ رسالہ ''سوالات عبدالکریم'':-

''قاطع برہان'' کی مخالفت میں اس زمانے میں سب سے پہلی کتاب ''محرق قاطع برہان'' ظہور میں آئی۔ جس کے مصنف سید سعادت علی صاحب میر منشی ریزیڈنٹ راجپوتانہ تھے۔ یہ کتاب ۱۲۸۰ھ میں دہلی سے شائع ہوئی تھی۔ اس کے جواب میں دیگر لوگوں کے علاوہ غالب نے دو رسالے لکھے۔ جس کے پہلے رسالے کا نام ''رسالہ سوالات عبدالکریم'' ہے غالب نے یہ رسالہ اپنے ایک فرضی طالب علم عبدالکریم کے نام سے شائع کرایا۔ سوالات عبدالکریم رسالہ آٹھ صفحوں کا رسالہ ہے جس پر مطبع کا نام نہیں ہے تاہم خلیل الرحمٰن داؤدی نے مالک رام کے حوالے سے لکھا ہے کہ یہ رسالہ اکمال المطابع دہلی سے ۱۸۶۵ء مطابق ۱۲۸۱ھ میں شائع ہوا۔ اس رسالہ میں ۱۶ سوالات ہیں اور آخر میں دو ضمنی سوالات بھی ہیں۔ یہ رسالہ غالب کی حیات میں ایک مرتبہ ۱۸۶۵ء میں اور بعد میں قاضی عبدالودود صاحب نے ۱۹۵۲ء میں سہ ماہی مجلّہ ''معاصر'' پٹنہ سے شائع کیا۔ رسالے کے آغاز اور پہلا سوال کرتے ہوئے غالب لکھتے ہیں۔

''اضعف بندگانِ رب کریم عبدالکریم منشی سعادت علی

صاحب کی خدمت بابرکت میں عرض کرتا ہے کہ میں ''محرق قاطع برہان'' کو دیکھ کر آپ کی فارسی دانی بلکہ ہمہ دانی کا معتقد ہوا۔ مگر اپنے فہم کے قصور سے بعض ترکیبوں کو نہیں سمجھا ناچار ان کی حقیقت آپ سے پوچھتا ہوں اور متوقع ہوں کہ ہر سوال کا جواب جداگانہ بہ عبارت سلیس عام فہم لکھیئے گا...... جب ان سوالات کے جواب پا چکوں گا تو سوالات باقی پیش کروں گا۔

سوال پہلا......صفحہ ۲ سطر ۸ آپ لکھتے ہیں کہ پیش ازیں چند سالے کتاب مسمیٰ بہ حدائق العجائب تالیف کردہ بودم''۔ آسی عرض کرتا ہے کہ ''چند سالے' کیا ترکیب ہے ۔ہاں سالے چند۔ ماہے چند۔ روزے چند یا چندسال ۔ چند ماہ۔ چند روز مستعمل فصحا ہے۔''

۳

''رسالہ سوالات عبدالکریم'' میں غالب کے طرزِ تخاطب سے اندازہ ہوتا ہے کہ غالب کو یہ برداشت نہیں ہوا کہ ان کی زبان دانی کے اعلیٰ معیار کے دور میں کوئی زبان و بیان کی غلطی کرے چونکہ غالب خوددار تھے۔ وہ لوگوں کے منہ لگنا نہیں چاہتے تھے اس لئے انہوں نے پردے میں رہتے ہوئے سوالات عبدالکریم کے نام سے منشی سعادت علی صاحب کی تحریر کی خامیوں کو اجاگر کیا اور ان سے جوابات طلب کئے۔ غالب خداداد صلاحیت کے مالک تھے۔ ان کی فارسی دانی بھی اعلیٰ معیار کی تھی لیکن زمانے کے مزاج کو دیکھتے ہوئے جب انہیں اردو میں تصنیف و تالیف کرنا پڑا تو انہوں نے اپنے لئے زبان و بیان کا اونچا معیار رکھا اور وہ چاہتے تھے کہ لوگ بھی وہی معیار کی اُردو لکھیں اور بولیں لیکن ان کے سامنے لوگوں کو معیار کم تھا۔ یہی وجہ ہے کہ اکثر لوگوں سے ان کی بحث ہو جاتی تھی اور غالب کا یہ انداز منفی یا مثبت ان کی شہرت کا باعث ہوئی۔

۳۔ ’’نامۂ غالبؔ‘‘:-

’’قاطع برہان‘‘ کی مخالفت میں ایک کتاب ’’ساطع برہان‘‘ مرزا رحیم بیگ میرٹھی نے شائع کی تھی اس کے جواب میں مرزا غالب نے ۱۶صفحات کا ایک خط کتابی صورت میں تحریر کیا اور اگست ۱۸۶۵ء میں مطبع محمدی محمد مرزا خاں دہلی سے اس کے تین سو ۳۰۰نسخے شائع کیے۔ جس کے پانچ نسخے نواب صاحب رامپور کو بھی بھیجے۔ بعد میں یہ خط ’’عود ہندی‘‘ میں بھی شائع ہوا۔ غالب نے چونکہ یہ طویل خط ایک رسالے کی شکل میں شائع کیا تھا۔ اس لئے اسے غالب کی ایک تصنیف کے طور پر تسلیم کیا جاتا ہے۔ اس خط میں خط کے علاوہ بھی دیگر خصوصیات پائی جاتی ہیں۔ غالب اپنے اس خط میں مرزا رحیم بیگ سے خطاب کرتے ہوئے لکھتے ہیں کہ

> ’’جس طرح توحید میں نفی ماسوائے اللہ دستور ہے مجھ کو تحریر میں حذف زوائد منظور ہے۔ عزم مقابلہ نہیں، مقصد مجادلہ نہیں سرتاسر دوستانہ حکایت ہے۔ خاتمہ میں ایک شکایت ہے۔ شکوہ دردمندانہ منافی شیوۂ ادب نہیں۔ معہ ہذا اظہار درِدِل مراد ہے کوئی بات جواب طلب نہیں۔ احسان مند ہوں آپ کا کہ آپ نے منشی سعادت علی کی طرح آدھا نام میرا نہ لکھا۔ ان کے حسن ظن کے مطابق مجھ کو معشوق میرے استاد کا نہ لکھا۔‘‘ ۴؎

اس خط کی نثر اور اندازِ بیان سے واضح ہوتا ہے کہ غالب نے اپنے وضعدارانہ انداز میں اپنی زبان دانی کا اظہار کیا اور ’’قاطع برہان‘‘ کی جو بحث چل رہی تھی اسی سلسلے کو آگے بڑھایا۔

۴۔ ’’تیغ تیز‘‘:-

’’قاطع برہان‘‘ کی تائید اور مخالفت میں جو کتابیں آرہی تھیں اس میں ایک کتاب ’’موید برہان‘‘ بھی تھی جس کے مصنف آغا احمد علی تھے۔ یہ مدرسہ عالیہ کلکتہ میں فارسی کے مدرس تھے۔ ’’موید برہان‘‘ کو دیکھ کر مرزا غالب نے اس کے جواب میں ۳۴صفحات کا ایک رسالہ ’’تیغ تیز‘‘ کے نام سے

لکھا۔ کتاب میں ۷ افصلیں ہیں۔ ابتدائی ۶ افصلوں میں مولوی احمد علی صاحب پر ایک ایک کر کے اعتراضات کئے اور ان اعتراضات کا جواب بھی دیا۔ یہ غالب کے قلم سے نکلنے والا آخری رسالہ ہے اس کے بعد مولوی احمد علی اور غالب کے معاونین کے درمیان قطعاتِ نظم کی شکل میں جنگ چھڑ گئی اور یہ شعری بحث ''ہنگامہ ٔدل آشوب'' حصہ اول و دوم کی شکل میں شائع ہوئی۔اس کتاب میں غالب کی جانب سے اٹھائے گئے سوال وجواب کی ایک مثال اس طرح ہے۔

''پہلا سوال......لغت فارسی کی حقیقت اور حروف کی حرکت میں فردوسی وخاقانی سچے ہیں یا ہندوستانی فرہنگ لکھنے والے۔؟''

جواب: فردوسی وخاقانی سچے ہیں۔ ہندوستانی ان کے مطابق لکھیں تو سچے۔اس کے برخلاف لکھیں تو جھوٹے۔'' ۵

غالب کے اس سوال وجواب سے اندازہ ہوتا ہے کہ غالب کو نہ صرف اپنی فارسی دانی پر ناز تھا بلکہ وہ اردو کے نامور شعراء اور ادبیوں کے مقابلے میں فارسی کے شعراء جیسے فردوسی وخاقانی وغیرہ کی بالا دستی کو پسند کرتے تھے اور یہ بات آخری زمانے تک غالب کی شخصیت اور مزاج کا حصہ رہی۔

۵۔دیباچہ ''سراج المعرفت'':-

جیسا کہ کہا گیا غالب نے خطوط کے علاوہ اردو میں جو نثری سرمایہ چھوڑا ہے اس میں ایک بڑا حصہ اپنے دوست احباب کی کتابوں پر لکھے گئے تبصرے اور تقاریظ ہیں۔اسی سلسلے کے طور پر غالب نے مفتی سید رحمت علی خان عرف میر لال کی تصنیف ''سراج المعرفت'' پر دیباچہ لکھا۔یہ کتاب بہادر شاہ ثانی کی فرمائش پر لکھی گئی اس کتاب میں عہدِ رسالت سے سینہ بہ سینہ چلے آرہے اشغال واذکار بیان کئے گئے۔غالب نے جس وقت یہ دیباچہ لکھا۔اس وقت وہ قلعہ کے ملازم تھے اور ان کی عمر ۵۷ سال تھی۔ اس حساب سے دیباچے کا سن تصنیف ۱۸۵۳ء قرار پاتا ہے۔غالب نے دیباچے کا اختتام ان جملوں سے کیا ''بادشاہ سے کیا عجب ہے کہ دو برس کی تنخواہ دے کر مجھ کو خانہ ٔخدا کے طواف کی رخصت دیں کہ وہاں جا کر اور اپنے ۵۷ برس کے گناہ کہ جس میں سوائے شرک سب کچھ ہیں بخشوا کر پھر آئے۔'' غالب

کے اس خیال سے اس دیباچے کے سنہ تصنیف کا اندازہ لگایا گیا ہے۔ غالب کے بارے میں یہ بات واضح ہے کہ عملی زندگی میں وہ مذاہب بیزار تھے۔ لیکن انہوں نے اپنی تحریروں اور شاعری میں اسلامی شعائر سے اپنی عظمت کا اظہار کیا۔ چنانچہ اس مذہبی رسالے کے دیباچے میں وہ لکھتے ہیں کہ

> ''اس رسالے کے مشاہدے سے مستفیض ہوا۔ جی میں آیا کہ اس کتاب مستطاب پر ایک دیباچہ لکھے اور پھر میں برگ و ساز کروں اور عزمِ سفرِ حجاز کروں۔ زم زم کے پانی سے وضو اور اس کاشانۂ ملائک آشیانہ کے گرد پھروں اور حجر اسود کو چوموں اور پھر وہاں سے مدینہ منورہ جاؤں اور خاکِ تُربتِ اطہر کا سرمہ آنکھوں میں لگاؤں۔'' ۶ے

۶۔ دیباچہ ''حدائق انظار'':-

غالب کے ایک ہمعصر خواجہ بدرالدین خان عرف خواجہ امان دہلوی تھے۔ ان کا تعلق راجا شیودان سنگھ والئ ریاست الور سے تھا۔ راجہ صاحب کی فرمائش پر ان کے کتب خانے میں موجود ''بوستانِ خیال'' کی ۱۵ جلدوں میں سے خواجہ امان نے دو جلدوں کا ترجمہ اردو میں کیا۔ جس کی پہلی جلد ۱۸۶۶ء میں ''حدائق انظار'' کے نام سے شائع ہوئی۔ اس کتاب کا دیباچہ مرزا غالب نے لکھا۔ دیباچے کے آغاز میں غالب لکھتے ہیں۔

> ''سبحان اللہ شاہد زیبائے سخن کا حسن بے مثال۔ مشاہدہ اس کا نورافزائے نگاہ'' تصور اس کا انجمن افروز خیال۔ از روئے لفظ اہل معنی کی نظر میں۔ آئینہ عارض جمال......اگر نفس ناطقہ کو حق نے بصورت انسان پیدا کیا ہوتا تو ہم اس صورت میں یہ کیونکر کہیں کہ کیا ہوتا......نظم میں اور یہ روپ۔ نثر میں اور یہ ڈھنگ فارسی میں اور ہی زمزمہ اردو میں اور

ہی آہنگ......سیر وتواریخ میں وہ دیکھو جو تم سے سیکڑوں برس پہلے
واقع ہوا ہو افسانہ وداستان میں وہ کچھ سنو کہ کبھی کسی نے نہ دیکھا
ہو نہ سنا ہو۔'' ؎

غالب کے مشاغل اور ان کی پسند کے بارے میں اکثر یہ سنا گیا کہ انہیں ''بوستانِ خیال'' داستان پڑھنا اور شراب نوشی کرنا بہت اچھا لگتا تھا۔ داستانوں میں مقفّی و مسجع عبارت آرائی ہوتی تھی۔ یہی وجہ ہے کہ اس دیباچے میں بھی آغاز میں غالب نے قافیہ پیمائی کے انداز میں اپنے خیالات کا اظہار کیا اور داستانوں کی اہم صفت حیرت واستعجاب کی طرف اشارہ کیا۔ غالب اچھے شاعر تھے اور اچھے نثر نگار بھی۔ اگر نثر میں خطوط کے علاوہ وہ کوئی مستقل کتاب لکھتے تو اسے بھی وہ شہرت حاصل ہوتی جو ان کے مختصر اردو دیوان کو ساری دنیا میں حاصل ہے۔

۷۔ دیباچہ ''رسالہ تذکیر وتانیث'':-

غالب کے ایک دوست عالم مارہروی تھے۔ ان کے نواسے سید فرزند احمد صغیر بلگرامی غالب کے شاگرد تھے۔ صغیر بلگرامی نے ''قواعد تذکیر وتانیث'' پر ایک رسالہ ''فیضِ صغیر'' کے نام سے لکھا۔ یہ رسالہ ۱۸۸۵ء میں ایک بار شائع ہوا۔ غالب نے اس رسالے کا دیباچہ اپنے قلم سے لکھا۔ رسالہ کے آغاز میں صغیر بلگرامی کے اس کام کی تعریف کرتے ہوئے غالب اپنے مخصوص انداز میں لکھتے ہیں کہ

''سیدی وسندی نورِ بصر و لختِ جگر، قرۃ العین،
اسد مولوی سید فرزند احمد کے طول عمر و دوامِ دولت وقبائے اقبال کی
دعا مانگتا ہوں جن کو مبدہ فیاض سے اس رسالے کے لکھنے کی
توفیق عطا ہوئی ہے۔ سبحان اللہ تذکیر وتانیث کی تقریر کہ وہ اور
مطالب کی توضیح پر بھی مشتمل ہے کس لطف سے ادا
ہوئی۔ ہر چند اس راہ سے دانا اور دقیقہ رس اور منصف
ہیں۔ قواعد تذکیر وتانیث کے منضبط نہ ہونے کے خود معترف ہیں

لیکن علم وحسن، فہم ولطف طبع سے وہ مضبوط ضوابط بہم پہنچائے ہیں کہ اور صاحبوں کے دل دوسرے کو کیا خبر، مگر مجھے تو دل سے پسند آئے ہیں۔ دعا یہ ہے اور یقین بھی ہے کہ رسالہ صفحۂ روزگار پر یادگار اور ہمیشہ منظورِ انظار اور اولوا الابصار رہے گا جو صاحب اس کو مطالعہ فرمائیں گے نفع بھی پائیں گے اور لطف بھی اٹھائیں گے ۔''۸

غالب کے دور میں اردو زبان خاص طور سے اس کی نثر اور اس کے قواعد تشکیلی دور میں تھے اور لفظوں کی تذکیر وتانیث کا جھگڑا عام تھا۔ یہی وجہ ہے کہ غالب نے بھی اس میں دلچسپی دکھائی اور اس کتاب پر تبصرہ لکھ کر صاحبِ کتاب کی حوصلہ افزائی کی۔ غالب کے سفر کلکتہ کا یہ لطیفہ بھی مشہور ہے کہ جب وہ رتھ میں سفر کر رہے تھے تو کسی نے ان سے دریافت کیا تھا کہ لفظ ''رتھ'' مذکر ہے یا مونث۔ تب غالب نے ازراہِ مذاق جواب دیا کہ اگر تھ میں مرد بیٹھے ہوں تو اسے مذکر سمجھو اور عورتیں بیٹھیں تو اسے مونث سمجھو۔ غالب نے شاعری کی طرح نثر میں بھی معیاری زبان استعمال کی اور لفظوں کی شان و شوکت سے اپنے اسلوب کو جاندار بنایا۔

۸۔تقریظ بر ''کتاب بہادر شاہ ثانی'':-

غالب کے قلعہ معلی سے تعلقات تھے اور غالب بادشاہ سے متعلق کچھ امور کی تصنیف وتالیف بھی انجام دیتے تھے۔ ایک دفعہ بہادر شاہ ثانی کی طبیعت ناساز ہوئی تھی تب ان کے دوست مرزا سلیمان شکوہ اور مرزا حیدر شکوہ نے یہ دعا مانگی کہ وہ بادشاہ کی صحت یابی پر حضرت عباس کی درگاہ میں عَلَم چڑھائیں گے۔ یہ لوگ شیعہ عقیدہ کے تھے۔ بادشاہ کی صحت پر جب عَلَم چڑھایا گیا تو لوگوں میں غصہ کی لہر دوڑ گئی کہ بادشاہ شیعہ ہو گیا۔ اس بات کی نفی کرنے کے لئے کئی اعلانات کئے گئے اور وضاحتی کتابیں بھی لکھائی گئیں۔ اس سلسلہ کی ایک کتاب لکھی گئی۔ جس پر غالب نے اپنی تقریظ لکھی تھی۔ محققین کو اصل کتاب دستیاب نہیں ہو سکی تاہم اس کتاب کی تقریظ ''عودِ ہندی'' میں شامل ہونے کی وجہ سے محفوظ

رہی۔اس تقریظ میں غالب لکھتے ہیں۔

> ''یہ کتاب کہ مجموعہ دانش وآ گہی ہے اگر چہ اس کو سفینہ کہہ سکتے ہیں لیکن از روئے حقیقت ایک ہنر ہے کہ بحرِ سخن سے اُدھر کو بھی ہے جب اس نگارش میں انجام پایا تو مجھ کو پیش گاہ سلطنت ابدمدت سے حکم آیا کہ بندۂ دوگاہ اسداللہ اس کی تقریظ لکھنے میں اظہارِ حسن اطاعت کرے اور سخن طرازی میں آرائشِ زبانِ اردو پر قناعت کرے۔جیسا کہ حکم بجالا ضرور ویسا ہی یہ بھی کہہ جانا ضرور ہے۔منشاء اس رسالۂ نگارش کا کیا ہے۔'' 9

اس اقتباس میں کتاب اور صاحب کتاب سے زیادہ غالب کا شاعرانہ اُسلوب جھلکتا ہے جبکہ وہ بادشاہ سے نظرِ عنایت کی خاطر اس کے لئے تعریفی وتوصیفی الفاظ کہتے ہیں۔

۹۔تقریظ بر''گلزارِ سرور'':-

''گلزارِ سرور'' لکھنو کے مشہور ناول نگار رجب علی بیگ سرور کی تصنیف ہے۔سرور نے یہ کتاب والیٔ بنارس ایشوری پرشاد نارائن سنگھ کی فرمائش پر لکھی۔دراصل یہ کتاب محمد شفیع کی ''حدائق العشاق'' کا ترجمہ ہے۔''گلزارِ سرور'' لکھنے کے بعد رجب علی بیگ سرور نے اس کتاب کی تقریظ لکھنے کے لئے غالب سے گذارش کی۔گلزارِ سرور کی جلد اول میں یہ تقریظ شامل ہے۔غالب اس تقریظ میں لکھتے ہیں:

> ''سبحان اللہ، خدا کی کیا نظر فروز صنعتیں ہیں، تعالیٰ اللہ، کیا حیرت اور قدرتیں ہیں۔یہ جو حدائق العشاق کا فارسی زبان سے عبارت اردو میں نگارش پانا ہے، ارم کا زمین دنیا سے اٹھ کر بہارستان قدس کا باغ بن جانا ہے، وہاں حضرت رضوان ارم کے نخل بندوآبیار ہوئے۔یہاں مرزا رجب علی بیگ ''سرور حدائق العشاق'' کے صحیفہ نگار ہوئے۔اس مقام پر یہ ہیچ میرز جو

موسوم بہ اسد اللہ خاں اور مخاطب بہ نجم الدولہ اور متخلص بہ غالب ہے، خدائے جہاں آفرین سے توفیق کا اور خلق سے انصاف کا طالب ہے۔ ہاں، اے صاحبانِ فہم وادراک! سرورسحر بیان کا اردو کی نثر میں کیا پایہ ہے اور اس بزرگوار کا کلام شاہد معنیٰ کے واسطے کیسا گراں بہا پیرایہ ہے۔ مجھ کو دعویٰ تھا کہ اندازِ بیان اور شوخیِ تقریر میں ''فسانہ عجائب'' بے نظیر ہے۔ جس نے میرے دعویٰ کو اور ''فسانہ عجائب'' یکتائی کو مٹایا۔ یہ وہ تحریر ہے۔'' [۱۰]

سرور کی ''فسانہ عجائب'' کے چرچے اس زمانے میں لکھنو اور دہلی میں بہت زیادہ تھے اسی شہرت کی بناء غالب نے ''گلزارِ سرور'' پر تقریظ لکھنے پر آمادگی ظاہر کی اور غالب نے اس بات کا اعتراف بھی کیا کہ سرور کی تحریر دلچسپ ہے۔

۱۰۔ دیباچہ ''انتخابِ غالب'':۔

غالب نے کمشنر پنجاب مسٹر ڈولانڈ میکلوڈ کی فرمائش پر ایک مجموعہ ''مکاتیبِ غالب'' کے نام سے ترتیب دیا۔ جس میں ۱۱ خطوط، ۲ دیباچے اور ایک لطیفہ شامل ہے۔ یہ کتاب محمد عبدالرزاق نے مرتب کر کے لاہور سے ۱۳۴۵ھ میں شائع کرایا۔ اس کا ایک نسخہ ڈاکٹر عبدالستار صدیقی کے پاس موجود تھا۔ جس میں کتاب کا دیباچہ بھی محفوظ رہا۔ دیباچے کے آغاز میں غالب اس کتاب کا تعارف پیش کرتے ہوئے لکھتے ہیں:

''یہ کتاب جو دو باب کی ہے حقیقت یہ اس کتاب کی ہے کہ پہلے باب میں دو دیباچے، کئی لطیفے اور کئی مکتوب ہیں۔ اگر میرے لکھے ہوئے نہ ہوتے تو میں کہتا کہ بہت خوب ہیں۔ دوسرا باب اشعار کا ہے کہ وہ بھی کلام اس خاکسار کا ہے۔ اگر کوئی خط اردو زبان میں لکھا جائے ان اشعار میں سے شعر محل و مقام کی

مناسبت سے درج کیا جائے اور یہ مجموعہ نذر اس جناب رفعت
مآب کے ہے جس سے عزت وتوقیر وفنانشیل کمشنر پنجاب کی ہے
صاحبِ والا مناقب عالی شان علم واہل علم کے قدردان یگانہ روزگار
جن کا مطیع ومحکوم ہونا اہل ہند کو سرمایہ عزو افتخار ہے۔'' ۱۱

یہ کتاب چونکہ ایک انگریز افسر کی فرمائش پر لکھی گئی تھی اور زمانے کا مزاج دیکھتے ہوئے غالب نے بھی انگریز سرکار کی قصیدہ خوانی میں ہی عافیت سمجھی تھی اس کتاب میں بھی غالب نے انگریز افسر کے لئے بہت سے القاب وآداب کا ذکر کیا اور کتاب وجہ تصنیف بیان کی۔

۱۱۔خاتمہ ''انتخابِ غالب'':۔

''انتخابِ غالب'' کے نام سے ایک مختصر کتاب غالب نے ترتیب دی تھی۔اس کتاب کے آخر میں غالب نے کچھ اختتامی کلمات لکھے جس سے ان کے جذبات کی عکاسی ہوتی ہے۔غالب لکھتے ہیں

''خدا کا شکر بجالاتا ہوں کہ یہ مجموعہ مختصر تمام ہوا۔اب
خدا سے یہ دعا مانگتا ہوں کہ یہ تحریر میرے مربی اور محسن کو پسند
آئے۔تم نے جانا کہ میرے مربی اور محسن کون ہیں وہ کہ جن کی
ہدایت پر شکر گذار اور عنایت کا امیدوار ہوں جب نام نامی ان کا
دیباچہ کتاب میں مرقوم اور عالم میں مشہور ہے تو بار بار حضرت
کا نام لینا ادب سے دور ہے۔مگر ہاں خاتمہ میں یہ شعر لکھ دینا
ضرور ہے۔

سب کے دل میں ہے جگہ تیری،
جو تو راضی ہو
مجھ پہ گویا ایک زمانہ مہربان ہو جائے گا''

۱۲

اس تحریر میں بھی غالب نے بادشاہ کے ساتھ اپنی وفاداری اوران کے بارے میں اپنے عجز و انکسار کا ذکر کیا ہے۔ یہ اس دور کے درباری آداب بھی تھے جن کی پاسداری غالب نے کی۔

۱۲۔پیش لفظ ''خاش وخماش'':-

غالب نے حبیب اللہ ذکاء کے فارسی نظم ونثر کے مجموعے ''خاش وخماش'' کا پیش لفظ لکھا یہ کتاب حیدر آباد دکن سے ۱۳۰۲ھ میں شائع ہوئی۔ خلیل الرحمٰن داؤدی، حبیب اللہ ذکاء اوران کی کتاب پر لکھے گئے پیش لفظ کا تعارف کرتے ہوئے لکھتے ہیں کہ:

> ''حبیب اللہ ذکا ی ۱۲۴۴ھ مطابق ۱۸۳۰ء میں اودگیر ضلع نیلور میں پیدا ہوئے۔ ابتدائی تعلیم اپنے بڑے بھائی منشی رحمت اللہ رسا سے پائی۔عربی وفارسی کے ماہر تھے۔شاعری میں میر مہدی ثاقب اور سید مرتضٰی بنیش کے سامنے زانوئے تلمذ طئے کیا۔۵۶۔۱۸۵۵ء میں حیدر آباد دکن پہنچے اور نواب مختار الملک سالار جنگ کے میر منشی مقرر ہوئے۔۱۸۶۲ء میں مرزا غالب کی شاگردی اختیار فرمائی۔ ۱۸۷۵ء میں وفات پا گئے۔ان کے انتقال کے ۹ سال کے بعد ان کا مجموعہ نظم ونثر شائع ہوا۔''
>
> مرزا غالب کا یہ پیش لفظ ''عودِ ہندی میں شامل ہوکر پہلے چھپ گیا تھا۔ ''خاش وخماش'' کی اشاعت اول ۱۸۸۴ء میں ہوئی۔ اس لئے ذکاء کے مجموعہ نظم ونثر کے ساتھ یہ بہت بعد میں چھپا ہے ۔''عود ہندی'' میں شامل پیش لفظ میں کافی غلطیاں ہیں۔بعض اصحاب نے اس کا عنوان ''دیباچہ دیوان ذکاء'' رکھا ہے ۔ظاہر ہے کہ یہ محل نظر ہے کیونکہ جس مجموعے پر یہ تحریر ہے وہ محض دیوان نہیں ہے بلکہ ذکاء کی تمام نثر ونظم کا ترجمہ ہے۔'' ۱۳؎

غالب ''خاش وخماش'' کتاب کے پیش لفظ میں مصنف کتاب کے تعلق سے لکھتے ہیں کہ

''یہ کلام کسی بادشاہ کا نہیں، کسی امیر کا نہیں، کسی شیخ شیاد کا نہیں یہ کلام میرے ایکدوست روحانی کا ہے اور فقیر اپنے دوست کے کلام کو معرض اصلاح میں بدنظر دشمن دیکھتا ہے پس جب تملق نہیں، مدارا نہیں تو جو مجھ کو نظر آیا ہے بے حیف ومیل کہوں گا۔ نثر میں نعمت خان عالی کی طرز کا احیاء کیا ہے۔ مگر پیرایہ کچھ اس سے بہتر دیا ہے۔ قصائد میں انوری کا چربہ اٹھایا ہے مگر طبیعت نے اچھا زور دکھایا ہے۔ غزل میں متاخرین کا انداز، عاشقانہ سوز وگداز، منشی حبیب اللہ ذکاء، سخنور ہمہ دان یکتا، لفظ طراز، معنی آفرین، آفرین، صد ہزار آفرین۔'' ۱۴

اس پیش لفظ میں غالب نے کتاب کا تنقیدی جائزہ لیا ہے اور حبیب اللہ ذکا کی شاعری کا تقابلی انداز میں جائزہ لیا اور کہیں کہیں نکتہ چینی بھی کی ہے۔ اس سے ظاہر ہوتا ہے کہ غالب کے دور میں پیش لفظ یا دیباچہ نگاری میں صرف تعریف وتوصیف ہی نہیں ہوتی تھی بلکہ اعتدال پسند تنقید بھی ہوتی تھی۔

۱۳۔ دیباچہ ''دیوانِ سخن'':-

غالب نے اپنے ایک شاگرد میر فخر الدین حسین خاں سخن دہلوی کے دیوان پر دیباچہ لکھا۔ یہ دیباچہ ''عودِ ہندی'' میں شامل ہوا اور دیوان کی اشاعت سے قبل منظرِ عام پر آ گیا۔ غالب کی وفات ۱۸۶۹ء میں ہوئی اور ''دیوانِ سخن'' ۱۸۸۶ء میں مطبع نول کشور سے شائع ہوا۔ سخن دہلوی نے اپنے دیوان پر پہلے ہی غالب سے دیباچہ لکھوالیا تھا۔ جو ان کے انتقال کے بعد منظر عام پر آیا۔ غالب سخن دہلوی کے کلام پر تبصرہ کرتے ہوئے لکھتے ہیں کہ:

''سخنوروں کے ہزاروں دیوان دیکھے ہوں گے آپ
سخن کا دیوان دیکھیں زہے شاعر یکتا و نامی کے جس کا پیارا نام سخن

ہے ۔ یعنی ہمہ تن سخن اور کام سخن ہے ۔ قرۃ العین خواجہ سید
محمد فخر الدین حسین کو اگر سخنور بے عدیل کہوں تو بجا ہے کیونکہ اس
کا حسن کلام میرے دعویٰ پر دلیل اقویٰ ہے۔ اس سحر کا جادو نگار
نے پری زادان معنی کو الفاظ کے شیشوں میں اس طرح اتارا ہے
جیسے آبگینہ مُہ سے رنگِ مہ نظر آئے ۔ لفظ سے جلوۂ معنی آشکار
رہے۔" [۱۵]

۱۴۔ دیباچہ "قصائد مرزا کلب حسین خان":-

مرزا غالب کے نثری کارناموں میں خطوط کے بعد دوسرا بڑا حصہ دوست احباب کی کتابوں پر لکھے گئے دیباچے ہیں۔ ان ہی دیباچوں میں ایک "قصائد مرزا کلب حسین خاں" کا دیباچہ ہے۔ خلیل الرحمٰن داؤدی کے بموجب مرزا کلب حسین خان کا تخلص نادرؔ تھا۔ اور وہ بنارس کے رئیس احترام الدولہ دبیر الملک ہیبت جنت کے صاحبزادے تھے۔ ناسخؔ کے شاگرد تھے اور کئی کتابوں کے مصنف تھے۔ غالب "قصائد مرزا کلب حسین خان" کے دیباچے کے آغاز میں لکھتے ہیں:

"سبحان اللہ! شاہد سخن کمالِ حسن میں لاثانی ہیں۔ سچ تو
یہ ہے کہ یوسف کنعانِ معانی ہیں۔ کنعان ہو، کنواں ہو، کارواں
ہو کوئی جگہ کوئی مقام کوئی مکان ہو۔ زلف ویسی ہی معتبر، عارض
بدستور تابدار، لب کی جاں بخشی کا وہی عالم۔ چشم اسی طرح بیمار
معہ ہذا جو سلطنت مصر کے زمانے کا جمال تصور میں
لائے......جس کتاب میں ائمہ معصومین علیہم الصلوۃ السلام کی
مدح کے ۱۰۰ قصیدے زینتِ اوراق ہوں ان اوراق کے سواد
کیوں سرمۂ چشم اہلِ دین اور وہ اوراق کیوں نہ سوز بازوئے
مومنین آفاق ہوں۔ میں علو مرتبت پر ناز کرتا ہوں کہ ائمہ اطہار کے

مدح کا ستائش گر ہوں اور بذریعہ اس ستائش کے غالب پر غالب
یعنی اپنے سے بہتر ہوں۔اس دعویٰ کا گواہ اسداللہ......'' ١٦

غالب نے بھی قصیدے لکھے تھے اور انہیں اس صنف سے لگاؤ تھا۔ چنانچہ مرزا کلب علی خان کی تصنیف میں بزرگانِ دین کی تعریف میں شامل قصائد دیکھے تو غالب نے کھلے دل سے ان قصائد کی تعریف کی۔ غالب کے دیباچوں سے ان کی شخصیت کے اس پہلو کا بھی اظہار ہوتا ہے کہ غالب اپنے چاہنے والوں سے خندہ پیشانی سے ملتے تھے اور لوگوں کی فرمائش پر کتاب کا حسن بڑھانے والے دیباچے بھی لکھتے تھے۔

۱۵۔خاتمہ ''شعاعِ مہر'':-

''شعاعِ مہر'' مرزا حاتم علی بیگ کی مثنوی ہے۔ غالب نے جن لوگوں کو پابندی سے خطوط لکھے تھے ان میں ایک نام حاتم علی بیگ مہر کا بھی ہے۔ مہر کی یہ مثنوی جب مکمل ہوئی تو انہوں نے غالب سے اس کا دیباچہ لکھنے کی فرمائش کی۔ غالب نے کتاب پر تقریظ لکھی جو پہلے ''عودِ ہندی'' میں شامل ہو کر شائع ہوئی اور بعد میں اصل مثنوی کے ساتھ منظر عام پر آئی۔ غالب نے اس تقریظ میں مثنوی اور صاحبِ مثنوی کی دل کھول کر تعریف کی۔ چنانچہ غالب لکھتے ہیں:

''یہ مثنوی کہ مجموعہ دانش و آگہی ہے اگرچہ اس کو سفینہ کہہ سکتے ہیں لیکن فی الحقیقت ایک نہر ہے کہ بحرِ سخن سے ادھر بھی ہے۔ سخن ایک معشوقہ پری پیکر ہے۔ تقطیع شعر اس کا لباس اور مضامین اس کا زیور ہیں۔ دیدہ وروں نے شاہدِ سخن کو اس لباس اور زیور میں روکش ماہِ تمام پایا ہے۔ اس رو سے اس مثنوی نے شعاعِ مہر نام پایا ہے کہیں یہ نہ سمجھنا کہ یہاں مہر سے مراد آفتاب ہے یہ شعاع اس مہر کی ہے جو ذرہ خاکِ راہِ بوتراب ہے۔ سچ تو یوں ہے کہ سخنور روشن ضمیر، مہر چہرہ مرزا حاتم علی مہر کو سخن طرازی

میں ید بیضا ہے۔'' ۱۷؎

غالب کی نثر کے اس اقتباس سے اندازہ لگایا جاسکتا ہے کہ اردو نثر کے ابتدائی دور میں خاص طور سے غالب کے عہد تک آتے آتے نثر میں سادگی اور روانی کا چلن شروع ہو چکا تھا اور فورٹ ولیم کالج کی داستانوں سے اردو نثر کو سادگی پہنچانے کا جو سلسلہ میر امن اور دیگر مصنفین فورٹ ولیم کالج نے شروع کیا تھا وہ انیسویں صدی کے نصف تک غالب کی نثر اور بعد میں علی گڑھ تحریک کے زیرِ اثر سرسید اور ان کے رفقاء کے کارناموں سے بہت حد تک سادگی پسند ہو گیا تھا اور اردو نثر کو قافیہ پیمائی اور مرصع نگاری سے نکال کر سادگی پہنچانے میں غالب نے بھی اہم کردار ادا کیا۔

۱۶۔ ''اردوئے معلّیٰ'' کا حقِ تصنیف:-

غالب کی حیات میں ان کے خطوط کا پہلا مجموعہ ''عودِ ہندی'' کے نام سے ۱۷/۱ کتوبر ۱۸۶۸ء کو شائع ہو چکا تھا اور دوسرا مجموعہ بھی ''اردوئے معلّیٰ'' کے نام سے ترتیب پا چکا تھا۔ لیکن اس کی اشاعت غالب کی وفات کے ۱۹ دن بعد عمل میں آئی۔ غالب نے اپنی زندگی میں ہی ''اردوئے معلّیٰ'' کا حقِ تصنیف مطبع اکمال المطابع کے مالک حکیم غلام رضا خان کے نام کر دیا تھا۔ کیونکہ غالب کی بہت سی کتابیں اسی مطبع سے شائع ہوئی تھیں۔ غالب اس کتاب کا حق تصنیف حکیم غلام رضا خاں کے نام کرتے ہوئے والہانہ انداز میں لکھتے ہیں کہ

> ''پیکرِ بے روح ورواں، فقیر اسد اللہ خاں غالب تخلص ہیچ مدح کہتا ہے اور لکھ دیتا ہے کہ یہ جو اُردوئے معلّیٰ تصنیف فقیر ''مطبع اکمال المطابع'' دہلی میں چھاپا ہوا، سو میں نے از راہِ فرطِ محبت اپنا حقِ تالیف نور چشم اقبال نشان حکیم رضا خان کو بخش دیا ہے اور اس حق کو خاص ان کا حق کیا۔ اب کوئی اور صاحب اگر مالک اکمل المطابع حکیم رضا خاں کے بے اطلاع اردوئے معلّیٰ کے چھاپنے کا قصد کریں گے تو مواخذہ سے محفوظ نہ رہیں گے اور

فوراً حسب منشا قانون بہ ستم ۱۸۴۷ء سزا پائیں گے۔ اسد اللہ خان'' ۱۸

غالب ہر لحاظ سے جدت پسند واقع ہوئے تھے۔ انہوں نے اپنے طور پر بہت سی نئی باتیں شروع کیں اور بعد میں لوگوں نے اسے جاری رکھا۔ چنانچہ اس حقِ تصنیف کے اندازِ تحریر سے اندازہ ہوتا ہے کہ غالب دستاویز نویسی میں بھی مہارت رکھتے تھے اور اردو میں انہوں نے بڑے ہی نفیس انداز میں کتاب کے جملہ حقوق محفوظ کرنے کی بات کو پیش کیا اور چند ایک تبدیلیوں کے ساتھ کم و بیش یہی طریقہ کار آج بھی رائج ہے۔ جس کا سلسلہ غالب نے اپنے عہد میں شروع کیا تھا۔

۱۷۔ ''شہادت'' (مولوی حیدر علی کے مباہلے سے متعلق):۔

۱۸۵۷ء کے انقلاب سے قبل ۵۶۔۱۸۵۵ء میں دہلی میں مولوی حیدر علی صاحب اور سید رجب علی خاں کے مابین مباہلے کا ایک ہنگامہ ہوا۔ مقامی اخبارات نے اس ضمن میں دلچسپی دکھائی۔ مولانا محمد حسین آزاد کے والد مولوی محمد باقر اور مولانا حیدر علی کے شاگردوں نے اس میں خوب حصہ لیا۔ اخبار ''نورِ مشرق'' میں مولوی محمد باقر کے شاگرد شیخ امداد صاحب نے اس ضمن میں کچھ لکھا جس کے جواب میں مولوی حیدر علی کے شاگرد انوار الحق نے ایک رسالہ شائع کیا۔ اس رسالے میں غالب کی شہادت پر مبنی عبارت بھی شائع کی گئی۔ خلیل الرحمٰن داؤدی مرتب ''مجموعہ نثر غالب اردو'' نے دعویٰ کیا ہے کہ غالب کی یہ شہادت کہیں اور شائع نہیں ہوئی۔ پہلی مرتبہ انہوں نے اسے اپنی کتاب میں شامل کیا۔ غالب شہادت پیش کرتے ہوئے لکھتے ہیں

> ''بحث ملت و مذہب سے مجھ کو کچھ علاقہ نہیں۔ صرف
> ادائے شہادت کرتا ہوں از روئے صدق اور وہ یہ ہے کہ مولوی
> حیدر علی صاحب نے ہرگز مباہلے سے انکار نہیں کیا اور وہ آمادہ
> تھے مباہلے پر...... فقط بے گناہ اسد اللہ'' ۱۹

غالب کا تعلق قلعہ دہلی سے تھا اور دہلی میں وہ ایک وضعدار شخصیت کے طور پر جانے جاتے

تھے۔ دینی معاملے کی شہادت دینے سے اندازہ ہوتا ہے کہ ان کا تعلق سماج سے تھا اور وہ لوگوں کی رائے کا احترام کرتے تھے۔

۱۸۔ دہلی سوسائٹی کے جلسے میں مرزا کا مضمون:-

لاہور میں قائم انجمن پنجاب، علی گڑھ کی سائنٹفک سوسائٹی، لکھنو کی مجلس تہذیب کی طرح دہلی میں بھی ایک علمی انجمن دہلی سوسائٹی کے نام سے ۱۸۶۵ء میں قائم ہوئی تھی۔ ماسٹر پیارے لال آشوب اس کے پہلے سکریٹری تھے۔ اس سوسائٹی کے تحت ہونے والے جلسوں کی روداد بھی شائع ہوتی تھی۔ ڈاکٹر عبدالستار صدیقی کو پنڈت برج موہن دتا تریہ کیفی کے ذریعہ سوسائٹی کے رسالے کے چار شمارے ملے۔ ان رسالوں کو دیکھ کر انہوں نے ایک مضمون ''دہلی سوسائٹی اور مرزا غالب'' علی گڑھ میگزین کے ''غالب نمبر'' کے لئے لکھا۔ اس مضمون میں انہوں نے لکھا کہ غالب تا حیات اس سوسائٹی کے مستقل ممبر تھے اور ۱۱راگست ۱۸۶۵ء کو سوسائٹی کے دوسرے جلسے میں غالب نے ایک مضمون پڑھا تھا۔ یہ مضمون ''علی گڑھ میگزین'' اور ''ادبی دنیا لاہور'' میں شائع ہوا۔ خلیل الرحمٰن داؤدی نے اپنی کتاب ''مجموعہ نثر غالب اُردو'' میں یہ مکمل مضمون شامل کیا ہے۔ غالب اس مضمون میں لکھتے ہیں:

> ''میں کہاں اور بزم نشینی کہاں، نظم ونثر میں وہ رنگینی کہاں'' سرکار کی خدمت گذاری کا شائق ہوں مگر اب صرف دو کام کے لائق ہوں۔ اگر کسی امر میں بذریعہ خط مجھ سے کچھ پوچھا جائے تو وہ لکھ سکتا ہوں جو میری رائے میں آئے یا اگر تحریر نظم ونثر فارسی واردو کا حکم آوے تو لکھ کر بھیج سکتا ہوں۔ آئندہ حکام کے پسند نا ہوں یا مقبول ہو جائے۔ ۱۸۰۶ء سے جس کو آج ۶۰ برس ہوئے سرکار انگریزی کا نمک خوار ہوں اور ۱۸۵۵ء میں ۱۰ برس سے شہنشاہِ بحر وبر حضرت فلک رفعت ملکہ معظم کا مدحت نگار ہوں۔'' [۲۰]

غالب کی تحریروں کے بارے میں کہا جاتا ہے کہ ان کے خطوط اور دیگر نثری کارناموں سے ان کے عہد کی دلی کے تاریخی واقعات اور خود ان کے حالاتِ زندگی سے پردہ اٹھتا ہے اور مورخین نے ان کی تحریروں میں پائی جانے والی داخلی شہادتوں سے بھی غالب اور ان کے دور کے تاریخی واقعات اور حالات جمع کئے ہیں۔ چنانچہ غالب نے اپنے اس مضمون میں اپنی سماجی حالت اور قلعہ سے وابستہ رہنے اپنی دلی خواہش کا اظہار کیا ہے۔

۱۹۔ پیارے لال آشوب سے متعلق ایک تاثر:۔

خلیل الرحمٰن داؤدی نے پیارے لال آشوب سے متعلق غالب کے تاثرات کو اپنی کتاب ''مجموعہ نثر غالب اردو'' میں شامل کرتے ہوئے لکھا کہ دہلی میں کرنل ہیملٹن کمشنر کی سرپرستی میں ۱۸۶۵ء میں دہلی سوسائٹی قائم کی گئی۔ اس کے پہلے سکریٹری ماسٹر پیارے لال آشوب تھے۔ غالب کو ان سے بڑی محبت تھی۔ ۱۸۶۸ء میں پیارے لال آشوب کا تبادلہ دہلی سے لاہور ہو گیا اور انہیں سوسائٹی سے استعفیٰ دے کر جانا پڑا۔ وداعی تقریب کے موقع پر سوسائٹی کے اراکین کی جانب سے پیارے لال آشوب کی خدمت میں ایک سپاس نامہ پیش کیا گیا جس پر غالب نے بھی دستخط کئے تھے اور دستخط کے ساتھ کچھ الفاظ بھی تحریر کئے۔ غالب کے تاثرات ''علی گڑھ میگزین'' کے غالب نمبر اور ''قدیم دلی کالج نمبر'' میں شائع ہوئے۔ غالب کے تاثرات اس طرح ہیں:

''فقیر اسداللہ خاں غالبؔ کہتا ہے کہ بابو پیارے لال
کی مفارقت کا جو غم واندوہ ہوا ہے میرا جی چاہتا ہے بس اب میں
نے جانا کہ میرا دلی میں کوئی نہیں۔'' ۲۱

غالب کے اس مختصر تاثر سے اندازہ ہوتا ہے کہ ان کی تحریر میں ایک ایک لفظ سے محبت اور ہمدردی جھلکتی ہے یہی وجہ ہے کہ غالب اپنے عہد میں اور بعد میں بھی لوگوں میں کافی مقبول تھے۔

۲۰۔ مرزا غالب کے خود نوشت حالاتِ زندگی:۔

خلیل الرحمٰن داؤدی نے اپنی کتاب ''مجموعہ نثر غالب اردو'' میں غالب کے خود نوشت حالاتِ

زندگی کے نام سے غالب کی تحریر کو شامل کیا ہے۔ اس کی تفصیلات بیان کرتے ہوئے وہ لکھتے ہیں کہ غالب کی یہ خود نوشت سب سے پہلے ''انجمن ترقی اردو'' اورنگ آباد دکن کے سہ ماہی مجلّہ'' اُردو'' جولائی ۱۹۲۸ء میں بعنوان ''مرزا غالب کی خود نوشتہ سوانح عمری کا ورق'' کے نام سے شائع ہوئی۔ غالب نے یہ حالات ۱۸۶۵ء میں لکھے تھے۔ جو بعد میں اور لوگوں نے بھی شائع کیا۔ غالب کی یہ سوانح بڑی مختصر ہے لیکن اس میں غالب کے آبا و اجداد اور ان کی پیدائش اور زندگی کے ابتدائی ایام سے متعلق اہم معلومات فراہم ہوتی ہیں۔ غالب خود نوشت کے آغاز میں اپنے آبا و اجداد کے بارے میں لکھتے ہیں کہ:

''اسداللہ خاں غالب تخلص، عرف مرزا نوشہ، قوم کا ترک سلجوقی، سلطان برکیارق سلجوقی کی اولاد میں سے، اس کا دادا قوقان بیگ خاں شاہ عالم کے عہد میں سمرقند سے دلی میں آیا۔ ۵۰ گھوڑے اور نقارہ نشان سے بادشاہ کا نوکر ہوا۔ پہاسو کا پرگنہ جواب سمرو کی بیگم کو سرکار سے ملا تھا وہ اس کی جائیداد میں مقرر تھا۔ باپ اسداللہ خاں مذکور کا عبداللہ بیگ خاں دلی کی ریاست چھوڑ کر اکبرآباد میں جا رہا۔'' ۲۲

غالب کی اس خود نوشت سے خود ان کی تاریخ پیدائش کا بھی پتہ چلتا ہے جبکہ غالب نے لکھا کہ ان کی پیدائش ۸ر رجب ۱۲۱۲ھ بروز یکشنبہ ہے۔ ۲۳

غالب نے اس سوانح میں آگے اپنے بچپن کے حالات لکھے جس میں چچا نصراللہ بیگ خاں کے ساتھ رہنے کا ذکر بھی ہے۔ غالب نے اس دور میں دہلی اور اس کے اطراف ہونے والی سیاسی شورشوں کا ذکر کیا اور اپنی زندگی کے سفر کے حالات بھی بیان کیے۔ غالب اپنے بارے میں لکھتے ہیں:

''اس نے شاعری میں بڑا کمال پیدا کیا۔ نہ فقط شعر بلکہ نثر میں بھی دستگاہ رکھتا ہے۔ نثر کی تین کتابیں ہیں۔ پنج

آہنگ، مہر نیم روز، دستنبو۔ فارسی نظم کی کلیات۔ ۱۰ ہزار بیت
کا بالفعل اودھ اخبار لکھنو میں چھاپا ہوا ہے۔ گورنمنٹ میں اس کی
بڑی عزت ہے۔ اشرفیوں کے عوض قصیدۂ مدح نذر دیتا ہے اور
سات پارچے چیغہ، سرپیچ موتیوں کی مالا خلعت پاتا ہے۔ خیر
آخر عمر میں یہ ایک داغِ حسرت رہا۔ حق بات کو ظاہر نہ کرنا
خداپرستی اور حق شناسی کے خلاف اس شخص نے ۱۸۵۵ء کے آخر
میں قصیدۂ مدح ملکہ معظّمہ ولایت کو بہ سبیل ڈاک لارڈالن
برا گورنر سابق کی معرفت بھیجا ہے اور اوائل ۱۸۵۶ء میں تین خط
انگریزی بہ واسطہ انڈیا گورنمنٹ ولایت سے اس کو ڈاک میں
آئے ہیں۔ اب ہم ان تین خطوط کے خلاصے لکھ کر اس کے ذکر کو
ختم کرتے ہیں۔" [۲۴]

غالب کی یہ مختصر سوانح ہے جس میں انہوں نے اپنے آبا واجداد اور اپنے شعری سفر کی جانب اشارے کئے اور قلعہ سے ملنے والے انعامات اور ملکہ کی تعریف میں لکھے گئے قصیدے اور اس کے جواب میں ملنے والے انگریزی خطوط کا ذکر کیا۔ غالب کی یہ خودنوشت سوانح سرسری ہے لیکن نہ صرف اپنے اندر بھرپور معلومات رکھتی ہے بلکہ خود کے بارے میں غالب کی وضعدارانہ رائے کا اظہار بھی کرتی ہے۔

۲۱۔ 'ازالۂ حیثیت عرفی کی نالش میں غالب کی تحریریں:-

غالب نے فارسی زبان کی مشہور لغت "برہانِ قاطع" کے اغلاط کی نشاندہی کرتے ہوئے "قاطع برہان" کے نام سے ۱۸۶۲ء میں کتاب شائع کرائی۔ "قاطع برہان" کی اشاعت کے بعد کئی لوگ ان کی مخالفت میں کتابیں نکالنے لگے۔ جن میں تین کتابیں "محرق قاطع برہان"، "ساطع برہان" اور "موید برہان" کتابوں کے جواب غالب نے دیئے۔ ایک اور کتاب "قاطع القاطع برہان" بھی تھی جس کا جواب نہ غالب نے دیا نہ اپنے کسی حامی کو دینے دیا کیونکہ اس کتاب کے مصنف امین الدین

پٹیالوی نے اس کتاب میں غالب کے خلاف ناشائستہ کلمات استعمال کئے تھے۔ غالب نے امین الدین پٹیالوی کے خلاف ۶ رڈسمبر ۱۸۶۷ء کوعدالت میں ازالہ حیثیت عرفی کا مقدمہ دائر کردیا۔ مقدمہ سنگین اور مضبوط تھا اور امکان تھا کہ امین الدین کو سزا ہو جائے گی۔ انہیں سزا سے بچانے کے لئے غالب کے ملاقاتی اور دوست گواہانِ صفائی بن گئے۔ جب مرزا نے دیکھا کہ مقدمہ کمزور ہو رہا ہے تو انہوں نے ۲۳ / مارچ ۱۸۶۸ء کوفریقین کے درمیان راضی نامہ دینے کے بعد مقدمہ واپس لے لیا۔ اس مقدمہ کے سلسلہ میں غالب کی تین اردو تحریریں ہیں۔ پہلی تحریر غالب کی درخواست ہے جو انہوں نے کمشنر دہلی مسٹر اوبرائن کو ۲ رڈسمبر ۱۸۶۷ء کولکھی تھی۔ اس کے بعد غالب کا لکھا ہوا ایک مختار نامہ ہے جو انہوں نے عزیزالدین وکیل کے لئے لکھا۔ تیسری تحریر ایک درخواست ہے جو ۱۸۶۸ء میں ڈپٹی کمشنر کی عدالت میں دی گئی تھی۔ خلیل الرحمٰن داؤدی نے اپنی کتاب ''مجموعہ نثر غالب اردو'' میں اس مقدمہ کی ساری تفصیل پیش کی اور مقدمہ کے دوران غالب کی لکھی گئی ان تین اردو تحریروں کو شامل کیا۔ مقدمہ کی درخواست میں غالب لکھتے ہیں:

> ''ایک شخص امین الدین نام دلی کا رہنے والا کہ اب وہ پٹیالہ میں راجا کے مدرسہ کا مدرس ہے۔ اس نے ایک کتاب لکھی اگر چہ بناء کتاب کی بحثِ علمی پر ہے۔ لیکن اس نے اس بحثِ علمی میں میرے واسطے وہ الفاظ ناشائستہ اور ایسی گالیاں دی ہیں کہ کوئی شخص کسی کولی چمار کو بھی یہ الفاظ نہ لکھے اور ایسی گالیاں نہ دے۔ ناچار میں نے منشی عزیزالدین صاحب کو اس مقدمے میں اپنا وکیل کیا ہے۔ امیدوار ہوں کہ بعد تصدیق وکالت نامہ سررشتہ فوجداری میں یہ مقدمہ پیش ہو اور خاص آپ کی تجویز سے اول سے آخر تک یہ مقدمہ فیصل ہو اور کسی محکمہ ماتحت میں یہ مقدمہ سپرد نہ ہو۔'' ۲۵

غالب بحثیت شاعر جس طرح اپنے عہد میں مشہور تھے۔ نثر نگاری میں بھی انہوں نے اپنا سکہ جما دیا تھا جس طرح خطوط نگاری کا نیا انداز شروع کرتے ہوئے وہ بہت مقبول ہو گئے تھے۔ اسی طرح انہوں نے سرکاری و خانگی امور میں بھی اردو میں اعلیٰ پایہ کی زبان دانی کا ثبوت دیا اور ان کے مخالف امین الدین پٹیالوی نے اُن سے جو ناشائستہ رویہ رکھا اسے سنجیدگی کے ساتھ عدالت کی درخواست میں پیش کیا اور آخر میں فاضل عدالت پر اپنی زبان دانی کی صلاحیت کے ساتھ پُر اثر انداز میں بات پیش کی۔ اسی مقدمہ کے سلسلہ میں غالب نے ایک مختار نامہ بھی لکھا۔ جس میں انہوں نے اپنی طرف سے عزیز الدین کو وکیل بنایا تھا۔ غالب کی یہ تمام تحریریں اپنے فن میں یکتا نظر آتی ہیں۔ اس مختار نامہ میں غالب لکھتے ہیں۔

''میں اپنی طرف سے عزیز الدین وکیل سررشتہ کو واسطہ گذرانینے عرضی اور پیروی کرنے مقدمہ کے وکیل کیا۔ وکیل مذکور جو کچھ سوال و جواب پیروی مقدمہ ہذا میں کریں جملہ ساختہ پرداختہ اس کا مثل ذات خاص اپنی کہ قبول و منظور ہے اس واسطے یہ مختار نامہ لکھ دیا۔'' ۲۶

اس مقدمہ کے سلسلہ میں غالب کی تیسری تحریر ایک درخواست ہے جو انہوں نے مقدمہ کی سماعت کی منتقلی کے لئے ڈپٹی کمشنر دہلی کو پیش کی تھی اس ضمن میں غالب لکھتے ہیں:

''التماس یہ ہے کہ تخمیناً تیسرا مہینہ ہے کہ میں نے یہ وکالت منشی عزیز الدین صاحب کے عدالت فوجداری میں ازالہ ٔ حیثیت پیش کی۔ وکالت نامہ تصدیق ہو گیا اور میرا خط معہ وکیل کے حضور میں گذرا اور آپ نے وہ مقدمہ تجویز کے واسطے صاحب والا قدر راسٹا کڈن صاحب بہادر کے سپرد کیا۔ میری خوشی تو اس میں تھی کہ وہ مقدمہ آپ تجویز کرتے اب بصد گونہ

عجز وزاری استدعا کرتا ہوں کا غذاتِ مقدمہ وہاں سے منگائے
جائیں اور حضور کے سامنے پیش کئے جائیں تاکہ امین الدین مدعا
عالیہ کی طلبی کا حکم پٹیالہ کو جائے اور بعد اس کے حاضر ہونے کے
بمواجہ اس کے اور میرے وکیل کے مقدمہ تجویز ہو کر میری دادرسی
ہو اور مدعا علیہ کو سزائے سخت ملے تاکہ پھر کوئی چھوٹا آدمی بڑے
آدمی کو ایسے فحش و ناسزا نہ لکھے مجھے یقین ہے کہ آپ اس اپنے
تابعدار قدیم کی عرضی قبول کرلیں گے اور بذاتِ خود میری دادرسی
فرمائیں گے۔

راقم۔ اسداللہ خاں غالب'' ۲۷

غالب کی ان درخواستوں کے مطالعہ سے اندازہ ہوتا ہے کہ انہیں دفتری خط وکتابت کا بھرپور اندازہ تھا اور اس کا اظہار انہوں نے اپنی تحریروں میں کیا اردو زبان وادب پر غالب کی گرفت کی وجہ سے ایک طرف غالب کے پرستاروں اور مداحوں کا ملک بھر میں بڑا حلقہ تیار ہو گیا تھا تو دوسری طرف غالب کے حاسدین بھی پیدا ہو گئے تھے۔ جس کی نوک جھونک چلتی رہی۔

۲۲۔ دو فارسی شعروں کے مطالب:-

غالب کی اردو تحریروں کے متفرق سرمایہ میں ایک حصہ وہ بھی ہے جس میں انہوں نے فارسی کے دو اشعار کا مفہوم اردو میں تحریر کیا تھا۔ خلیل الرحمٰن داؤدی اس کی تفصیلات بیان کرتے ہوئے لکھتے ہیں کہ پٹنہ کے خدابخش کتب خانے میں کلیاتِ نظم غالب کا ایک نسخہ ہے جس کے صفحہ نمبر ۱ے اور ۶ے پر غالب کی یہ تحریر موجود ہے فارسی کا پہلا شعر جس کی اردو تشریح غالب نے لکھی وہ اس طرح ہے:

شباہتِ است مرا آں را کہ بر نیا مدح است
وگرنہ موئے بہ باریکی میان تو نیست

اس فارسی شعر کی تشریح کرتے ہوئے غالب لکھتے ہیں

''سب کمر کو بال باندھتے ہیں۔ شاعر کہتا ہے کہ استغفر اللہ۔ بال کو کیا نسبت ہے کمر سے کہ نظر آتی ہی نہیں اور بال نظر آتا ہے ہاں وہ جو ابھی نہیں اُگا اور نہیں نکلا۔ اس کو کچھ مشابہت ہے کمر کے ساتھ۔'' ۲۸

غالب نے فارسی کے جس دوسرے شعر کی تشریح اس نسخے میں کی ہے وہ شعر اس طرح ہے

در صفحہ بنودم ہمہ آں چہ در دِل است
درد بزم کمتر است گل و در چمن مجمع است

اس فارسی شعر کی تشریح کرتے ہوئے غالب لکھتے ہیں کہ

''پھول باغ سے آیا کرتے ہیں۔ باغ میں ہزاروں پھول کھلتے ہیں مجلسوں میں دس دس پانچ پانچ ہوتے ہوں گے۔ شاعر کہتا ہے کہ میرے مضامین پھول ہوتے ہیں اور میرا دل چمن ہے اور صفحۂ انجمن۔ چمن میں پھول اور دل میں معنی بہت ہیں۔'' ۲۹

غالب ذہین اور فطین شاعر تھے انہوں نے اپنی شاعری میں ایسے ایسے نکتے بیان کئے جن کی تشریحات آج بھی الگ الگ انداز میں ہو رہی ہیں۔ جب فارسی اشعار کی تشریح کا موقع آیا تو انہوں نے اپنی ذہانت اور فطانت استعمال کرتے ہوئے فارسی اشعار کا سلیس انداز میں ایسا ترجمہ کیا کہ مضمون واضح ہو گیا۔

۲۳۔ مثنوی ''لواء الحمد'' پر غالبؔ کی اصلاح کے الفاظ:۔

خلیل الرحمٰن داؤدی لکھتے ہیں کہ غالب نے صوفی منیری کی تصنیف مثنوی ''لواء الحمد'' پر اپنی کچھ اصلاحات دی تھیں صوفی منیری کا پورا نام ابو محمد جلیل الدین حسین ہے۔ یہ منیر شریف پٹنہ کے سجادہ تھے۔ فارسی اور عربی میں مہارت رکھتے تھے۔ تاریخ گوئی میں نام پیدا کیا تھا۔ مثنوی ''لواء الحمد'' کا مسودہ

ان کے پوتے سید شاہ محمد عثمان کے پاس تھا جو انہوں نے الہ آباد کے مولوی مہیش پرشاد کو دیا تھا جنہوں نے ۱۹۳۵ء میں اس مسودے کی نقل چھاپی۔ جس میں غالب کی اصلاحات بھی شامل تھیں۔ غالب نے اس مثنوی میں اشعار پر جو اصلاح دی تھی اس کی ایک دو مثالیں اس طرح ہیں۔

مثنوی میں ایک شعر ہے۔

پاؤں کی جا سرِ تعظیم سے یاں　　　　سر کے بل چلتے ہیں شاہانِ جہاں

غالب نے اس شعر پر اصلاح دیتے ہوئے لکھا کہ

''غالب نے پاؤں کو پانوں بنادیا اور یہ عبادت لکھ دی
پانو قافیہ چھانو اور گانو کا ہے آگے اس کے نون لکھنا غلط ہے مگر ہاں
بہ صیغہ جمع یوں لکھنا چاہئے۔ پانووں۔'' ۳۰

۲۴۔ ''موہبتِ عظمیٰ'' پر تنقیدی حواشی:-

غالب کے دور میں ایک صاحب سراج الدین علی خاں آرزو تھے جن کی فارسی دانی بہت مشہور تھی۔ علم معانی پر ان کی ایک کتاب ''موہبتِ عظمیٰ'' ہے یہ کتاب ۱۸۵۲ء میں شائع ہوئی اس کتاب کا ایک نسخہ غالب کے پاس پہنچا۔ جس پر انہوں نے اردو میں تنقیدی حواشی لکھی۔ غالب کے تحریر کردہ تنقیدی حواشی والا نسخہ رضا لائبریری رامپور میں موجود ہے۔ غالب کے محقق مولانا امتیاز علی خاں عرشی نے غالب کے حواشی سے متعلق ایک مضمون لکھا۔ جو رسالہ ''شاعر''، بمبئی کے خاص نمبر ۱۹۵۹ء میں شائع ہوا اور خلیق انجم نے ''غالب کی نادر تحریریں'' میں اس مضمون کو شامل کیا۔ خلیل الرحمٰن داؤدی نے ''مجموعہ نثرِ غالب اردو'' میں ''موہبتِ عظمیٰ'' پر غالب کی تنقیدی تحریریں پیش کی ہیں۔ موہبتِ عظمیٰ کے صفحہ ۶۸ پر خان آرزو کی عبارت یہ ہے۔

''گاہے معنی امر را مکرر آرند و در واقع زاید باشد،
و نظر بمقام لطف پیدا کنند، چناں کہ گوید
یک دور طل گراں بہ حافظ دہ

گر عذاب است در ثواب، پیار

زیرا چہ لفظ پیار من حیث المعنی زائد است ۔ و چوں مستاں را، پیار، پیار، می باشد، نظر برآں آوردہ، و خیلے لطف بہ ہم رسائدہ، وفی فہمید ایں را مگر کسے کہ کمال ماہر سخن باشد۔''

اس عبارت پر تنقید کرتے ہوئے مرزا غالب لکھتے ہیں کہ

''یہاں بھی بیان خاں آرزو کا سچ ہے، بلکہ میں کچھ اور بڑھ کر کہتا ہوں، یعنی مصرع ثانی میں دفع دخل مقدر ہے ۔ مبادا مخاطب کو یہ خیال آجائے کہ شراب لانی گناہ ہے، پس یہ غل مچاتا ہے کہ عذاب ثواب جو ہو، بلا سے، تو شراب لا۔ مع ہذا 'پیار' میں استعجال ہے غالب۔'' ۳۱

غالب کی یہ تنقیدی حواشی اردو نثر میں غالب کی متفرق تحریروں کی مثالیں ہیں جس سے اندازہ ہوتا ہے کہ فارسی دانی کے باوجود غالب نے اخیر عمر میں اردو میں بھی لکھنا پسند کیا تھا کیونکہ غالب کو اندازہ ہو گیا تھا کہ اس وقت ترسیل خیالات کی زبان فارسی کے مقابلے میں اردو بہتر ہے۔

۲۵۔ دو نقلیں اور ایک لطیفہ:۔

خلیل الرحمٰن داؤدی غالب کی متفرق اردو نثری تحریریں پیش کرتے ہوئے لکھتے ہیں کہ غالب نے کمشنر پنجاب کی فرمائش پر مکاتیب غالب کے عنوان سے ایک مجموعہ ترتیب دیا تھا جس میں 11 خطوط کے علاوہ دو دیباچے دو نقلیں اور ایک لطیفہ موجود ہے۔ غالب کا ایک لطیفہ جو اس مجموعے میں شامل تھا اسے خلیل الرحمٰن داؤدی نے لکھا ہے۔ غالب کہتے ہیں:

''۱۸۵۷ء میں جو میرٹھ سے باغی ترک سوار اور تلنگے دلی میں آئے اور انہوں نے شہر اور قلعہ پر اپنا قبضہ کرلیا تو وہ مئی مہینے کی 11 تاریخ تھی اور دوشنبہ کا دن تھا۔ قضارا جس دن

ستمبر ۱۸۵۷ء میں دلی فتح ہوئی اور سرکشی لوگ بھاگ گئے وہ بھی
دوشنبہ کا دن تھا۔ دو ایک دوستوں نے کہا کہ دیکھو کیا اتفاق ہے
دوشنبہ کو دلی کا جانا اور پھر دوشنبہ کو ہاتھ آنا۔ میں نے کہا کہ یہ ایک
رَمز ہے اس کو یوں تصور کرو کہ جس دن شکست کھائی اسی دن فتح
پائی۔ یعنی دیر نہ لگی ایک دن میں تدارک ہوگیا۔'' ۳۲

غالب کی طبیعت اور مزاج کے بارے میں یہ بات مشہور ہوئی کہ وہ پُر مزاح گفتگو کرتے تھے اوران کی تحریر میں بھی شگفتگی پائی جاتی ہے۔ یہی وجہ ہے کہ جا بجا انہوں نے لطیفے اور شگفتہ تحریریں چھوڑی ہیں جس کی ایک مثال یہ لطیفہ ہے۔

۲۶۔ ایک تشریح (''قاطع برہان'' کے قضیے کے دوران):-

غالب نے ''برہان قاطع'' کے اغلاط پر مشتمل جو کتاب ''قاطع برہان'' لکھی تھی اس پر مخالفین نے زبردست ہنگامہ آرائی کی تھی۔ جس کا غالب نے ڈٹ کر مقابلہ کیا تھا۔ اسی زمانے میں فارسی کے ایک عالم احمد حسن فرقانی تھے۔ کفایت علی تنہا کے بیٹے تھے۔ کمشنر دہلی کے میر منشی تھے۔ غالب نے اسی زمانے میں ان کی مخالفت میں نازیبا الفاظ استعمال کرنے والے امین الدین پٹیالوی کے خلاف ''ازالہ حیثیت عرفی کا مقدمہ'' دائر کر دیا تھا۔ غالب نے ''قاطع برہان'' میں ایک خاص محاورے کے استعمال پر اعتراض کیا تھا اور اس کے جواب میں سند کے طور پر ایرانی استاد کے دو شعر شہادت میں پیش کئے تھے۔ فرقانی نے غالب سے درخواست کی تھی کہ اس کی مزید وضاحت کریں۔ غالب نے اپنے قلم سے اس کی وضاحت کی اس وضاحت کو غالب کی نثر کے ایک نمونے کے طور پر خلیل الرحمٰن داوٗدی نے پیش کیا۔ غالب وضاحت پیش کرتے ہوئے لکھتے ہیں:

''خاقانی کے ہاں کاہش حاصل بالمصدر کا متن کا اور
نگاہش ضمیر کے شین کے ساتھ قافیہ کیا ہے، نہ ایک جگہ بلکہ سو جگہ،
نہ ایک خاقانی نے بلکہ بہت اساتذہ نے۔ بھلا میں تم سے

پوچھتاہوں 'آپ کجا شراب کجا' کے ساتھ 'نہ یہ کجا' کا قافیہ جائز رکھوگے۔؟ یقین ہے کہ نہ رکھوگے ۔اب ہم نے حافظ پراعتراض کریں گے، نہ اس امر خاص میں تتبع کرسکتے ہیں۔قصہ مختصر میں نے مانا 'قاطع القاطع' نے دوسوفاقوں میں ایک اعتراض دفع کیا، آگے کیا کرے گا؟اور دفع اعتراض اس طرح سوائے ایک شخص کے دوسرے کلام سند نہ ملے۔ دادا کا طالب، غالب'' ۳۳؎

غالب کی نثری تحریر کی ایک مثال ہے جس میں غالب نے ''قاطع برہان'' کے ضمن میں اٹھائے گئے ایک سوال کا جواب دیا۔

۲۷۔مرزا غالب کی آخری تحریر برائے اخبارات:۔

غالب نے انتقال سے کچھ عرصہ قبل اپنے دوست احباب سے کہہ دیا تھا کہ ضعیفی کے سبب وہ احباب کے کلام کی اصلاح نہیں کرسکیں گے اور نہ ہی کسی کی کوئی فرمائش پوری کرسکیں گے۔اس ضمن میں غالب نے جوتحریر لکھی تھی۔اس ضمن میں غالب نے جوتحریر لکھی تھی وہ ان کی آخری تحریر ثابت ہوئی۔اس تحریر کا ذکر کرتے ہوئے خلیل الرحمٰن داؤدی لکھتے ہیں۔

''مرزا غالب کی یہ تحریر 'انجمن ترقی اردو' اورنگ آباد دکن کے سہ ماہی مجلّہ ''اردو'' کی اشاعت اپریل ۱۹۲۹ء میں بعنوان ''مرزا نوشہ کا آخری خط'' شائع ہوئی ......اس تحریر کے ایک ایک لفظ سے ظاہر ہے کہ یہ کسی مخصوص شخص کیلئے نہیں لکھی گئی ہے بلکہ ایک اعلانِ عام ہے اس تحریر سے مرزا غالب کا مقصد اپنی کیفیت اورزبوں حالی لوگوں تک پہنچانی تھی اور یہ واضح کرنا تھا کہ وہ نہ اب اصلاح دینے کے قابل رہے ہیں اور نہ جوابات ہی

لکھ سکتے ہیں، اس لئے لوگ اس سلسلہ میں ان سے شاکی نہ رہیں۔''اشرف الاخبار''اور''اکمل الاخبار'' کے حوالے سے انہوں نے جو کچھ کہا ہے اس سے ظاہر ہے کہ مرزا صاحب اپنی خرابیٔ حالت کو اخبارات کے کالموں میں چھپوانا چاہتے ہیں۔''[۳۴]

غالب اپنی اس تحریر میں لکھتے ہیں کہ

''ہجوم غم سے فراغ نہیں، عبارت آرائی کا دماغ نہیں اگرچہ گوشہ نشیں وخاکماں خراب ہوں لیکن بہ حسب رابطۂ ازلی کثیر الاحباب ہوں۔ اطراف وجوانب سے خطوط آتے ہیں۔ ادھر سے بھی ان کے جواب لکھے جاتے ہیں۔ جو اشعار واسطے اصلاح کے آتے ہیں۔ بعد اصلاح بھیج دیئے جاتے ہیں۔''

ان صاحبوں میں سے اکثر ایسے ہیں کہ نہ میں نے انہیں، نہ انہوں نے مجھے دیکھا ہے۔ محبت دلی ونسبت روحانی سہی، لیکن صاحبان بلاد دور دست کیا جانیں، میرا حال کیا ہے۔ ہفتہ دو ایک سالہ عمر کی کتاب میں سے فصل آخر کی حقیقت یہ ہے کہ دس پندرہ برس سے ضعف سامعہ اور قلت اشتہاء میں مبتلا ہوا اور یہ دونوں علتیں روز افزوں رہیں۔ حسن حافظہ کا بطلان علاوہ۔ جوں جوں عمر بڑھتی گئی یہ امراض بھی بڑھتے گئے۔ قصہ مختصر اب سامعہ کا حال یہ ہے کہ ایک تختہ کاغذ کا مع دوات قلم سامنے دھرا رہتا ہے۔ جو دوست آتے ہیں پرسش مزاج کے سوا اور کچھ کہنا ہوتا ہے وہ لکھ دیتے ہیں۔ میں ان کی تحریر کا جواب زبانی دیتا ہوں۔ غذا کی حقیقت یہ ہے کہ صبح کو آٹھ دس بادام کا شیرہ، دو پہر کو سیر بھر گوشت کا پانی، دو گھڑی دن رہے دو یا تین تلے ہوئے کباب۔ نسیان حد سے گذر گیا۔ رعشہ، دوران وضعف بصر، یہ باران نوآمدہ سے ہیں...... اس نگارش کی شہرت سے مقصود یہ ہے کہ میرے احباب میرے حال سے اطلاع پائیں۔ اگر خط کا جواب یا اصلاحی غزل دیر میں پہنچے تو تقاضا اور اگر نہ پہنچے تو شکایت نہ فرمائیں۔ میں دوستوں کی خدمت گذار میں کبھی قاصر نہیں رہا اور خوشی خوشنودی سے کام کرتا رہا۔ جب بالکل نکما

ہو گیا، نہ حواس باقی، نہ طاقت، پھر اب کیا کہوں ۔ بہ قول خواجہ وزیر: ع

''میں وفا کرتا ہوں لیکن دل وفا کرتا نہیں اگر کسی صاحب کو میری طرف سے کچھ رنج و ملال ہو تو خالصتاً للّٰہ معاف فرمائیں گے ۔ اگر جوان ہوتا تو احباب سے دعائے صحت کا طلب گار ہوتا، اب جو بوڑھا ہوں تو دعائے مغفرت کا خواہاں ہوں۔''

غالب ۳۵ ؁

غالب کے ان خیالات سے اندازہ ہوتا ہے کہ اخیر عمر تک وہ ان کے چاہنے والوں سے ہمدردی رکھتے تھے۔ لیکن خرابی صحت کی بناء پر انہوں نے لوگوں سے خط و کتابت ترک کرنے کی بات کی تھی۔ بہر حال غالب کی اردو نثر میں دستیاب تحریروں میں یہ اُن کی آخری تحریر تھی جو دستیاب ہوئی اور شائع ہو کر محفوظ ہو گئی۔

غالب کی متفرق اردو نثری تحریروں کا اجمالی جائزہ:-

غالب کے اس متفرق نثری سرمایہ کا اجمالی جائزہ لیں تو اندازہ ہوتا ہے کہ اردو کتابوں کے دیباچوں اور تقاریظ پر غالب نے انتہائی عالمانہ تبصرے کئے ۔ جہاں ضرورت پڑی انہوں نے صاحب کتاب اور اس کے فن کی تعریف کی اور جہاں ضرورت پڑی انہوں نے تنقید اور نکتہ چینی سے بھی کام لیا۔ ان دیباچوں میں غالب کا اسلوب عالمانہ ہے اور فارسی آمیز بھاری بھرکم الفاظ استعمال کرتے ہوئے غالب نے بات میں اثر پیدا کرنے کی کوشش کی ہے۔ کہیں کہیں اسلوب میں سجاوٹ اور پُرکاری بھی دکھائی دیتی ہے لیکن فورٹ ولیم کالج کی اردو نثر کو سادگی عطا کرنے کی جو تحریک ۱۸۰۰ء کے بعد شروع ہوئی تھی اس کا اثر غالب کی نثر میں بھی ملتا ہے۔ غالب نے جہاں کہیں بادشاہِ وقت اور انگریزی حکام کے بارے میں لکھا ہے وہاں انہوں نے حکام کی بڑھ چڑھ کر تعریف بھی کی ہے۔ یہ غالب کی مجبوری تھی کہ وہ معاشی طور پر بدحال تھے اور صلہ کی امید رکھتے تھے ۔ غالب کے متفرق نثری سرمایے میں وہ تحریریں بھی شامل ہیں۔ جو انہوں نے ''قاطع برہان'' کے خلاف لکھی تھیں اور ''ازالہ حیثیت عرفی''

مقدمہ کی درخواست میں بھی غالب نے سخت الفاظ میں بات کہی تھی۔مجموعی طور پر غالب کی متفرق نثر کا یہ سرمایہ غالب کی حیات اوران کے دور کے مختلف حالات اور واقعات سے پردہ اٹھاتا ہےاور غالب کی شاعری اور ان کی مکتوب نگاری کے بعد ان کی متفرق اردو نثر کا یہ سرمایہ بھی انہیں ضرور شہرت دلائے گا۔ضرورت اس بات کی ہے کہ اردو محققین غالب کے اس متفرق اردو نثری سرمایے پر مزید تحقیق کریں اور اس کے پوشیدہ گوشوں کو منظر عام پر لائیں۔

حواشی

سلسلہ نشان	مصنف کا نام	رسالہ/دیباچہ کا نام	کتاب کا نام	صفحہ نمبر
۱	خلیل الرحمٰن داؤدی	مجموعہ نثرِ غالب اُردو	مجلس ترقی ادب لاہور	ص۔۶۰
۲	مرزا غالب	رسالہ لطائف غیبی	بحوالہ مجموعۂ نثرِ غالب اُردو	ص۶۴
۳	مرزا غالب	رسالہ سوالات عبدالکریم	بحوالہ مجموعہ نثر غالب اردو	ص۱۲۹
۴	مرزا غالب	رسالہ نامۂ غالب	بحوالہ مجموعۂ نثر غالب اردو	ص۱۵۱
۵	مرزا غالب	رسالہ تیغ تیز	بحوالہ مجموعۂ نثرِ غالب اردو	ص۲۱۳
۶	مرزا غالب	دیباچہ سراج المعرفت	بحوالہ مجموعۂ نثرِ غالب اردو	ص ۲۲۸
۷	مرزا غالب	دیباچہ حدائق انظار	بحوالہ مجموعۂ نثرِ غالب اردو	ص ۲۳۵

۸	مرزاغالب	دیباچہ رسالہ تذکیرو تانیث	بحوالہ مجموعۂ نثرِ غالب اردو	ص ۲۴۳
۹	مرزاغالب	تقریظ بر کتاب بہادر شاہ ثانی	بحوالہ مجموعۂ نثرِ غالب اردو	ص۲۵۰
۱۰	مرزاغالب	تقریظ بر گلزار سرور	بحوالہ مجموعۂ نثرِ غالب اردو	ص۲۵۸ ـ۲۵۷
۱۱	مرزاغالب	دیباچہ انتخاب غالب	بحوالہ مجموعۂ نثرِ غالب اردو	ص۲۶۱
۱۲	مرزاغالب	خاتمہ انتخاب غالب	بحوالہ مجموعۂ نثرِ غالب اردو	ص۲۶۹
۱۳	خلیل الرحمٰن داؤدی	بحوالہ مجموعۂ نثرِ غالب اردو	-	ص ۲۷۳,۲۷۴
۱۴	مرزاغالب	پیش لفظ خاش وخماش	بحوالہ مجموعۂ نثرِ غالب اردو	ص ۲۷۵,۲۷۶
۱۵	مرزاغالب	دیباچہ دیوان سخن	بحوالہ مجموعۂ نثرِ غالب اردو	ص۲۸۱
۱۶	مرزااسلوب	دیباچہ قصائد مرزا کلب حسین خاں	بحوالہ مجموعۂ نثرِ غالب اردو	ص ۲۸۷,۲۸۸
۱۷	مرزاغالب	خاتمہ شعائع مہر	بحوالہ مجموعۂ نثرِ غالب اردو	ص۲۹۴
۱۸	مرزاغالب	اُردو معلّٰی کا حقِ تصنیف	بحوالہ مجموعۂ نثرِ غالب اردو	ص ۲۹۹,۳۰۰
۱۹	مرزاغالب	شہادت (مولوی حیدر علی کے مباہلے سے متعلق)	بحوالہ مجموعۂ نثرِ غالب اردو	ص ۳۱۷
۲۰	مرزاغالب	دہلی سوسائٹی کے جلسہ میں مرزاغالب کا مضمون	بحوالہ مجموعۂ نثرِ غالب اردو	ص۳۴۱ ـ۳۴۰

۲۱	مرزاغالب	پیارے لال آشوب سے متعلق ایک تاثر	بحوالہ مجموعۂ نثرِ غالب اردو	ص ۳۴۷
۲۲	مرزاغالب	مرزا غالب کے خود نوشت حالاتِ زندگی	بحوالہ مجموعۂ نثرِ غالب اردو	ص ۳۵۵
۲۳	مرزاغالب	مرزا غالب کے خود نوشت حالات زندگی	بحوالہ مجموعۂ نثرِ غالب اردو	ص ۳۵۵
۲۴	مرزاغالب	مرزا غالب کے خود نوشت حالات زندگی	بحوالہ مجموعۂ نثرِ غالب اردو	ص ۳۵۷,۳۵۶
۲۵	مرزاغالب	عرض دعویٰ (ازالہ حیثیت عرفی کی) (نالش میں غالب کی تحریریں)	بحوالہ مجموعۂ نثرِ غالب اردو	ص ۳۶۶
۲۶	مرزاغالب	مختار نامہ (ازالہ حیثیت عرفی کی) (نالش میں غالب کی تحریریں)	بحوالہ مجموعۂ نثرِ غالب اردو	ص ۳۶۷
۲۷	مرزاغالب	درخواست بنام ڈپٹی کمشنر دہلی (ازالہ حیثیت عرفی کی) (نالش میں غالب کی تحریریں)	بحوالہ مجموعۂ نثرِ غالب اردو	ص ۳۶۸۔۳۶۷

۲۸	مرزا غالب	دو فارسی شعروں کے مطالب	بحوالہ مجموعۂ نثرِ غالب اردو	ص ۳۷۳
۲۹	مرزا غالب	دو فارسی شعروں کے مطالب	بحوالہ مجموعۂ نثرِ غالب اردو	ص ۳۷۳
۳۰	مرزا غالب	مثنوی ''لواء الحمد'' پر غالب کی اصلاح کے الفاظ	بحوالہ مجموعۂ نثرِ غالب اردو	ص ۳۷۹
۳۱	مرزا غالب	''موہبتِ عظمیٰ'' پر تنقیدی حواشی	بحوالہ مجموعۂ نثرِ غالب اردو	ص ۳۹۳
۳۲	مرزا غالب	دو نقلیں اور ایک لطیفہ	بحوالہ مجموعۂ نثرِ غالب اردو	ص ۴۰۰
۳۳	مرزا غالب	ایک تشریح (قاطع برہان کے قضیے کے دوران)	بحوالہ مجموعۂ نثرِ غالب اردو	ص ۴۱۴، ۴۱۳
۳۴	مرزا غالب	مرزا غالب کی آخری تحریر برائے اخبارات	بحوالہ مجموعۂ نثرِ غالب اردو	ص ۴۱۹، ۴۱۸
۳۵	مرزا غالب	مرزا غالب کی آخری تحریر برائے اخبارات	بحوالہ مجموعۂ نثرِ غالب اُردو	ص ۴۲۱، ۴۲۰، ۴۱۹

☆ باب پنجم

اُردو نثر پر غالب کے اثرات

غالب کے خطوط نے اردو نثر پر اہم اثرات مرتب کئے ہیں۔ غالب سے پہلے اردو خطوط کی حیثیت صرف تاریخی یا سوانحی تھی۔ ان کو ادب میں کوئی منفی درجہ حاصل نہیں تھا لیکن حقیقت یہ ہے کہ انہوں نے نہ صرف اپنی کوششوں سے نثر نگاری کے راستے کو ہموار کیا بلکہ نثر کو کافی بلند مرتبہ عطا کیا۔ جس سے اردو نثر کو بہت ترقی حاصل ہوئی۔ آج بھی اس کا اثر اردو نثر پر دیکھا جا سکتا ہے۔ یہاں پر اس امر کی وضاحت کر دینا ضروری ہے کہ خطوط نگاری ایک مشکل شئے ہے جس کے لوازمات کو سمجھنے کیلئے بھی ہر درکار ہے۔ کوثر چاندپوری تحریر کرتے ہیں کہ:

"غالب ادیب بھی تھے اور شاعر بھی۔ شاعری میں ان کا اسلوب بالکل اچھوتا اور منفرد ہے۔ نثر نگاری میں انہوں نے انفرادیت کو برقرار رکھا ہے بلکہ نثر میں ایک نئے لہجہ کی طرز نگارش کی بنیاد ڈالی ہے۔ غالب کے خطوط میں ان کی شخصیت کا عکس پوری تابانی کے ساتھ چھلکتا ہے۔۔۔ خطوں میں غالب کی سیرت اور شخصیت کے سارے خول اتر جاتے ہیں۔ ان کا بال بال نظر آنے لگتا ہے۔ خد و خال بالکل نمایاں ہو جاتے ہیں۔ اس اعتبار سے غالب کے خطوط کو اردو نثر میں بے نظیر قرار دیا جا سکتا ہے۔ اظہار شخصیت کے نقطہ نظر سے اردو کے ادبی ذخیرے میں

ان خطوط کی مثال نہیں مل سکتی۔''[۱]

غالب کے خطوط نہ صرف یہ کہ نثر کے اعلیٰ نمونے پیش کرتے ہیں بلکہ ان کے ذریعہ ان کی شخصیت کے کئی اچھوتے پہلو بھی ہمارے سامنے آتے ہیں۔ان خطوط میں اظہار کی سطح بہت بلند ہے جو قاری کو نہ صرف بلند کرتی ہے بلکہ اس کے اندر احساسِ جمال بھی پیدا کرتی ہے ان کی نثر کا برجستہ اور بے تکلف لہجہ بیان میں سادگی کے حسن کو نمایاں کرتا ہے۔یہ سادگی کبھی شوخی و ظرافت کے ذریعہ لطف و مسرت کے پہلو پیدا کرتی ہے تو کبھی مخاطب کے غموں کا ساتھ بن جاتی ہے۔ غالب کے خطوط ذاتی ہونے کے باوجود زندگی کی رنگارنگی اور معاشرے کی تصویر معلوم ہوتے ہیں۔آل احمد سرور لکھتے ہیں:

''غالب کی شخصیت کا ایک گہرا، روشن اور دل آویز نقش ان کے خطوط میں بھی ہے۔جس میں رواداری، دل نوازی، خودداری کے ساتھ موقع شناسی، لطیف مزاجی کی حس دوسروں کے غم میں شریک ہونے اور اپنے پر ہنسنے کا ملکہ ملتا ہے۔''[۲]

غالب کے بعد جن لوگوں نے بھی خطوط تحریر کئے ہیں ان کے انداز نثر میں کہیں نہ کہیں غالب کا انداز دکھائی دیتا ہے کیونکہ یہ تمام لوگ غالب کی نثر سے متاثر ہوئے مگر یہ ادیب اپنی تحریروں میں وہ بات پیدا نہ کرسکے جو غالب کے یہاں ہے۔اس کے باوجود اردو نثر نگاروں کے لئے نیا میدان اور نثر نگاروں کا نیا ذہن ضرور تیار ہوا۔دراصل بات یہ ہے کہ نثر نگار غالب کا سا انداز اختیار کر لیتے تو وہ بات بھی ان کے لئے غلط تھی۔اس لئے غالب کے بعد کے نثر نگاروں نے غالب کی طرز اور ماحول کو سمجھ کر اس کی تقلید نہ کرتے ہوئے ان سے ایک قسم کا Inspiration حاصل کیا جو اچھی نثر نگاری کیلئے بعد میں بہت مفید ثابت ہوا اس بارے میں رام بابو سکسینہ تحریر فرماتے ہیں کہ:

''غالب کے طرز نے اردو کی نثر نگاری میں ایک انقلاب عظیم پیدا کیا اور ایک نئی روح پھونکی جس کا اثر زمانہ مابعد کے نثر نگاروں پر بھی کچھ پڑا''[۳]

غالب سے قبل اردو نثر کا جو اسلوب رائج تھا۔اس پر فارسی و عربی کے گہرے اثرات پائے جاتے تھے۔رنگینی عبارت اور مسجع و مقفیٰ جملے اس زمانے کے اہم اراکین میں شمار کئے جاتے تھے۔نثر میں شعری وسائل سے زیادہ سے زیادہ کام لیا جاتا تھا۔لفظی و معنوی صنائع ،استعارہ سازی اور خطابت اس زمانے میں نثر کا حسن سمجھا جاتا تھا۔عموماً غالب سے اردو نثر کے سادہ اسلوب کو منسوب کیا جاتا ہے۔نثر میں سادہ بیانی غالب ہی کی دین سمجھی جاتی ہے۔ یہ بات تو طئے شدہ ہے کہ ان کے بیان کی سادگی سے متاثر ہو کر بے شمار ادیبوں نے غالب کے اثر کو اپنایا اور اس سے فائدہ بھی اٹھایا۔غالب سے پہلے کلکتہ میں فورٹ ولیم کالج کی بنیاد ۱۸۰۰ء میں پڑ چکی تھی۔اس کالج کے مصنفین کے زیر اہتمام اردو نثر ایک نئے ذہن اور تجربات سے اشنا ہو رہی تھی۔کوثر چاند پوری لکھتے ہیں کہ:

> ”جس وقت غالب کی نثر کا آغاز ہوا۔فورٹ ولیم کالج میں زبان کو آسان اور رواں بنانے کی کوشش بروئے کار آ چکی تھی۔ یوں بھی انگریزی تہذیب وتمدن کی ترقی کے ساتھ ساتھ تکلف آورد اور مبالغہ کا اثر کم ہونے لگا تھا۔غالب جدید تہذیب کے ابتداء ہی سے پرستار تھے۔“[۴]

خلیق انجم لکھتے ہیں کہ:

> ”فورٹ ولیم کالج کی سب سے بڑی دین یہ ہے کہ اس نے اردو نثر کو فارسی کے اثر سے آزاد کیا۔“[۵]

غالب نے دوسرے ادیبوں کی طرح دہلوی زبان کو پسند کیا اور وہ بھی قلعہ، اردو بازار اور جامع مسجد کی سیڑھیوں پر بولی جانے والی زبان ،جس کو دہلی کی ٹکسالی زباں کہا جاتا ہے اور یہ سمجھا جاتا ہے کہ ”جب یہ نہیں تو اردو کہاں۔“

غالب اردو نثر کی طرف اس وقت راغب ہوئے جب ان کو ”مہر نیمروز“ تحریر کرنے کا کام سونپا گیا۔ان کا دماغی توازن کمزور ہو گیا تھا۔اور کمزوری کے سبب انہوں نے اپنی پوری توجہ ایک نئے

اندازکو جاننے پر صرف کردی اور انہوں نے اپنا رُخ اردو کی طرح کیا۔الطاف حسین حالی تحریر کرتے ہیں
:

"معلوم ہوتا ہے کہ مرزا ۱۸۵۰ء تک ہمیشہ فارسی میں خط و کتابت کیا کرتے تھے۔ مگر سنہ مذکورہ میں جبکہ تاریخ نویسی کی خدمت پر مامور کیئے گئے اور ہمہ تن "مہر نیمروز" کے لکھنے میں مصروف ہو گئے اس وقت بہ ضرورت ان کو اردو میں خط و کتاب کرنی پڑی ہوگی۔ وہ فارسی نثر میں اور اکثر فارسی خطوط، جن میں قوت متخیلہ کا عمل اور شاعری کا عنصر نظم سے بھی کسی قدر غالب معلوم ہوتا ہے۔ نہایت کاوش سے لکھتے تھے۔ پس جب ان کی ہمت "مہر نیمروز" کی ترتیب اور انشاء میں مصروف تھی، ضرور ہے کہ اس وقت ان کو فارسی زبان میں خط و کتابت کرنی اور وہ بھی اپنی طرز خاص میں شاق معلوم ہوئی ہوگی۔ انہوں نے غالباً ۱۸۵۰ء کے بعد سے اردو زبان میں خط لکھنے شروع کیئے ہیں۔"[٦]

غالب کے بعد اردو نثر کے فروغ میں سر سید اور ان کے رفقاء نے اہم کردار ادا کیا جس کے زیر اثر سر سید احمد خان نے اردو نثر کو ایک نئی فضا عطا کی اور اپنے مضامین اور مقالات کے ذریعہ مسلمانوں میں نئے جوش و جذبے کو پیدا کرنے کا کام انجام دیا۔ اردو زبان کی اصلاح و ترقی اور تحفظ و بقاء کے لئے سر سید عمر بھر کوشاں رہے۔ ذاتی خدمت کے علاوہ ایک تحریک کے علم بردار اور سر گروہ کی حیثیت سے اردو کی تنہا خدمت کرتے رہے۔ ان کی کوششوں کے اثر سے اردو زبان میں وہ تمام صلاحیتیں پیدا ہوئیں جو ایک زندہ زبان کے لئے ضروری ہیں۔

سر سید احمد خان (۱۸۱۷۔۱۸۹۸)

سر سید نے نثر پر اپنے بڑے گہرے نقوش چھوڑے ہیں۔ اس حقیقت سے انکار نہیں کیا

جا سکتا کہ سرسید نے اپنی تحریروں سے پورے عالم کو روشن کیا اور اس کی اصل وجہ یہ ہے کہ ان کا انداز بیان مدلل تھا۔ جس میں مدعا نگاری کو خاص اہمیت حاصل تھی۔ اسی لئے ان کے انداز سے متاثر ہو کر لکھنے والوں کی ایک بھیڑ سی ان کے اطراف جمع ہوگئی۔ اس طرح سرسید نے غالب کے طرز کو پسند کیا اور اس کو اپنایا بھی تھا۔

نواب محسن الملک (۱۹۰۷۔۱۸۱۷)

نواب محسن الملک کا سب سے بڑا کارنامہ اردو نثر میں یہ ہے کہ انہوں نے ''تہذیب الاخلاق'' میں لگاتار مضامین تحریر کئے۔ ان کی تحریروں میں سرسید کا اثر نمایاں طور پر دیکھا جاسکتا ہے ۔محسن الملک کے اسلوب میں ایک قسم کی سادگی پائی جاتی ہے جو نثر میں حسن کو پیدا کرتی ہے۔ وہ نثر کو رنگین بنانے کی خاطر اس میں صنائع و بدائع اور استعارات وتمثیلات کا بھی استعمال کرتے ہیں جس سے نثر کا حسن دوبالا ہو جاتا ہے۔

محمد حسین آزاد (۱۹۱۰۔۱۸۳۰)

محمد حسین آزاد کی شہرت اور مقبولیت ان کی شاعری یا نثر نگاری سے ہے۔ انہوں نے نثر میں عام بول چال کا انداز اختیار کیا جس میں بے تکلفی اور جدت بہت تھی۔ انہوں نے نثر میں فارسی کا بھی سہارا لیا ہے جو نثر کے حسن کو دوبالا کر دیتا ہے۔ اس کے علاوہ نثر میں محاوروں سے بھی کام لیا ہے۔ اس کا استعمال نثر میں بہت کارآمد ثابت ہوا ہے۔ لہذا نثر میں ان کا اظہارِ خیال سلیس اور رواں ہے جو نثر میں دلچسپی کا باعث بنتا ہے۔

ذکاءاللہ (۱۹۱۰۔۱۸۳۲)

یہ ایک مورخ کی حیثیت سے جانے جاتے ہیں ۔ ان کی اہم کتابیں تاریخ ہندوستان، ''تاریخ عہد انگلشیہ'' ''سوانحہ ملکہ وکٹوریہ اور'' کرزن نامہ'' وغیرہ ہیں ۔ انہیں ریاضی ،طبیعات' جغرافیہ، سیاست، تاریخ اور اخلاقیات جیسے مضامین سے خاص دلچسپی تھی ۔ ان کی تصنیفات بے شمار ہیں ۔ ان کے علم کے سبب انہیں شمس العلماء کے خطاب سے بھی نوازا گیا۔ ان کی نثر تصنع سے

پاک صاف ہے۔ یہ نثر میں رنگینی وعبارت آرائی کوضروری نہیں سمجھتے ،شاید اسی لئے ان کی نثر بہت سادہ اور سہل ہے۔

نذیر احمد (۱۸۳۶۔۱۹۱۲)

نذیر احمد نے اپنی تحریروں میں معاشرے کی بعض خرابیوں کی طرف توجہ مرکوز کی ہے۔ان کی اہم کتابیں ''مراء ۃ العروس''،''منتخب الحکایات'' ''ابن الوقت'' ''توبۃ النصوح''''معیاری حکمت'' ''اجتہاد'' وغیرہ قابل ذکر ہیں۔ان کی نثر سادہ سلیس اور رواں ہے لیکن دلچسپ بات یہ ہے کہ نثر میں عربی و فارسی فقرے بھی پائے جاتے ہیں اور ساتھ ہی ساتھ اس میں محاوروں اور کتابوں سے بھی کام لینے کی کوشش کی گئی ہے۔اس میں نکتہ یہ ہے کہ ایسا کرنے سے نثر کے بیان میں بلا کا زور پیدا ہوجاتا ہے۔نذیر احمد کی نثر میں ظریفانہ انداز بھی پایا جاتا ہے۔ جونثر میں چار چاند لگا دیتا ہے۔ان کی نثر میں انگریزی الفاظ بھی موجود رہتے ہیں۔

الطاف حسین حالی (۱۸۳۷۔۱۹۱۴)

اردو نثر کوفروغ دینے میں حالی نے بڑی جاں فشانی سے کام لیا ہے۔ وہ ایک ہی وقت میں شاعر اور نثر نگار دونوں حیثیت کے مالک تھے البتہ انہیں اپنی شاعری سے زیادہ نثر پر عبور حاصل تھا۔
نثر میں ان کی پہلی تصنیف ''مجالس النساء'' ہے۔ یہ تصنیف عورتوں کی تعلیم سے متعلق ہے۔ عام طور سے اس کا انداز ناول جیسا ہے۔''حیات سعدی'' کے ذریعہ انہوں نے اردو ادب میں سوانح نگاری کی بنیاد ڈالی۔''یادگار غالب'' میں وہ غالب کی خوبیوں کو بیان کرنے کے ساتھ ساتھ ان کی خامیوں کو بڑے سلیقے سے چھپا جاتے ہیں۔ یہ کتاب غالب شناسی میں پہلا قدم کہی جائے تو غلط نہ ہوگا۔''حیات جاوید'' سرسید کی سوانح عمری ہے۔''مقدمہ شعروشاعری'' حالی کی تنقیدی کتاب ہے۔ دراصل یہ ان کے مجموعہ کا مقدمہ ہے۔حالی کی نثر میں کسی طرح لفاظی اور عبارت آرائی نہیں پائی جاتی۔ وہ نثر میں ضائع وبدائع کا استعمال بھی کم کرتے ہیں۔مگر اس کے باوجود بھی ان کی نثر زور بیان اور فصاحت سے لبریز ہوتی ہے۔ یہ جدید نثر اردو کیلئے کافی مفید ثابت ہوئی۔اس کے علاوہ حالی نثر میں اپنے خیالات کوفصاحت کے ساتھ

تمثیلی انداز میں ادا کرتے ہیں وہ نثر میں ضرورت کے مطابق تشبیہ واستعارہ سے بھی کام لیتے ہیں۔اس کے علاوہ حالی نے اپنی نثر میں انگریزی الفاظ کو بھی بخوبی جگہ دی ہے۔

وقارالملک (۱۸۳۹۔۱۹۱۷)

وقارالملک نے اپنے مضامین کے ذریعہ سائنٹفک سوسائٹی اور علی گڑھ تحریک کو پیش کیا۔ یہاں تک کہ ''تہذیب الاخلاق'' میں مذہبی، اخلاقی، سیاسی اور معاشرتی مضامین تحریر کیئے۔ان کا انداز سادہ وسلیس اور عام فہم ہے۔ان کے تحقیقی کاموں میں ''ہیئتِ جدیدہ'' اور ''معجزہ قرآن'' اہم ہیں۔ان کی تحریریں مقصدی معلوم ہوتی ہے۔انہوں نے کئی کتابوں کا ترجمہ بھی کیا ہے۔مثلاً ''نپولین کی سرگزشت'' اور انگریزی کتاب (French & Nepolean Revolution) کا اردو میں ترجمہ کیا ہے۔قوم کی اصلاح اور ترقی کیلئے انگریزی تعلیم حاصل کی اور مغرب کے بعض اصولوں اور وہاں کی تہذیب ومعاشرت کو بھی اپنایا۔

سید احمد دہلوی (۱۸۴۶۔۱۹۱۸)

سید احمد دہلوی کی شہرت یافتہ کتاب ''رسومِ دہلی'' ہے۔اس میں دہلی کے رسم ورواج کو کافی وضاحت کے ساتھ سپرد قلم کیا گیا ہے ''طفلی نامہ'' اور ''باری النساء'' بھی ان کی اہم کتابیں ہیں۔البتہ ان کا اہم کارنامہ ''فرہنگ آصفیہ'' ہے جس کے سبب انہیں کافی شہرت حاصل ہوئی۔یہ ایک ضخیم لغت ہے جو بے مثال ہے۔

چراغ علی (۱۸۴۶۔۱۸۹۵)

چراغ علی کے بے شمار مضامین تہذیب الاخلاق میں شائع ہوئے۔انہوں نے انگریزی میں بھی بہت کچھ تحریر کیا۔اردو میں ان کی مشہور تصانیف ''تعلیقات'' اسلام کی دنیوی برکتیں''۔''قدیم قوموں کی تاریخ''۔''بی بی ہاجرہ''۔''ماریہ قطبیہ''۔تعلیق نیاز مانہ'' ہیں ان کی نثر کا استدلالی انداز سرسید کی طرح نمایاں ہے جو نثر کی خوبصورتی میں اور زیادہ اضافہ کرتا ہے۔

شبلی نعمانی (۱۸۵۷۔۱۹۱۴)

شبلی نعمانی کی تحریروں میں جدت ،آزادیِ رائے اورفکری گہرائی پائی جاتی ہے ۔ وہ مسلمانوں کو جدید تعلیم سے روشناس کرانا چاہتے تھے ۔''الفاروق''۔''المامون''۔''الغزالی''۔''سیرہ النعمان''۔''الکلام''۔''علم الکلام''۔''موازنہ انیس ودبیر''۔''شعرالعجم''اور''سیرت النبیؐ'' وغیرہ ان کی مایہ ناز تحریریں ہیں۔

شبلی نعمانی مختلف حیثیتوں سے ہمارے سامنے آتے ہیں۔وہ سوانح نگار،انشا پرداز''مقالہ نگار'' سیرت نگاراورایک اہم نقادبھی ہیں۔''المامون'' شبلی کی پہلی سوانحی کتاب ہے۔اس میں مامون کے زمانے کے معاشرے،بغداد کی تہذیب اور تمدن کا بہترین نقشہ کھینچا ہے۔ان کی نثر میں رنگینی ،شگفتگی اورتاثیر پائی جاتی ہے اوروہ نثر میں شاعرانہ وسائل سے بھی کام لیتے ہیں۔اس کے علاوہ وہ تشبیہوں ،استعاروں اور کنایوں سے بھی مدد لیتے ہیں۔مگرنثر کی سب سے بڑی خوبی ان کا ایجاز و اختصار ہے جونثر کے حسن میں اضافہ کرتا ہےلیکن حقیقت یہ ہے کہ شبلی کی نثر میں غالب کی سہل پسندی کے ساتھ ان کا پنا رنگین بیان بھی موجود رہتا ہے۔

خلاصہ کلام یہ ہے کہ غالب سے پہلے ہی اردونثر کے اسلوب بیان میں بہت ساری تبدیلیاں ہوچکی تھیں لیکن غالب نے اردونثر کوایک نئے طرز سے آشنا کیا جوان کا اپنا تھااوران کے بعد اردونثرنگاری کے ایک نئے عہد کی ابتداء ہوئی۔اس نئے عہد میں سرسیداوران کے رفقاء نے اردونثرنگاری میں کارہائے نمایاں انجام دیئے۔

xxx

حواشی

سلسلہ نشان	کتاب کا نام	مصنف/مرتب کا نام	صفحہ نمبر
۱	نقوشِ غالب نمبر۔غالب کے خطوط	کوثر چاندپوری	ص ۵۶۹
۲	نظر اور نظریے	آل احمد سرور	ص ۲۵
۳	تاریخ ادب اُردو (جدید ایڈیشن)	رام بابو سکسینہ	ص ۴۶
۴	نقوشِ غالب نمبر۔غالب کے خطوط	کوثر چاندپوری	ص ۵۹۶
۵	غالب کے خطوط (جلد اوّل)	مرتبہ خلیق انجم	ص ۱۰۵
۶	یادگارِ غالب	الطاف حسین حالی	ص ۱۹۷

مجموعی جائزہ

غالب کی عظمت اور شہرت کا زیادہ انحصار ان کی شاعری پر ہے۔ لیکن ان کی نثر نگاری کی بعض ایسی خصوصیات ہیں جو ان کی شاعرانہ عظمت میں چار چاند لگاتی ہیں۔ یہ نثری سرمایہ وہ ہے جو انھوں نے خطوط کی شکل میں اردو ادب کو دیا۔ یہ تحریریں اردو نثر کی تاریخ میں سنگ میل کی حیثیت رکھتی ہیں۔ کیوں کہ ان تحریروں سے اُردو نثر کی تاریخ میں ایک ایسا انقلاب پیدا ہوا جس کے بعد مصنوعی نثر نگاری اور شعریت پر مبنی انداز نثر پوری طرح تبدیل ہو گیا اور اس طرح غالب کی نثر کی سادگی اور برجستگی اردو نثر میں فطری انداز پیدا کرنے کا ذریعہ بن گئی۔

غالب نے عام ڈگر سے ہٹ کر ایک ایسے طرز کی بنیاد ڈالی جس کا بنیادی وصف جدت طرازی، سادگی اور صفائی تھی۔ انھوں نے مراسلہ کو مکالمہ بنا دیا، غیر ضروری القاب و آداب کو ترک کیا۔ اصلیت، جدت پسندی، تازگی، بے ساختگی، فطری پن، ظرافت اور مرقع نگاری جیسی طرح طرح کی خصوصیات سے اردو کے دامن کو مالا مال کر دیا۔

عموماً خطوط خیر و عافیت معلوم کرنے کی غرض سے لکھے جاتے ہیں یا پھر اپنی خیریت مکتوب الیہ تک پہنچانے کی غرض سے تحریر کئے جاتے ہیں۔ مگر غالب نے اس میں بھی اپنے مخصوص اُسلوب سے جدت پیدا کر کے اُردو خطوط کے انداز کو پوری طرح تبدیل کر دیا۔ جو اپنے زمانے کی نثر سے بالکل الگ تھا۔ یہ خطوط ایک طرف ان کی شخصیت کی عکاسی کرتے ہیں تو دوسری طرف اپنے زمانے کے سیاسی، تاریخی اور سماجی حالات کے آئینہ دار بھی ہیں۔ مزید یہ کہ غالب کے طرز بیان نے ان خطوط کو بہت انوکھا اور دلچسپ بنا دیا ہے جس میں وہ بے باکی کے ساتھ بغیر کسی بناوٹ کے باتیں کرتے ہوئے دکھائی دیتے ہیں۔ شاید ان ہی بنیادوں کے باعث محققین نے ان کے خطوط کو یکجا کر کے ان کی تحقیق و تدوین کا

اہتمام کیا ہے اور ناقدین نے ان کی نثر کے ادبی محاسن کو گرفت میں لانے کی کوشش کی ہے۔

غالب کی اردو نثر سے اندازہ ہوتا ہے کہ انھیں شاعری کی طرح نثر نگاری پر بھی غیر معمولی قدرت اور دسترس حاصل تھی۔ چوں کہ ان کی طبیعت میں شوخی وظرافت کوٹ کوٹ کر بھری ہوئی تھی اس لیے اس کا اثر ان کی تحریروں میں بھی صاف نظر آتا ہے۔ غالب کے یہ خطوط اپنی ان ہی بے مثالی صفات کی وجہ سے اُردو نثر کے شاہکار بن گئے ہیں۔

خطوط کے حوالے سے غالب کی جو ادبی خصوصیات ہمارے سامنے آتی ہے وہ بہت دلچسپ بھی ہیں اور پُرکشش بھی۔ انھوں نے اُردو زبان کو جو قیمتی علمی سرمایہ عطا کیا ہے اس کا بڑا حصہ ایسا ہے، جس کی مثال کسی دوسری زبان میں مشکل سے ملے گی۔ غالب نے اُردو نثر میں اپنے بیش بہا قیمتی خطوط کے ذریعہ جو اضافہ کیا ہے اس پر اُردو زبان ہمیشہ فخر کرسکتی ہے۔

غالب کے خطوط کی تعداد سے یہ اندازہ لگایا جاسکتا ہے کہ ان کی دنیا بہت کشادہ تھی۔ اس کا ثبوت یہ ہے کہ جن احباب، شاگردوں اور معاصرین کو انھوں نے خطوط لکھے ہیں ان کی تعداد بھی بے شمار تھی اور ان میں ہر طبقے کے لوگ شامل تھے۔

اس مقالہ میں خاص طور پر اس بات کی کوشش کی گئی ہے کہ اُردو نثر کے وجود میں آنے سے لے کر ترقی کی منزلیں طے کرنے تک کے ان تمام لسانی اور اسلوبیاتی پہلوؤں کو زیر بحث لایا جائے جن کا ذکر کرنا تحقیقی اور تنقیدی نقطہ نظر سے ضروری تھا۔ مقالہ کے ابتدائی ابواب کے مطالعہ سے اندازہ ہوا ہوگا کہ نثر اور نظم میں جو چیز امتیاز کا باعث بنتی ہے وہ ہے بحر اور وزن سے اس کی لاتعلقی، نظم کے لیے وزن کا اہتمام لازم وملزوم ہے۔ جب کہ نثر کے لیے وزن کی کوئی شرط نہیں ہوتی۔ شاید اس لیے نثر کو کلام ناموزوں کا نام بھی دیا جاتا ہے۔ اس کے برخلاف نظم کو کلام موزوں سے تعبیر کیا جاتا ہے۔ اس میں ردیف وقافیہ کی پابندی کرنا ضروری ہے۔ اس سے نظم میں ایک قسم کا ترنم اور موسیقی پیدا ہوتی ہے جو نظم کے لیے بے حد لازمی عنصر ہے، لیکن اردو کے بعض نثری نمونے ایسے بھی ہیں جن میں ہلکے پھلکے وزن اور قافیہ کا اہتمام کیا گیا ہے۔ لیکن اہم بات یہ ہے کہ ایسی نثر کو شاعری نہیں کہا جاسکتا کیوں کہ یہ نثر

ناموزوں ہوتی ہے جب کہ شاعری کی پہلی شرط ہی کلام کا موزوں ہونا ہے۔ ایسی نثر کو محض مسجع اور مقفیٰ نثر کہہ سکتے ہیں۔

اہلِ علم نے بناوٹ کے لحاظ سے نثر کو مختلف اقسام میں تقسیم کیا ہے۔ نثر کی اقسام کے پیشِ نظر جو خصوصیات سامنے آتی ہیں ان سے اندازہ لگایا جاسکتا ہے کہ نثر کی بعض اقسام ایسی بھی ہیں جن میں نہ تو وزن ہی ہوتا ہے اور نہ قافیہ بلکہ یہ پوری طرح وزن اور قافیہ سے عاری ہوتی ہے۔ کسی نثر میں وزن ہوتا ہے مگر قافیہ نہیں ہوتا۔ اس کے برخلاف ایسی نثر بھی ہوتی ہے جس میں صرف قافیہ ہوتا ہے لیکن وزن نہیں ہوتا۔ مطلب یہ ہوا کہ یہ نثر کی اقسام اُردو کے لیے بے حد اہمیت کی حامل ہیں۔ نثر ویسے تو عام فہم اور غیر موزوں ہی ہوا کرتی ہے مگر قدیم نثر کی اقسام میں وزن وغیرہ نے نکھار بھی پیدا کیا ہے اور ان کا استعمال اُردو نثر میں جا بہ جا کیا بھی جاتا ہے۔

شاعری اور نثر دونوں اظہارِ خیال کی دو شکلیں ہیں۔ یہ دونوں ایک دوسرے سے کیسے مختلف ہیں؟ ان کے بعض اہم پہلوؤں پر گزشتہ ابواب میں روشنی ڈالی گئی ہے۔ شاعری میں جذبہ اور احساسِ جمال بہ درجہ اتم موجود رہتا ہے اور نثر کے لیے یہ مناسب نہیں ہے۔ کہنے کا مقصد یہ ہے کہ جو صفات اور خصوصیات شاعری کے لیے اہم اور ضروری ہیں، ہوسکتا ہے کہ وہ نثر کے لیے بالکل اہم نہ ہوں۔ مثلاً ابہام نثر کے لیے ایک نقص ہے لیکن یہی ابہام شاعری میں کلام کا حسن قرار دیا جاتا ہے۔ پھر یہ کہ شاعری اور نثر کی ہیئت میں بھی زمین اور آسمان کا فرق ہوتا ہے۔ شاعری شعری ہیئت میں لکھی جاتی ہے اور نثر تسلسل کے ساتھ لکھی جاتی ہے۔ حالاں کہ شاعری میں وزن کو دہرایا جاسکتا ہے جبکہ نثر میں ہو بہ ہو پیراگراف کو پیش نہیں کیا جاسکتا۔ نتیجہ یہ نکلا کہ شاعری اور نثر دونوں میں ہی جو اندازِ فکر کا عنصر موجود ہوتا ہے وہ مختلف کیفیات کے زیرِ اثر پروان چڑھتا ہے اور یہی فکر انداز دونوں اصناف کی شکلیں تبدیل کرتا رہتا ہے۔

قدیم عہد کی نثر کا مطالعہ کرنے کے بعض مسائل بھی زیرِ بحث آئے ہیں۔ پہلے مقفیٰ اور مسجع جملے لکھنے کا دور تھا۔ ہر نثر نگار اسی انداز کو ترجیح دیتا تھا اور ان کے نثر پاروں میں اس طرح کے عناصر کا

استعمال عام تھا۔ گزشتہ ابواب میں جن اسالیب نثر کا ذکر آیا ہے ان اسالیب نثر کا ایک فائدہ تو یہ سامنے آتا ہے کہ ہم پرانے زمانے کی نثر کا مقابلہ اپنے عہد کی نثر سے بخوبی کر سکتے ہیں۔ اسلوب کے سلسلے میں یہ کہا جا سکتا ہے کہ کامیاب اسلوب وہی ہوتا ہے جو قاری کو اپنی جانب متوجہ کرے۔ اس لیے اس مقالے میں اسالیب نثر سے متعلق تمام جزئیات سے تفصیلی گفتگو کی گئی ہے۔

متذکرہ بالا خصوصیات کے پیش نظر ''غالب سے قبل اُردو نثر'' کے بعض نمونوں سے بھی اندازہ ہوتا ہے کہ پہلے کی نثر بہت مشکل ہوتی تھی۔ نثر میں مقفیٰ اور مسجع جملے اس عہد کی شان تھے۔ نثر میں عربی اور فارسی فقروں کی بھرمار رہتی تھی۔ اس کے علاوہ نثر میں شاعرانہ وسائل کا اہتمام کیا جاتا تھا۔ جیسا کہ گزشتہ ابواب میں عرض کیا جا چکا ہے۔ یہی انداز تمام نثر نگاروں کی تحریروں میں رواج پایا ہوا تھا مگر سچ یہی ہے کہ اس طرح کی نثر حقیقت پر مبنی ہونے کے بجائے خیال پسندی پر مبنی ہوتی ہے۔ اس زمانے کی نثر میں قافیہ کا ہونا بھی لازم تھا۔ کیوں کہ اس کے اہتمام سے نثر کے حسن میں مزید اضافہ کیا جاتا تھا۔ ایسی نثری تحریروں میں وہ تحریریں بھی شامل ہیں جن میں بزرگان دین اور صوفیائے کرام کی تحریریں ہیں۔ مگر کچھ اداروں اور نثری تحریروں نے رفتہ رفتہ اُردو نثر کے اس بھرم کو ختم کیا۔ انھوں نے نثر میں سادگی، سلاست، روانی اور عام بات چیت کے انداز کو نثر کا حصہ بنانے کی کوشش کی۔ اس میں ساتھ ہی کچھ داستانیں ہیں، کچھ اخبار و رسائل اور تذکرے ہیں۔ اس طرح کی نثر کو فروغ دینے میں دلّی کالج' ورنا کولر ٹرانسلیشن سوسائٹی اور فورٹ ولیم کالج وغیرہ کو غیر معمولی اہمیت حاصل رہی ہے۔

غالب کی اُردو نثر سے اندازہ لگایا جا سکتا ہے کہ یہ نثری تحریریں ان کی شخصیت کی بہترین عکاسی کرتی ہیں۔ غالب بڑے ہی اختصار کے ساتھ کسی بھی ماحول یا موسم کا نقشہ پیش کر دیتے ہیں۔ وہ جاڑا، گرمی اور برسات کا ذکر ایسے کرتے ہیں کہ ان کی مکمل تصویر آنکھوں کے سامنے آ جاتی ہے۔

غالب کی اُردو نثر کے مطالعہ سے اس بات کا بھی پتہ چلتا ہے کہ انھوں نے خطوط نگاری میں جن لوازمات کو غیر ضروری سمجھا تھا انھیں ترک کر دیا اور روشِ عام سے ہٹ کر اُردو نثر میں بعض نئے اصول قائم کیے۔ مثلاً خطوط میں کہیں القاب و آداب کا التزام بھی کیا اور کبھی اس کو بالکل ہی اُڑا دیا اور

سیدھے مدعا پر آ گئے۔ غالب اکثر خطوط میں عام بول چال کے انداز کو اختیار کرتے ہیں۔اس کے ساتھ ہی کبھی کبھی مقفیٰ عبارتوں سے بھی کام لیتے ہیں۔ محض اس لیے کہ ایسی عبارتیں ان کے خطوط میں شوخی وظرافت کو پیدا کرتی ہیں۔اس لیے کہا جاسکتا ہے کہ اس طرح کی اُردو نثر سے غالب کا مقصد اپنے مکتوب الیہ کوخوش کرنا ہوا کرتا تھا۔شاید اسی لیے غالب نے اپنے مکتوب الیہ کوخوش کرنے کی غرض سے اکثر القاب میں کہیں تکلیف اور ادب واحترام سے کام لیا ہے تو کہیں بے تکلف زبان استعمال کی ہے۔ دراصل غالب خطوط نگاری کو گفتگو کا ایک اچھا ذریعہ سمجھتے تھے اسی لیے انھوں نے بعض خطوط مکالمہ کی صورت میں تحریر کیے ہیں۔ حقیقت یہ ہے کہ مراسلات میں مکالمات پیدا کرنا ہی ان کی نثر کا خاص وصف ہے۔ان کے خطوط سے ان کی زندگی کے بارے میں بہت سی تفصیلات فراہم ہوتی ہیں جس میں حسرت وافسردگی، یاس وناامیدی، دنیا کی بے ثباتی کے ساتھ ساتھ اپنی مفلسی اور معاشی بدحال کا ذکر ملتا ہے۔ یہ نثر مرصع اُسلوب سے پاک ہے۔ان خطوط کے سلسلے میں کہا جاسکتا ہے کہ یہ تاریخی دستاویز کی حیثیت رکھتے ہیں۔اس کے علاوہ یہ خطوط ۱۸۵۷ء کے غدر کے حالات اور دلّی کی تباہی و بربادی سے بھی روشناس کراتے ہیں۔ غالب کے بعض تعزیتی خطوط کے مطالعہ سے معلوم ہوتا ہے کہ ان کی نثر بھی عام بول چال کی نثر ہے۔اس میں ہمدردی اور افسوس کا عنصر موجود ہے۔

جیسا کہ گزشتہ ابواب میں کہا جاچکا ہے کہ غالب کی معروف نثری تحریروں اور خطوط کے علاوہ چند غیر معروف نثری تحریریں بھی ہیں۔ ان کے بارے میں کہا جاسکتا ہے کہ یہ نثری تحریریں اس لیے مشہور نہیں ہوئیں کہ یہ دوسروں کی کتابوں کی تمہید، دیباچوں اور تقریظوں کی شکل میں شائع ہوئی تھیں۔ لیکن جب ہم نے ان غیر معروف نثری تحریروں کا مطالعہ کیا تو اندازہ ہوا کہ غالب کے علم وفضل کا اظہار ان تحریروں میں زیادہ ہوا ہے، البتہ ان میں بے تکلفی اور سادگی کم پائی جاتی ہے۔اس لیے ان نمونوں میں علمی زبان کا انداز عام ہے اور غالب ان تحریروں میں منطقی باتیں زیادہ کرتے ہیں۔ان تحریروں میں غالب صرف نثر نگار کی حیثیت سے ہی نہیں بلکہ ایک عالم اور باخبر نثر نگار کے طور پر سامنے آتے ہیں۔

یوں تو فورٹ ولیم کالج کے ذریعہ جدید نثر یعنی سادہ وسلیس نثر کا آغاز ہو چکا تھا، مگر اس نثر

میں زندگی اور توانائی غالب کے خطوط نے ہی پیدا کی۔ غالب نے فورٹ ولیم کالج کی نثر کو بہتر سمجھا اسی لیے اپنے خطوط کو مراسلہ کے بجائے مکالمہ بنایا اور مبہم اور پیچیدہ زبان کے بجائے صاف ستھری اور گفتگو کی زبان کو اپنایا۔

حقیقت یہ ہے کہ اس وقت انسانی زندگی کے جو مسائل پیدا ہو رہے تھے انھیں قطعیت کے ساتھ واضح انداز میں پیش کرنا ضروری تھا، ورنہ اُلجھے ہوئے مسائل کو پیچیدہ زبان میں پیش کرنے سے بات اور بھی مبہم ہو جاتی۔ یہی وجہ ہے کہ استعاراتی اور مقفیٰ و مسجع عبارتیں از کار رفتہ معلوم ہونے لگیں اور نثر کی زبان کی خوبی وضاحت، صراحت اور صفائی اُسلوب میں نظر آنے لگی تاکہ مافی الضمیر کی خاطر خواہ ترسیل ہو سکے۔

سرسید اور ان کے رفقاء کا دور اُردو نثر کا ''عہدِ زرّیں'' ہے۔ ان حضرات نے جس نثر کو رواج دیا وہ فورٹ ولیم کالج اور غالب کی نثر سے قریب تر اور لکھنوی نثر یا فسانہ عجائب کے اُسلوب سے بعید تر تھی۔ اس لیے یہ کہنا تو بہت مشکل ہوگا کہ اُردو نثر پر غالب کے اثرات کس کس طرح مرتب ہوئے۔ جب کہ سرسید اور ان کے نامور رفقاء کے سلسلے میں یہ ضرور کہا جا سکتا ہے کہ یہ حضرات غالب کے بعد کے نثر نگار ہیں۔ اس لیے بھی ان کے اسالیب نثر پر کہیں نہ کہیں غالب کے اثرات کی نشان دہی کی جا سکتی ہے۔

خطوط غالب میں ہر طرح کے اسالیب بیان مل جاتے ہیں۔ ان اسالیب بیان نے یقیناً آنے والی نسلوں کو متاثر کیا ہے۔ سرسید اور ان کے رفقاء کی نثر نگاری میں جو سادگی اور بے ساختگی ملتی ہے اس میں غالب کے پیدا کردہ انقلاب انداز کا دخل بہت نمایاں ہے اور اُردو نثر مرزا غالب کی نثر نگاری کے اثرات سے کبھی منکر نہیں ہو سکتی۔

☆☆☆☆☆

کتابیات

اشاعت	مطبع / ادارہ	مصنف / مرتب	کتاب کا نام	سلسلہ نشان
۱۹۶۸ء	سنگم پبلشرز۔ الٰہ آباد	اسلوب احمد انصاری	ادب اور تنقید	۱
		سرسید احمد خان	انتخاب مضامین سرسید	۲
۱۹۸۳ء	انجمن ترقی اُردو (ہند) نئی دہلی	عبدالرحمٰن بجنوری	انتخاب محاسن کلام غالب	۳
۲۰۱۱ء	دہلی	سید احتشام حسین	اُردو ادب کی تنقیدی تاریخ	۴
۱۹۷۷ء	اتر پردیش اردو اکادمی	امیر اللہ خاں شاہین	اُردو اسالیب اثر ۔تاریخ اور تجزیہ	۵
۱۹۸۷ء	اتر پردیش اردو اکادمی، لکھنؤ	پروفیسر گیان چند جین	اُردو کی نثری داستانیں	۶
۱۹۵۳ء	انجمن ترقی اُردو (ہند)	مولوی عبدالحق	اُردو کی نشو ونما میں صوفیاء کرام کا حصہ	۷

۸	اُردو نثر کا ارتقاء	عابدہ بیگم	شعبۂ اُردو، دہلی یونیورسٹی	۱۹۸۸ء
۹	اُردوئے قدیم	شمس اللہ قادری		
۱۰	اُردوئے معلیٰ	مرزا اسداللہ خاں غالبؔ	الٰہ آباد	۱۹۹۰ء
۱۱	''اسالیب نثر اور ہمارے ادیب۔ ستارہ یا بادبان''	محمد حسن عسکری	ایجوکیشنل بک ہاؤس، علی گڑھ	۱۹۷۷ء
۱۲	اسلوبیاتی تنقید۔ نظری بنیادی اور تجزیے	مرزا خلیل احمد بیگ	دہلی	۲۰۱۴ء
۱۳	''ایسٹ انڈیا کمپنی کے علمی ادارے۔ فورٹ ولیم کالج اور فورٹ سینٹ جارج کالج کا تقابلی مطالعہ	ڈاکٹر محمد افضل الدین اقبال	حیدرآباد	۲۰۰۳ء
۱۴	آرائش محفل	سید حیدر بخش حیدری	مطبع نشی نول کشور۔ لکھنؤ	۱۹۱۳ء
۱۵	باغ و بہار	میر امن دہلوی مرتبہ۔ مولوی عبدالحق	مطبع انتظامی کانپور	۱۹۳۱ء
۱۶	پنج آہنگ	مرزا غالب مرتبہ: محمد مہاجر	ادارہ یادگار غالب۔ کراچی	۱۹۶۹ء

۱۷	تاریخ ادب اُردو (جلداوّل)	ڈاکٹر جمیل جالبی	ایجوکیشنل پبلشنگ ہاؤس، دہلی	۱۹۷۷ء
۱۸	تاریخ ادب اُردو	رام بابو سکسینہ مترجم: مرزا محمد عسکری	مطبع منشی نول کشور۔ لکھنؤ	۱۹۲۹ء
۱۹	تاریخ ادب اُردو	نور الحسن نقوی	ایجوکیشنل بک ہاؤس ۔علی گڑھ	۲۰۱۱ء
۲۰	تاریخ ہندوستان ۔سلطنت اسلامیہ کا بیان ۔جلداوّل	ذکاءاللہ دہلوی	مطبع انسٹی ٹیوٹ ۔علی گڑھ	۱۹۱۵ء
۲۱	تفسیرِ غالب	گیان چند جین	-	۱۹۷۲ء
۲۲	تلاشِ غالب	نثار احمد فاروقی	غالب انسٹی ٹیوٹ۔ نئی دہلی	۱۹۶۹ء
۲۳	توبۃ النصوح	ڈپٹی نذیر احمد	مجلس ترقی ادب۔ لاہور	۱۹۶۴ء
۲۴	چار پائی ۔مضامین رشید	رشید احمد صدیقی	انجمن ترقی اردو (ہند) علی گڑھ	۱۹۶۴ء
۲۵	خطوط ِ غالب (جلداوّل)	غلام رسول مہر	شیخ غلام علی اینڈ سنز	۱۹۸۲ء
۲۶	داستان تاریخ اُردو	حامد حسین قادری	دہلی	۱۹۳۸ء

۲۷	ذکر غالب	مالک رام	مکتبہ شعر وادب۔ لاہور	۱۹۳۸ء
۲۸	رانی کیتکی کی کہانی	انشاءاللہ خاں انشاء ترتیب: ڈاکٹر عبدالستار دلوی	–	–
۲۹	رموز غالب	ڈاکٹر گیان چند جین	دہلی	۱۹۷۶ء
۳۰	سب رس	ملا وجہی مرتبہ: مولوی عبدالحق	انجمن ترقی اُردو (ہند)۔ دہلی	۱۹۳۲ء
۳۱	سرسید اور ان کے کارنامے	نورالحسن نقوی	ایجوکیشنل بک ہاؤس۔ علی گڑھ	۲۰۰۳ء
۳۲	سیرالمصنفین (جلداوّل)	محمد یحییٰ تنہا	محبوب المطابع۔ دہلی	۱۹۴۴ء
۳۳	شعر۔ غیر شعر اور نثر	شمس الرحمٰن فاروقی	الہ آباد	۱۹۷۳ء
۳۴	عرفانِ غالب	مرتبہ: پروفیسر آل احمد سرور	شعبہ اُردو۔ علی گڑھ مسلم یونیورسٹی	۱۹۷۳ء
۳۵	عظمتِ غالب (فکروفن)	عبدالمغنی	انجمن ترقی اردو (ہند) نئی دہلی	۱۹۹۰ء
۳۶	عودِ ہندی	مرزا غالب مرتبہ: چودھری عبدالغفور سرور	راجہ رام پریس بک ڈپو نول کشور۔ لکھنؤ	۱۹۶۰ء

۳۷	غالب	غلام رسول مہر	علمی کتاب خانہ۔ لاہور	۱۹۹۴ء
۳۸	غالب ۔نئی نسل کی نظر میں	شاہد ماہلی		
۳۹	غالب ۔ ایک مطالعہ	علی احمد جلیلی	اعجاز پرنٹنگ پریس۔ حیدرآباد	۱۹۹۸ء
۴۰	غالب ۔ شاعر و مکتوب نگار	نورالحسن نقوی	ایجوکیشنل بک ہاؤس علی گڑھ	۲۰۰۰ء
۴۱	غالب ۔شخص اور شاعر	مجنوں گورکھپوری	-	۱۹۷۴ء
۴۲	غالب کا سفر کلکتہ اور کلکتہ کا ادبی معرکہ	خلیق انجم	غالب انسٹی ٹیوٹ۔ دہلی	۲۰۱۲ء
۴۳	غالب کا فن	عبدالمغنی	انجمن ترقی اُردو (ہند) نئی دہلی	۱۹۹۹ء
۴۴	غالب کی اُردو نثر اور دوسرے مضامین	حامد حسن قادری	کراچی	۲۰۰۱ء
۴۵	غالب کی آپ بیتی	مرزا غالب مرتبہ: نثار احمد فاروقی	دہلی	۱۹۹۷ء
۴۶	غالب کی سوانح عمری	تنویر احمد علوی	غالب اکیڈمی ۔دہلی	۲۰۰۴ء

۴۷	غالب کے خطوط (جلد اوّل)	مرتبہ: خلیق انجم	غالب انسٹی ٹیوٹ، نئی دہلی	۲۰۰۰ء
۴۸	غالب کے خطوط (جلد دوّم)	مرتبہ: خلیق انجم	غالب انسٹی ٹیوٹ، نئی دہلی	۲۰۰۶ء
۴۹	غالب کے خطوط (جلد سوّم)	مرتبہ: خلیق انجمن	غالب انسٹی ٹیوٹ، نئی دہلی	۲۰۰۲ء
۵۰	غالب کے خطوط (جلد چہارم)	مرتبہ: خلیق انجم	غالب انسٹی ٹیوٹ، نئی دہلی	۱۹۹۳ء
۵۱	غالب کے خطوط (جلد پنجم)	مرتبہ: خلیق انجم	غالب انسٹی ٹیوٹ، نئی دہلی	۲۰۱۰ء
۵۲	غبار خاطر	مولانا آزاد مرتبہ: مالک رام	ساہتیہ اکادمی، نئی دہلی	۱۹۸۳ء
۵۳	فسانۂ عجائب	مرزا رجب علی بیگ سرور ترتیب: اطہر پرویز	اسرار کریمی پریس الہ آباد	۱۹۶۹ء
۵۴	فسانۂ عجائب کا تنقیدی مطالعہ	سید ضمیر حسن	انجمن ترقی اردو ہند، دہلی	۱۹۶۳ء
۵۵	قصصِ ہند۔ حصہ دوّم	محمد حسین آزاد	لاہور مطبع سرکاری	۱۸۷۶ء
۵۶	قصہ مہر افروز و دلبر	عیسوی خاں بہادر مرتبہ: ڈاکٹر مسعود حسین خاں	انجمن ترقی اردو (ہند) نئی دہلی	۱۹۸۸ء

۵۷	کتے	پطرس بخاری	–	–
۵۸	کربل کتھا	فضل علی فضلی مرتبہ: مالک رام	ادارہ تحقیقات اُرد، پٹنہ	۱۹۶۵ء
۵۹	گل رعنا (غالب)	مالک رام	دہلی	۱۹۷۰ء
۶۰	مراۃ الشعر	عبدالرحمٰن	اتر پردیش اردو اکادمی۔لکھنؤ	۱۹۷۸ء
۶۱	مجموعۂ نثر غالب اُردو	خلیل الرحمٰن داؤدی	مجلس ترقی ادب	۱۹۶۷ء
۶۲	مختصر تاریخ ادب اُردو	ڈاکٹر سید اعجاز حسین	اُردو کتاب گھر	–
۶۳	مرزا غالب کے خودنوشت حالاتِ زندگی	مرزا غالب	–	–
۶۴	مضامینِ رشید	رشید احمد صدیقی	انجمن ترقی اُردو (ہند) نئی دہلی	۱۹۸۶ء
۶۵	مطالعہ ادب۔ حصہ دوّم	ڈاکٹر مجید بیدار	عثمانیہ یونیورسٹی، حیدرآباد	۲۰۰۹ء
۶۶	مکاتب غالب	مولانا امتیاز علی خاں عرشی	–	۱۹۳۷ء
۶۷	مکتوبات اُردو کا ادبی وتاریخی ارتقاء	خواجہ احمد فاروقی	–	–

۶۸	نادرات غالب	آفاق احمد آفاق	-	۱۹۴۹ء
۶۹	نثر۔ نظم اور شعر	منظر عباس نقوی	ایجوکیشنل بک ہاؤس ۔علی گڑھ	۱۹۷۸ء
۷۰	نظر اور نظریے	آل احمد سرور	مکتبہ جامعہ۔نئ دہلی	۱۹۷۳ء
۷۱	نوطرز مرصع	میر محمد حسین عطا خاں تحسین ترتیب: سید نور الحسن ہاشمی	ہندوستان اکیڈمی اتر پردیش۔الہ آباد	۱۹۵۸ء
۷۲	نوطرز مرصع	میر محمد حسین عطا خاں تحسین ترتیب: گیان چند جین	-	-
۷۳	ہماری داستانیں	سید وقار عظیم	ادبی دنیا۔اُردو بازار۔ دہلی	۱۹۶۴ء
۷۴	یادگارِ غالب	الطاف حسین حالی بہ تصحیح و ترتیب۔ مالک رام	اتر پردیش اردو اکیڈیمی لکھنو	۲۰۰۹ء
رسائل				
۱	''نقوش''۔ غالب نمبر غالب کے خطوط	کوثر چاند پوری مدیر: محمد طفیل	-	-

☆☆☆☆☆

content.com/pod-product-compliance
rce LLC
0526
54B/4587
0 2 2 4 8 9 *